愛上老子

反向思維的管理與對策

陳和全 著

文史哲出版社印行

國家圖書館出版品預行編目資料

愛上老子：反向思維的管理與對策　/
陳和全著. -- 初版 -- 臺北市：文史哲,
民 106. 02　　　　　　　　　　--
頁；　　公分
ISBN 978-986-314-352-9 (平裝)

1.(周)李耳　2.學術思想　3.先秦哲學

121.31　　　　　　　　　　　　106001997

愛上老子：反向思維的管理與對策

著　　　者：陳　　　和　　　全
出　版　者：文　史　哲　出　版　社
http://www.lapen.com.tw
e-mail：lapen@ms74.hinet.net
登記證字號：行政院新聞局版臺業字五三三七號
發　行　人：彭　　　正　　　雄
發　行　所：文　史　哲　出　版　社
印　刷　者：文　史　哲　出　版　社
臺北市羅斯福路一段七十二巷四號
郵政劃撥帳號：一六一八○一七五
電話886-2-23511028 · 傳真886-2-23965656

實價新臺幣四五○元

二○一七年（民國一○六年）二月初版

ISBN 978-986-314-352-9　　　12134

一個人影響我至深如此
以此書獻給她

推　薦

(依賜文先後)

《禮記》大學篇說，治國之先在齊家，齊家之先在修身。可見治國，乃至管理企業，齊家和修身，道理其實一樣。陳和全教授這本書，揉合現代政治學與經濟學的概念，用現代人聽得懂的話，重新闡釋老子智慧，把古人講得模糊之處，明明白白掀開了。宋林希逸《老子虞齋口義》發題云：「若研究推尋得其初意，真所謂千載而下，知其解者旦暮遇之也。」這真是一本難得遇見的好書，我衷心推薦給大家閱讀 ～～

楊棄訓（淡江大學經濟系副教授）

古代經典《道德經》，是現代人處變不驚與安身立命的最佳指引，閱讀《愛上老子：反向思維的管理與對策》，正是時候了 ～～ **林楚雄（高雄第一科大財管系教授兼院長）**

打開鍋蓋，硬是瞧個透澈，和全兄《愛上老子》這本書，確實打通了閱讀老學的任督二脈。當代人際與事務瞬息萬變之下，企業經營管理與個人處世態度，莫不皆可由此書進入而獲得老子的智慧引導。很值得仔細閱讀並慢慢體用，我特別推薦 ～～ **余士迪（清華大學計量財務系兼系主任）**

老子《道德經》，究竟真實，廣博精深。陳教授《愛上老子》一書，深入淺出，娓娓道來，讀來頗有蘇東坡的清風明月及

莊子的灑脫之感。儒以人為中心，強調人的社會性；道則重視人的自然性，主張脫離治亂的人為輪迴，「致虛極，守靜篤」的學習大自然。透過「有欲、無欲」、「常無、常有」的體悟，矯正西方經濟學過度追逐利欲的迷失。此書誠為一「悟道」經濟學者的真誠告白。 ～～ **胡聯國（政治大學國際經營與貿易學系教授）**

乍聞經濟學家要闡述《老子》，同多數人一般，內心先大笑了三聲；然而讀了和全兄的闡述後，卻轉而為喜為嘆！當資本主義操弄，以致環境污染、資源枯竭、青年失業、貧富差距、乃至世代不公，經濟學也開始尋思著永續發展的解方。和全兄這本書，無異通告天下，解方就在《老子》裡。闡述內容，娓娓道來，似無若有，道盡不可道的永續良方，值得慢慢品味 ～～ **黃登興（中央研究院經濟所研究員）**

作者身為經濟學者卻擁有政治、自然科學等背景，信手拈來，魅力獨絕，若非本身已然內化這等哲理與智慧，否不能完成此書。古往今來，人們對《老子》爭論最多、誤解最深，陳教授匠心獨具、融化匯合，推演貫穿一場跨越時空的心靈對話，筆者之心、讀者之幸。本書妙義，內修身、外處事、上治國，各方多蒙教益 ～～ **蔡育岱（（中正大學戰略暨國際事務研究所教授）**

《愛上老子》這本書，令我驚艷。陳教授把老子的主張，猶如剖析經濟學一般的開展推論與活用於生活，開闔之間，道

盡老子的大智慧。世人多以老子就只是哲學，殊不知，老子竟能如此活化的成為企業經營與人生態度圭臬，其之妙用少有。鄭重推薦！ ～～ **周登陽**（**中正大學經濟學系教授**）

態度決定一個人的成就高度。和全兄《愛上老子》這本書，以清晰易讀的文筆解構老子《道德經》，讓我們重新發現老子《道德經》竟是一部成就人生高度的「人生態度」寶典。《忽然愛上老子》對於處在職場不同發展階段的任何人，都可以受用無窮。非常值得推薦！～～ **潘治民**（**嘉義大學應用經濟學系教授**）

從來沒想過我可以把老子讀完。但陳教授這本書，卻美妙的吸引著我在幾天之內讀完。一直以來，只知老子講無，卻不知竟是如此的無中生妙有，活現的引導為人處世以致圓融無礙。不論原先認知為何，讀這本書，都能對老子重新體會，更能形塑一種全新的態度與不絕的能量，去面對生活中的各種挑戰 ～～ **林仕鴻**（**Nvidia 台灣分公司經理**）

老子的五千言，在道教是聖經，在道家是長生指南，胡適說它是中國哲學的始祖，但當然也有人嗤之以鼻。我們都聽說過，但可能沒有讀過或讀懂過。和全的解釋，能讓你輕鬆的讀懂，然後你再來決定，要把它當成什麼 ～～ **紀志毅**（**中興大學財金系教授兼 EMBA 執行長**）

自 序

老子一書，哲學義理博大富饒，穿越時空仍然雋永鮮明；文字排比對偶，樸素精練，韻語音節鏗鏘有力。每一讀之，難以釋手。

唯，樸易簡賅的詞藻，承載著豐富多彩的哲理，辯證不易，累了讀者。於是，各家擷取隻字片語，任性演繹闡釋，好似賦予佳句更多時代意涵，但卻每每偏離老子原先的中心思想。如果，我們承認老子是一個哲學家，那麼，他的每一章次的每一句段，就必須起承轉合的圍繞於該章次主軸，而如一篇論說文般的流洩演化，不會各句段獨立任性演繹、失去整篇的通聯貫穿；否則，充其量也只不過是優美詞句韻文的彙整語錄而已。

許多愛好者，無法合理起承轉合連續句段，成為讀老子時打不通的任督二脈，這推動了我想寫一本幫助讀者通達老學的著作。也因此，本書論說演繹都圍繞著老學中心思想，各章論述也都依著章句次序推演而貫穿。讀者一旦上路，就不再有阻礙難通的關節，可享受一路詞句美妙與精義。本書目的，不在於考證辯詰，在於讓讀者悠遊享受優美文詞、豐富哲理、與推理演論，故內容說明不做各家不同見解的蒐羅。作者歷經政治學與經濟學訓練，對沒有邏輯的演論，本身就很難接受與放行的。

老子學，恰與當代植基於利欲的經濟學相反，因此，寫作中會偶與經濟學對比。為求讓讀者可以一路暢通閱讀，本書行文中不「以典註典」，且必依次序緊扣句段、起承轉合的演繹論說，不會脫離前後義理而任意推解。進行中，來到某原文句段語義出現時會以標楷體呈現，並於其右側框錄該原文句段以資對照。在每章本文之下，隨即先行提供關鍵註解，方便讀者「有感」的自我咀嚼玩味原文。

本書寫作耗費時日不短、投入心力不少，但疏漏仍所難免，尚祈讀者諒解並給予指正。希望這本書能為你排除障礙，真正進入老子樸素卻浩瀚的思想天空。

本書的完成，過程中不乏好友們的支持與討論，除以上推薦者之花費心力幫忙審閱文稿，並有江莉莉教授(淡江大學經濟系主任)、楊秉訓副教授(淡江大學經濟學系)、潘治民教授(嘉義大學應用經濟系)之提供資料與討論，以及陳亭臻(嘉義大學)協助封面與內頁插圖製作。在此一併誌謝。

陳和全

謹識於中正大學 經濟學系

民國 106 年 2 月 3 日

老子學簡介

老子《道德經》是全世界最早具辯證論述的一本著作，其偉大可用其文提及的「無有入無間」為之形容，於人類發展與思想哲學中，發出了超越古今時間與中外地域的影響。目前在國際上已被翻譯成數十種外語與數百種版本。

《老子》一書，又稱《道德經》、《道德真經》、或《老子五千言》，一般推論成書於戰國時期。戰國中晚期及秦漢以來，諸子百家共仰，並尊其為道家哲學思想之濫觴。西漢初年時期，黃老乃為顯學，用於治國經世，史有「文景之治」盛世；到東漢中期末葉後，則轉變為修己內省之學，普為生活養命之術，於是《老子》成為道教借為鎮教的經典(西元前206-西元 200 年)。

其書之用，博大精深，可為治國經世之政術、管理組織之治術，亦可為生活修己之道術。一般劃分該書為兩半，前半多是論「道」、後半專門講「德」，是中國第一部具完整思想架構的哲學著作。

老子，姓李名耳、字伯陽、謙曰聃。春秋後期楚國苦縣人，與孔子同期而略早，曾擔任周朝王室的柱下史，掌管王室圖書史籍整理。

目　錄

導 論

　　人類行為概由利欲驅動以時刻追求功名利祿之最大滿足，經濟學稱此為「理性」，並以此出發而完備其論述體系。老子學則是反人類利欲本性，故曰反動；其主張「反有去有」的「無為」，於是功名利祿將不爭自來，而且無人可與之爭。老子並非反對外在物質功名，而是主張不起心動念懸繫於此，避免為其所役。因此，莫要誤解了老子，而謂年輕人不宜讀《老子》。

　　人性利欲的追求，總是得付出相對成本代價(天下沒有白吃的午餐)，愈大的利欲滿足堆疊，就會伴隨著愈大的成本代價，而且增幅加速變大，甚至超越利欲增幅。經濟學即教人如何於此關係中取得最大的穩定利欲。人類貪婪心性，或對物質名利的實質迷戀，或是炫耀擺露與矜滿浮誇的心理暈眩，總是會更加速與深化貪念本身，此一循環相生慣性一經起動，必是日復一日難以停歇的逐漸增大利欲念頭。而更大利欲之取得與競逐，必隨之產生更多的不滿者、競爭者、眼紅嫉妒者與覬覦者，隨之而來更多的報復搶奪、攻擊傷害、設計陷害，與自我內心更強烈的患得患失與憂懼惶恐的啃噬。

　　是以，利欲驅動導向社會動亂爭奪與人心苦痛。無奈的是，人類社會制度、規範政令、與風俗禮節，乃優勢者基於

統治利便而設下的框架，都是依著人類利欲趨勢利導的誘因設計，從而使得人類利欲心性反而更被強化、更被激發、更難以擺脫。這樣的人性與制度，導致了征戰連年與民不聊生的春秋戰國時代。

彼時，翹著首，極目四望，玄穹彼蒼，依舊是常年的迷濛渾一與曠蕩靜無，天地四時流轉也依舊是剛健不息、恆古常存。但，為何人類社會竟是如此的征戰動亂不休呢？

智慧的老子，清澈地看到了分野。玄穹彼蒼，那樣的曠蕩靜無與迷濛渾一，創造生養了天地萬物以至生生不息；人類心性，那樣的利欲貪婪與不斷追求，導致戰爭動亂不止。前者，曠蕩靜無與渾沌迷濛，是「虛無」，故虛無創生天地萬物而恆古長存。後者，發乎利欲貪念的不斷追求，是「貪有」，故「欲有」導致戰爭不歇。前者即是天道法則，無；後者則為人類法則，有。撥當世之戰亂而反正者，唯體道行道用「無」，尤其治國人君更該如此。

虛無，乃天道本質，其之用以「無」，其之象為「有」。萬事萬物總是無有交併、負陰抱陽，此正是虛的意義。房屋、容器、車子、笛子等等，其之有利乃源於其之中無；山谷之可蘊孕生物，亦因中無之故。故大道之能生萬物，亦源於虛無。虛無才是用之不盡的量能來源，而「名象利益」則是隨著虛無而生的效果。

　　萬事萬物總是二元對立的「有無相成」，反「有」即是用「無」。故體道行道而用「虛無」，即是採行「欲有」的對立面，即是反對人類利欲貪念之一切產物。人若能如此，則將一如天道剛健不息一般，國無戰亂得長冶、人無苦懼得長平。

　　體道「用無」成為德性、亦為政術。老子書中常耳提面命的教諭統治者，宣達其長治久安之學。西漢初以其為政術，用以治國經世，史有「文景」盛世。來到東漢中期末葉，老學則轉變為修己內省，甚至更進一步轉化為長生道術。是以，其之有用，可於國家統治、可於城鄉治理、可於公司管理、亦可為個人省修與治理。

　　老子學，雖是「反動」，反當下一切繞著利欲中心的競逐與作為，但卻不在於讓人放棄世俗功名利欲，反而意在於讓人量能不絕。既是永遠二元的「無有相成」，「用無」者終得有，不斷「用無」則不斷得有；相反的，「用有」追有者，終是空無。是以，老子剴切陳詞，棄絕人類利欲貪念本性的支配，持續堅守大道法則「用無」，則功名利欲將持續不斷的不爭自來。雖其不斷自來，但仍須時刻不動心不懸繫於其來去；若利欲心兆一動，將重回人性本質，掉入「以有追有而終無」的循環。「用無」，依老子文意，就是「靜柔虛無」。

持續的「靜柔虛無」，不斷的抗拒利欲貪婪的心理慣性，這是相當艱鉅的功夫，如何於日常生活中簡易實踐，成為老子不斷闡論的重點。基於，「去有」即是「用無」的開端，最簡易操作的關鍵第一步便是「節制謙抑」，直接著手壓制利欲心性。尤其，利欲貪念具有加速慣性，必須先求予以節制，遏止其成長趨勢，才能進一步達到棄絕。光是遏止其成長趨勢，就足以解除不幸與災禍的可能出現，因為，加速成長的利欲貪念終必導致災禍。更重要的，恒常性的節制謙抑，降低外在功名利祿波動的起心動念，此為進入大道「虛無」之始。

「柔弱」亦是老子極力主張的實踐大道方法。「強壯」總是萬物的生命高點，面對著開始下坡、老化、死亡的走勢；相反的，「柔弱」還遠在生命高點之前，面對不斷上坡成長的趨勢。後者，只要持續「守柔」，則將永遠保持於上升成長坡段，不老化、不趨亡，恒存狀態一如大道之剛健不息，而與道和合。前者，走向老化以至滅亡，與大道剛健不息相反，故曰「物壯則老，是謂不道，不道早已(30)」†。因此，凡事「好強」、「物壯」、「用強」、「處強」的作為態度，都不合大道法則。唯有守柔，才是合道之德，才能國治人靜。

---

† 請留意，爾後凡句段後括弧數字，即代表該句段出自《老子》之該章次。本處「物壯則老，是謂不道，不道早已」即是出自《老子》第 30 章。

　　是以,「謙抑柔弱」是實踐道法「虛無」的基本功夫,身處順境逆境或強位弱位,都必須謹慎實作,由此而體道行道,以至同道合道。尤其,強大卻更謙下卑讓,更是難得。老子所謂「德」者,即是「道」的具體實踐與操作方法,分散各章,尤其全書後半段為多,故《老子》書又被稱為《道德經》,前半論道、後半則提供日常實踐方法。本著作亦依循著老子所述之方法及慣用概念,分類彙整出相關句段置於附錄,供讀者參閱以助綜觀全書。

　　老子哲學,既論道又提供實踐方法,反著人性方向思維,卻建構出治國經世法門,於當代企業組織之經營管理與對策,足以提供一個破除人性卻達致成功的領導與自修方法,而其中念茲在茲的個人「用無」情緒管理,反向的造就一切所欲。

　　底下讓我們逐章享受老學!

1 道可道非常道

道可道①，非常道②。名可名③，非常名。無，
名天地之始④；有，名萬物之母⑤。
故常無⑥，欲以觀其妙⑦；常有⑧，欲以觀其徼⑨。
此兩者⑩，同出而異名⑪，同謂之玄⑫。玄之
又玄⑬，眾妙之門⑭。

---

①道可道：天道可解釋界定。
　第一個「道」指「天道」，
　第二個「道」為動詞，「講
　說」之意。

②非常道：非原來那個意領神
　會的「道」。 常：原來所認
　知的。

③名可名：名象可解釋說明。
　第一個「名」指「現象名相」，
　第二個「名」為動詞，是「指
　稱說明」之意。

④無，名天地之始：無乃天地
　之創始。 無：大道，或大
　道運行法則。 名：稱為、
　稱謂。

⑤有，名萬物之母：有乃萬物
　之本源。 有：指一切實象
　與名相。 母：本源。

⑥常無：時常體道而實踐「無」
　之用。

⑦欲以觀其妙：用以觀察天道
　虛玄之幻變神妙。 欲以：
　想要用來。 妙：天道之玄
　虛曠蕩、變幻莫測。

⑧常有：時常體道以洞見各現
　象狀態與名相。

⑨徼ㄐㄧㄠ：邊際、邊界；引申為端
　倪、門竅。亦有主張同於
　「竅」。

⑩此兩者：指「無與有」兩者。

⑪同出而異名：同出於「大道」，卻不同名稱與意義。故無與有同是窺探大道的兩個面向。

⑫同謂之玄：都可被稱之為「道」。玄：「道」，意指「道」之玄虛空幻、迷濛渾沌、曠蕩無象、神妙莫測。老子時常以「玄」指稱「道」。

⑬玄之又玄：玄虛又復玄虛。

無為用、有為象，乃天道的兩個維度而不斷交併互見，似有若無、似無若有，變化莫測，虛玄深奧。故道之本質必然虛玄，且時刻變幻。

⑭眾妙之門：一切神妙幻變之總樞杻。 眾妙：無有交併的虛玄神妙與幻變。門：樞杻、門徑。

老子通書一半講述道的本質、一半講述道的實踐。本章開書破題，直指「道」的深奧虛玄，很難透過文字完整的定義言傳。雖是如此虛玄，但欲窺堂奧者，老子也提供了唯一的門徑與鑰匙，那就是從時刻掌握「無與有」二者開始。無與有正是構成「道」的兩個面向。

道，深奧虛玄，它到底是什麼？這太難講解清楚了。事實上，不要說是如此深奧的道，就算僅是一個生活中所常見的現象名相，要去對它做一個完整的界定，都也是相當困難的。例如，我們問，什麼是「桌子」？則假如我們把它定義為「有支架撐於地，其上平板可置放物品」的物件，那麼，滑板是為桌子、板凳椅子是為桌子、而抽出式板桌則不是桌子。再如，我們問什麼是「汽車」？則若我們把它定義或解

1 道可道非常道

釋為「四個輪子且汽油或電力驅動的載具」，那麼割稻車、除草機、模型車、貨車等都將可視為汽車。再問什麼是「民主政治」？其實，政治學者對其定義不下十數個，其中之一就是「政黨政治且由人民選舉產生領導人」，但依此界定，則蘇俄或中南美洲國家都是民主國家，英國與日本卻不是民主國家，因為他們的領導人是世襲的皇帝。

　　言詞定義有其窮盡與侷限。我們為了解釋描繪一個現象名相，透過言詞予以定義或說明，但往往會隨後發現，依循此等界定去推尋所符合的可能現象名相，卻不會等同於原本所欲界定的那個實象。這樣的落差，在針對愈是複雜的現象進行定義時，就將愈為明顯，真相也隨之遺漏愈多。可想而知，對於龐大複雜的「道」，如果我們想要去定義或解釋它是什麼？那麼將會是極為艱鉅繁難的工作，必定是掛萬漏一而無法完整了。

　　所以老子說，我們是可以給「道」下個定義解釋，但必須謹記在心的是，這定義解釋所指涉的內容，不會等於原來那個我們意領神會的「道」。這樣的誤差違失，也都顯然存在於一般生活所見之各個實象名相的定義。所以，相同的，我們也是可以給實象一個名稱定義，但這個名稱定義所指涉的內容，往往不會等於原來那個我們所認知的實象。

> 道可道，非常道。名可名，非常名。

　　雖說如此，並不意味著我們就該放棄對「道」進行探究與理解。老子一書以「道可道非常道」做為開頭，無非是強調著「道」之玄妙莫測，難以定義與解釋，就算他自身已然完全明澈洞見大道至理，但要把它給講述傳授出來，也面臨到相當大的困難；因為所能講得出來的內容與用語，都無法完全補捉住大道的意涵全貌。正因如此，若要把「道」給講個透徹，絕非一個定義、一個解釋就可以完成，於是，老子寫了道德經這一本書。

　　老子的觀察與體悟認為，天地創生萬物，天地恒古長存、四時有序，其所創生之萬物亦得以生生不息。但是，到底是誰創生了天地呢？

　　彼時，翹首四望，玄穹彼蒼、迷濛渾一、曠蕩靜無，找不到答案。但，似乎就是這樣的「曠蕩靜無」、這樣的「渾一空無」創造發展了天地，由此之後，天地再生養了萬物。天地與萬物是我們實際可觀察得到，是「有」實象的，因此可以說，那個渾一空「無」創造發展了「有」(天地)，有(天地)再進一步的化育了有(萬物)，萬物由此再生化萬物而綿綿不絕、生生不息。於是老子說，**無，可稱其為天地創始；有，可稱其為萬物根源。**

> 無，名天地之始；有，名萬物之母。

　　但是，到底是誰利用「空無」來創造發展天地呢？「空無」背後的主體是誰呢？

1 道可道非常道

　　於是，翹首四望，依舊是玄穹彼蒼、迷濛渾一、曠蕩靜無。但，他找到了答案。其實，這一片「玄穹彼蒼、迷濛渾一、曠蕩靜無」，就是主體，就是它，以「無」的概念創生天地萬物，因此就稱它為「道」吧！基於這樣形成，老子的「道」存在著許多的別名，例如，玄、大、一、虛、惚恍、大道、天道等等。這個「道」，以「無」生天地、天地生萬物、萬物再生萬物，於是生生不息的恆古長存。許多學者也就因此常把老子之道，視為宇宙本體。

　　道，曠蕩靜無，是它的本質。道，以「無」生萬「有」，「無」是它的運行與使用，而「有」則是運行後的產物與實象(名相)。簡言之，大道本質為「虛」，其用為「無」，其象為

> 故常無，欲以觀其妙；常有，欲以觀其徼（ㄐㄧㄠˋ）。

「有」。無與有，是虛玄大道的兩個展現、兩個面向、兩個維度，想要一窺大道堂奧，唯有從這兩個維度著手。因此讓自己時常實踐「無」之用，即可觀察大道虛玄之幻變神妙；讓自己時刻見知各種現象之「有」，即可觀察大道虛玄之運作關鍵。

　　大道用「無」創造且長養萬「有」，萬有實象乃得以不斷的演進化生。無為用、有為象，無與有這兩者，總是時刻互動交織併現，無法清脆解析分立。其之交併而渾沌，卻促成大道剛健不息。於是，當下每一時刻，總是無與有交併互現的產物，既無且有、似有卻無地交織纏現，這也正足以呼

應大道之虛實迷濛的玄奧本質。可以說，玄，就是無有交併之意。所以，欲窺大道，唯有掌握「無與有」二元，或者說，掌握「玄」，才是唯一的途徑。

　　因此老子說，無與有這兩者，同出於大道而不同名稱，但都可稱之為玄。無與有不斷的交併互見，似有若無、似無若有，變化莫測，虛玄深奧，是創生所有神妙幻變的總樞紐。

> 此兩者，同出而異名，同謂之玄。玄之又玄，眾妙之門。

1 道可道非常道

2 天下皆知美之為美

天下皆知美之為美，斯惡已①；皆知善之為善，斯不善已。故有無相生，難易相成，長短相形，高下相傾②，音聲相和③，前後相隨。

是以聖人處無為ᵥ之事④，行不言之教⑤。萬物作焉ᵣ而不辭⑥，生而不有⑦，為ᵥ而不恃⑧，功成而弗居⑨。夫唯弗居，是以不去⑩。

---

①斯惡已：這個就已是「惡」了。

②相傾：互相對照。

③音聲相和：器音與人聲互相伴和。樂器發出者為「音」，人發出者為「聲」。

④聖人處無為ᵥ之事：體道者處事不採人類法則驅動的一切行為思想。人類法則就是利欲情感驅動法則。聖人：體道治國或修己者；老子之「聖人」無為，儒家「聖人」則是有為。「為」即是「有為」，指人類法則驅動的一切產物，包括行為思想、策令規制、與風俗禮節；「無為」是無「有為」之意。

⑤不言：不倡言一切人類法則驅動的思想主張與教化。

⑥萬物作焉而不辭：天道興作萬物使之最適發展而不加以干預；為「無差別對待」的意思。辭：主宰、干預。

⑦生而不有：天道生養萬物而不據為私有；為「無私無己」

的意思。

⑧為而不恃：天道施助萬物而不恃才矜己；為「無慢無喜」的意思。

⑨功成而弗居：功成事就而不自居功勞；為「無貪無欲」之意。

⑩不去：結果得以恆古長存；意指天道所創生之天地萬物得以剛健不息。

老子在上一章點出關鍵，說明「道」具有兩個面向：無與有。在這一章，則進一步藉此演述其「對立二元相生相成」論點，成為支撐其整個思想的核心與架構。缺了這一論點，其思想將如大廈失去支撐的傾頹散脫。

在日常生活中，我們可以輕而易舉的看到，許多事項總是包含著顯而易見的兩個對立面向。例如，台灣這幾年的食品安全頻頻出現黑心問題，最終驚醒了消費者而得了個好教訓：「愈好吃愈可口的食物，愈可能潛藏著危險因子」。或者，在股市裏頭翻滾的投資者，必然都能深切的體認到：「報酬愈高的標的，必定伴隨著愈高的風險」。事實上，先人經驗也一再告誡我們，驕滿者必多招敵人、炫耀者必多曝己短、貪婪者必自殆、剛暴者必自亡、流汗播種終必歡欣收割。這些生活經驗與案例，每一事項都包含著對立的二元概念，兩者如影隨形的互相造就對方，永遠不會形單影隻的存在，一如作用力與反作用力、向心力與離心力、生理與心理、收益與成本等等一般。兩股相對的力量，既合組又抗衡，決定了某一個項目的最終形象。

事實上，「對立二元相成」的結構是萬事萬物的本質，包括人類的心性與價值。對立二元，是對立的，但卻又像實物與影像一般相隨緊纏。「正面」意識的確立，在於「反面」意識的存在，因此一面不存，則另一面也不會出現，這就是中國「陰陽」理論所謂的「孤陰不生、獨陽不長」，同時老子也在第42章提到萬象萬物總是「負陰抱陽」的存在。觀察現象或下定決策，都必須同時兼看「對立二元」面向，剖析探究，才能全面完整掌握。而窺探大道至理，更唯有從「無與有」二元同時著手。

老子在本章也從生活體驗去講述「對立二元」。生活中，我們會知道或欣賞某人的美，正是因為內心根深蒂固存著某(些)醜，借此才得以參照比較而評價出何謂「美」。修行者認為，不要批評別人的醜，而要多稱讚別人的美；殊不知，讚賞某人的美與評比某人的醜，已經同時在這個修行者的心中萌生，一方愈強則另一方隨之愈強。老子說：天下人都知道何謂是「美」，則這就是「惡」了，因為唯有「醜」之已存在，方能對照出何謂是「美」。天下人都知道何謂是「善」，則這就是「不善」了，因為唯有「不善」之存在，才能對照出何謂是「善」。

> 天下皆知美之為美，斯惡已；皆知善之為善，斯不善已。

2 天下皆知美之為美

「對立二元相成」的結構是萬象萬物本質，無一例外。有無二元對立但互相生成，難易二元對立但相互促成對方，長短二元對立但相互比較彰顯，高下對立但相互對照依存，器音與人聲二元對立但互相伴諧和鳴，而前後二元對立卻是連續相隨不離。這類型的二元現象，存在於人類實務，且處處可見，是一個恒常道理。

> 故有無相生，難易相成，長短相形，高下相傾，音聲相和，前後相隨。

「有無相生」是老子理論中的至要關鍵，沒有這個關鍵，他的論述將如大廈失去了支撐般的散脫。要說明它的重要性，我們還得回頭看看天道與人道的差異。

第 1 章曾經提到，天地恒古長存、四時有序、平和安靜，其所創生之萬物得以生生不息。老子認為，這樣剛健不息的穩定均衡體系，是那「玄穹彼蒼、迷濛渾一、曠蕩靜無」的天道所創，亦即「大道空無」創造發展了天地，天地再生養了萬物而致綿綿不絕、生生不息。因此，天道本質為「虛」(曠蕩靜無)，以「空無」為用而創生天地萬物之「有」，並至剛健不息。此即第 1 章所謂「無名天地之始，有名萬物之母」的真義，而天道此一「一切空無」的作為，即老子所謂之「無為」。後面的章節中，老子對「無為」有更進一步的具體描繪。

然而，人類為天道所創生的萬物之一，卻又為何其社會

國家組織總是充滿角鬥、競奪與戰爭，無法和平長治？

　　人類的一切思想行為，概以自我利欲為中心而劃分出人事物關聯，演繹出「好惡或利損」的親疏遠近與友敵黨異等等派系群體，然後和同黨我、誅伐異我，由此謀取一己之最大利欲。這樣的基本架構不斷的擴大演繹而至於社會國家，形成大規模拉幫結派的不斷生滅與黨異爭鬥，於是連社會國家的法令規章、道德懿行、習俗風尚等等，不僅是人類利欲情感驅動而出的產物，也同時成為勝利者統治管理的工具。這等工具(包含仁義禮智等)的運用，明確化了人民競奪功名利祿的渠道，加甚人民利欲渴望，於是更深化了利欲貪性；同時，強勢者擁有這些工具的制定權與話語權，更易於堆疊與鞏固其利欲權勢。簡言之，人類總以一己「利欲貪念」為出發，時刻不斷的去鬥爭競奪以追逐一己最大之「利欲貪有」，這樣的演進法則，我們於本書中稱其為「人為法」、「人類法則」、「有為法」，而老子則於第 77 章定名為「人道」。

　　是以，「天道無為」而「人道有為」，兩者相反。天道法則用無而終至剛健不息，人道法則用有卻總是爭鬥迷亂。

　　於是，一個人要能時刻的心境清澄寧定，一國人君要想得國家長治久安，只有拋棄人道之有為，而仿效天道之無為。原本，天道之「用無」或謂「無為」，其輪廓意義抽象難懂而無法具體實踐，但老子建立「無有相生」立論架構，於是從

2 天下皆知美之為美

「人道有為」的對立面去想像與實作，則「無為」之具體影像與方法立即明確可操作。「用無」乃「用有」之對立面，故摒棄人類法則之一切行為思想，即「無為」的開始。老子本章特別論述二元對立卻相生的意義，其目的即在於具體化「用無」的概念。

老子身處那戰亂頻仍的戰國時代，強烈渴望和平安定。那時各國一切政策命令規制辦法，無非都在強化國家戰鬥爭奪的能力，致使各國爭鬥不停歇的愈演愈烈。因此他認為一個體道之治國者，追求安定和平，必須「處無為之事、行不言之教」，亦即，必須不去採用利欲情感驅動的行為思想與策令規制，不去倡議利欲情感驅動的言論主張與教化；這裏所謂「利欲情感驅動」，即是「人類法則」。若能如此，則人民利欲貪念就不會被誘發與強化，於是追逐、爭鬥、競奪與紛亂就可逐漸止息。對於非治國者而言，亦適用相同的道理，其之體道修己，追求內心恒久的清澄寧定，仍須仿行大道的無為與不言，捨去人性利欲情念的一切行為思想與言論傳播。

天道「用無」而創造長養天地萬物，且達於剛健不息。對於如此的偉大善果，天道依舊本著「用無」，始終如一，因

> 是以聖人處無為之事，行不言之教。

此它雖興作萬物但不加以干預，生養萬物但不據為私有，施助萬物但不恃才矜己，功成事就但不自居功勞。正因為不居不念一切善果，此善果才得以恆古長存。

> 萬物作焉而不辭，生而不有，為而不恃，功成而弗居。夫唯弗居，是以不去。

　　天道不僅在創造長養的過程中「用無」，及至於美好結果出現時仍然秉持「用無」，始終如一的「用無」(或稱無為)，於是才得以剛健不息。一個剛健長存的體系，必是達到了穩定均衡，欲達此一穩定均衡，必須內部各繽紛種類都得到了最適性發展與興榮而共演和鳴協奏；這樣的結果，只有「無為」方足以致之。

　　從細部來解剖，對萬物作焉而不辭即是對萬物的「無差別對待」，生而不有則是對萬物的「無私無己」，為而不恃是對萬物的「無慢無喜」，功成而弗居則是對萬物的「無欲無念」。是以，「無為」是一種「無私無己、無念無欲、無差別心」的積極任事行為。

　　天道無為法則，因無而得有、因恒無而得以恒有，這是一個自然法則；人類之有為法則，以「利欲貪有」出發而不斷追逐「利欲貪有」，結果「因有而無」。人君治國仿道法無為，才能得國之長治久安；修己者仿道法無為，方可得一心天地恒常清澄寧定。

2 天下皆知美之為美

　　仿道無為，具體的實踐方法，就是拋棄「有為」，亦即抑制戒絕本性之好惡私欲貪念。這是老子思想的核心立論。

━━━━━━━━━━

本章在整部老子書中，居於思想理論的核心。一者，確立「無有相生」，使得「用無」的主張與策略，不至於淪為唯心的渺視外在；因為，外在物質利欲將是「用無」策略的結果，亦即「因無而有」之謂。二者，作而不辭、生而不有、為而不恃、功成弗居，說出「用無」精神理念的總原則，就是「無差別、無私無己、無念無欲」的內心思想與外在行為。三者，夫唯弗居，是以不去，只要持續堅守用「無」，則已經成功的項目或隨身添加的物質利欲，即可持續存在，亦即「恒無則恒有」。

　　無有相生、因無而有、與恒無則恒有這三者，是解構老子思想推論的原點，於現在理哲學上來看，就是理論的先驗假設，藉此而演繹推析出整部理論。老子這三個先驗假設，卻恰與當代經濟學理論相反。經濟學理論研究人類社會組織的最佳決策，認為任何人都是無時無刻以「追求最大效用(utility)」為原則，這是因為經濟學理論以「人是理性」為先驗假設，而所謂「理性(rationality)」就是時刻計算並選擇讓自己利欲最大的決策；這個算計而得的利欲值，就是經濟學中的專有名詞「效用」，一般都被解釋成「決策者欲望的滿足

程度」。因此，外在功名利祿財富與內在爭強執己欲念，都能夠提升一個人的效用值，唯每一項目在每一個人的心中容或權重比例有所不同。

注意的是，老子反對人類社會出發於利欲以追求更大利欲的「以有追有」模式，而主張應該出發於無終而得有的「因無而有」模式。因此，老子所謂之「無為」，並非如一般讀者所誤解的「不為」或「少做為」之意；相反的，是積極「用無」、積極的「去有反有」，亦即積極採用「人類行為法則對立面」的行為與思想，這是一個正向而積極的作為，只是相反於人類行為法則那種持續不斷用有的自利思維。一般人沒能理解老子哲學的積極與創造性，而誤認為年輕人不宜讀《老子》，誤認為這會影響年輕人積極奮發拚鬥的精神，那是明顯的錯誤。

其實，老子的思想與理論主張，在當代高度競爭與緊繃的行為心理壓力下，最為適用。其實踐功夫上，是要人積極努力。其心理狀態，則是要人寡私少欲。而其最終結果，功名利祿亦將隨之而來；同時持續的用無，此已得之功名利祿亦將持續隨身。唯用無才能真正得有，唯恒無才能夠真正恒有。用無，完全是人類利欲行為法則的對立面思維，可以說是人類既有概念思想的一種革命。

3 不尚賢使民不爭

不尚賢①，使民不爭；不貴難得之貨②，使民不為盜；不見可欲③，使民心不亂④。

是以聖人之治，虛其心⑤，實其腹⑥，弱其志⑦，強其骨⑧。常使民無知⑨無欲⑨，使夫智者不敢為也⑩。為無為⑪，則無不治⑫。

---

①不尚賢：不推崇賢能之名。

②不貴難得之貨：不貴重珍寶。

③不見可欲：不渴望利欲。 見：展現出渴望。

④民心不亂：人民心理就不會為欲念所迷亂。

⑤虛其心：清淨心思。

⑥實其腹：養實身命。

⑦弱其志：降低欲念。 志：心志、欲念。

⑧強其骨：強健體魄。

⑨無知：無欲念，同「志」。

⑩智者：機巧詭詐者。

⑪無為：無「有為」。 「為」即「有為」，指人類法則驅動的一切產物，包括思想行為、策令規制、與風俗禮節。人類法則就是利欲情感驅動法則。

⑫無不治：沒有不能長治久安的。

本章延續第 2 章的理念，透過「二元對立相成」的論述，說明體道行道用無之實踐，就是站到一切「人為法」產物的對

立面去，也就是，抑制甚或棄絕人為法則所驅動的一切策令規制與風俗禮節。同時借此更進一步的界定了「無為」此一名詞。

策令規制與禮節道德，都是基於人類利欲貪有所驅動出的產物，其目的，不僅鞏固當權者既得利益，也標準化人民競奪利欲功名渠道而便於統治；其結果，更強化人類社會的鬥爭競奪與紛亂。不論是名望、財富、欲念或道德，只要當權者表現出喜好甚或推動，則人民就會被帶動而跟著往此途徑奮發，造成全民的鬥爭與競奪。

於是，賢能若為當權者所欲而廣為推展，則人民也會為此鬥爭競奪，拼命鑽往賢能名目以圖取功名利祿。招賢舉能雖是良善，但其背後的利欲卻誘惑起人民的鑽營，這是對立二元相生相成的鐵律。因此，做為一個統治者，不能單看一面而忽略了另一面的影響，不該一味任性的標舉崇尚賢能，人民才不會為得聲望名利而爭鬥。這就像是，統治者不去貴重稀有珍寶，人民就不會為得珍寶財利而偷盜；不去展現利欲渴望，人民就不會為私心欲

> 不尚賢，使民不爭；不貴難得之貨，使民不為盜；不見可欲，使民心不亂。

念所迷亂。統治者不推動一般世俗的策令規制，避免誘發人民「名財欲」貪念，正是「用無」作法的開始。就體道修己

3 不尚賢使民不爭

的個人而言，亦是如此，要讓內心恒常清澄寧定，唯有減低甚或去除那種永無止境追求名顯財利與一切欲念的本性。

就一個人而言，真正的無為，必須是身心二元均衡的清靜。內在上，心思清靜空靈與欲念無起無動；外在上，生活養食滿足與體魄強健安康。這是一個體道治國者採行「無為」所可打造的境界，也是老子心目中統統治者的終極目標。所以他說，體道治國者之治理國家，要清靜人民心思、養實人民身命、減弱人民欲念與強健人民體魄。人民持續的常處於無念無欲，則再怎麼機巧奸詐之人，也無從行使其詭詐誘惑的手段。

> 是以聖人之治，虛其心，實其腹，弱其志，強其骨。常使民無知無欲，使夫智者不敢為也。

統治者無為，則可如第 2 章之「萬物作焉而不辭，生而不有，為而不恃，功成而弗居。夫唯弗居，是以不去。」全民受到誘導也進而無為，於是自然演進而達到「虛心實腹、弱志強骨」的狀態，真正出現理想國度。因此，老子說「為無為，則無不治」：統治者無私無己且捨去那些利欲情感驅動的一切策令規制與行為，則國家沒有不可以長治久安的。

> 為無為，則無不治。

　　人類欲望無限、但卻資源有限，於是愈是稀少的財貨，必然吸引更多的競逐者與激發出更強烈的利欲心理，在供給有限的狀況下，財貨的市場價值必然飆漲昂貴，此為基本的經濟學原理。嚴重時，往往誘發出更多的偷盜劫掠行為，甚至引發國際間的爭奪戰爭。

　　就一國治理而言，若執政者製訂一元化的功名取才管道，必吸引全民競往此一途徑鑽營；或者，誘導社會形成一元化流行偏好，全民必然競相由此投其所好以賺取更高利益。追逐功名利祿的心思行為，被政策制度所撩撥，在供給有限而需求無限的狀態下，變得劇烈白熱，因此，競鬥、偷盜、掠取、劫奪，隨之多生。這是人類法則的必然現象，於是也是人類發展過程所必然時刻面臨的課題。

　　老子提出了不同的看法，認為統治者治理國家，不該順著人類法則之「欲有」，因為如此只會加劇「欲有」本性以至鬥亂；而主張應該服膺天道法則之「無為」，如此即能建構出理想國度。在此一國度之下，人民「虛其心、實其腹、弱其志、強其骨」。其中，「虛心弱志」正呼應著第19章「見素抱樸、少私寡欲、絕學無憂」，意指人民心思澄明清靜、無欲無念；而「實腹強骨」則呼應著「民不畏威(72)」「民不畏死(74)」、

3 不尚賢使民不爭

「民之饑(75)」等諸章*，須使人民安居樂生。如此治理，則人民「重死而不遠徙…，甘其食、美其服、安其居、樂其俗(80)」，此番景象即是理想社會了。

---

* 再次提醒，凡句段後括弧數字，代表該句段出自《老子》書之該章次。
例如本處「民之饑(75)」，即「民之饑」出自《老子》第 75 章。

26

4 道沖

道沖①，而用之或不盈ㄌˊ②。淵ㄒ兮似萬物之宗③；
湛ㄓㄢˋ兮似或存④。吾不知誰之子⑤？象帝之先⑥。

---

①沖：取其「中空、不盈、與
流動變化」之意，用以描述
大道的「虛無」。

②或不盈：不盡的樣子。 不
盈：不盡，或「不滿」、「不
全有」的意思。以 0 為無、
以1為滿，不盈即可以是0、
0.1、0.5、0.9、0.99…等等
各種比率，故其意為變化莫
測、可大可小、似有若無，
仍是描寫著道之虛。

③淵兮似萬物之宗：深厚博大
有如萬物主宰。 淵：深厚
博大。 宗：主宰。

④湛ㄓㄢˋ兮似或存：明邃清澈如
實際存在。湛ㄓㄢˋ：明邃清澈。

⑤誰之子：誰的孩子？由誰而
生的呢？意指「來源」。

⑥象帝之先：好像天帝之前就
有了吧！ 象：像。

「玄穹彼蒼、迷濛渾一、曠蕩靜無」，於是，老子之道，本質
上就是虛。道虛，其實際運用上，則創生長養了天地萬物、
並至剛健不息，好似沒有涯際般的神通能力。老子在這一章，
對道的表象認知做了一番描述。

4 道沖

道沖，而用之或不
盈。淵_{ㄩㄢ}兮似萬物
之宗；湛_{ㄓㄢ}兮似或
存。吾不知誰之
子，象帝之先。

老子說，道的本質是虛，虛虛
實實卻是用之不盡。深厚博大有如萬
物主宰，明邃清澈有若實際存在。如
此虛玄神妙卻又清澈若存，我不知它是
從那裏來、何時起的？好像還在天帝
之前就有了吧！

5 天地不仁

天地不仁①，以萬物為芻ㄔㄨˊ狗②；聖人不仁，以百姓為芻狗。

天地之間，其猶橐ㄊㄨˊ籥ㄩㄝˋ乎③？虛而不屈④，動而愈出。

多言數ㄕㄨㄛˋ窮⑤，不如守中⑥。

---

①不仁：不因利欲情感影響而有親疏好惡的對待差異。仁：寬惠善良；人類之「仁」以情感為出發點。

②芻ㄔㄨˊ狗：專門用於祭祀的草紮假狗，其功能角色就是發揮於祭祀。 芻：草。

③猶橐ㄊㄨˊ籥ㄩㄝˋ：猶如橐籥。 橐籥：即為「風箱」。春秋後期時，用皮囊鼓風冶鐵，外形狀似當時的盛物容器「橐」，故便稱其為「橐」；不斷前後推按橐上的陶製拉桿，即可壓縮與鼓起橐而

不斷送風進入冶鐵爐；此陶製拉桿即為籥。一般言，周罩為橐、拉桿或推送風的管道為籥。 古時候的「籥ㄩㄝˋ」亦同「鑰」，即匙鑰之意。

④不屈：不竭。

⑤多言數ㄕㄨㄛˋ窮：愈是傳播那些人類法則所驅動的一切行為思想，將愈無能清靜心思與安治社會。 數ㄕㄨㄛˋ：屢屢、每每。 窮：失敗、不足。

⑥中：同「沖」，即「虛無」之意。

5 天地不仁

本章持續強調與說明「道虛用無」的精神與作用，並特別加強點出對萬物之「無差別待遇」一項。

如第 2 章所言，天道對萬物作焉而不辭的「無差別對待」、生而不有的「無私無己」、為而不恃的「無慢無喜」、與功成弗居的「無欲無念」；如此「用無」，得一切善果而且永存。一個永存的體系，必然達到穩定均衡，而穩定均衡的出現，定是內部各繽紛種類，都得到了最適性發展與興榮而得以共演和鳴協奏。

天道既對萬物「無差別待遇」，亦即對待人類、動物、昆蟲、花草…等萬物，必然與落葉、糞土、金銀、或祭祀專用的草紮假狗…等等任何事物一般的無所差別，這是因為，天道對待一切萬物就只有一個相同目標，就是要讓各物各象都能最適發展興榮，並最適扮演著各該有的角色與功能。這就是天道「無差別待遇」的真義。

天道之「無為」，完全的無私無欲無念，而這剛好與人道中完全出於情感與利欲的「有為」相反。有為的人類法則，以利欲貪念出發而劃分群派黨異，對待不同的人自然會有親疏貴賤好惡的不同。其中，仁愛，是人類行為法則產物中最被推崇的一個，卻仍是基於情感利欲所驅動的寬惠善良，故依舊會有親疏遠近貴賤的好惡之別，而有了差別對待的產生。統治者治理一個國家，要使國家穩定均衡而得以長治久安，

就必須讓其人民都能各個得到最適發展且最適扮演各該有的角色與功能，而實踐的方法無它，唯有仿行道法之無為而對國內子民「無差別待遇」；其中的首要步驟，就是棄絕人類法則情感利欲之「有為」。

老子說，**天地沒有仁愛情感利欲，故視萬物一如芻狗**而只有一個相同目標，就是無差別的使其各得最適發展並發揮最適功能。**體道行道之治國者，亦必須拋開仁愛情感欲念，才能視百姓一如芻狗**的只有一個相同目標，就是無差別對待人民百姓，使各得最適發展與功能發揮，國家才能一如大道般的穩定均衡而長治久安。

> 天地不仁，以萬物為芻狗；聖人不仁，以百姓為芻狗。

就個人之體道修己，仁愛之心雖是美德，但卻仍是發自感情，而非發自天經地義的道理。發自感情則會有親疏輕重之別，心理必受情欲牽纏而無法清澄寧定；若是發自天經地義之理，則必是無差別心的自然行為，心理自無感情牽纏，這是體道無為者必然要有的一個心境。

無差別心是一種空無，是大道用「無」的一種型式。「用無」看似抽象，卻在實務上處處展現其妙用。比如水瓶，是一個實體材質的容器，但我們真正要用的功能是它內部的「空無」，用它裝水。公共汽車，精密的零件加上精製的外殼，但

5 天地不仁

我們真正利用它的也是內部的「空無」，用以載人；飛機亦然。房屋，四壁加頂的殼子，包覆著內部的空無，用以居人。原子筆，筆心可以書寫，那是因為筆心空無暢通，方足以讓墨水流洩。腳踏車車輪，車圈裏覆外胎形成內部空無，以供幅條(spoke)絲扣聯繫中間軸的花鼓(hubs)，才能有用。這些日常生活中的實用，都是來自於「空無」。老子於書中也借助類似的實象說明「無」之妙用，他舉天地、風箱、山谷、水、車輪…等等為之譬喻，分散於各章。

在本章，老子舉例說，上覆以天而下載以地，天地之間包覆著空無，因為這個空無之用，才足以長養出生生不息的萬物；而一個風箱，皮囊外罩包覆著內部的空無，因這個空無，才足以不斷的鼓風生火。

> 天地之間，其猶橐（ㄊㄨㄛˊ）籥（ㄩㄝˋ）乎？虛而不屈，動而愈出。

所以「空無」才是動力所在、能量本源。老子說：天地之間，不就好像是一個風箱嗎？其內部玄虛空無，卻有源源不絕的能量，愈是運用則生成能量愈多。

人，亦復如此。外在身軀肉體包裹著內在心性靈魂，唯有內在虛無，才能蘊涵綿綿不絕的能量，由此提供身體源源不斷的元氣。人身之「內在虛無」，即是第 3 章所揭示之「虛心弱志、無知無欲」，而依此實踐「用無」，則能創造身體「實

腹強骨(3)」諸等利益，這正是老子「無為」的妙用。

　　相反的，人類法則是「利欲貪有」之「有為」，既不能達「虛心弱志」、亦不能致「無知無欲」，言行思想盡是傳播與追求著利欲。於是，言行思想愈是如此，則愈遠離「虛無」大道，而愈深化利了欲貪念的驅動與爭鬥。也因此老子說，愈是主張人類法則驅動之言行思想，將愈無能清靜心思與安治社會，因此，還不如仿效道法「守虛用無」的有用。若能如此，一己得恒常清靜、國家得長治久安。

> 多言數窮，不如守中。

6 谷神不死

谷神不死①，是謂玄牝ㄆ一ㄣ②。玄牝之門③，是謂天地根④。緜緜若存⑤，用之不勤⑥。

---

①谷神不死：空虛山谷孕育生養萬物以至生生不息。 谷神：山谷創造生養萬物，猶如有神主宰，老子名其為「谷神」。 不死：生生不息。

②玄牝ㄆ一ㄣ：虛玄神妙的偉大創造者；意同於「道」，因為玄虛大道創生長養萬物。 牝ㄆ一ㄣ：母性、雌性(或指雌性生殖器官)，意指「創生長養者」。

③門：關鍵、樞杻、主要開端。

即第 1 章謂之大道「無與有」二維。

④是謂天地根：可稱之為天地萬物的本源。 是謂：可稱之為。 根：本源。

⑤緜緜若存：似有若無綿綿不絕的存在。 緜緜：同「綿綿」，微細薄弱卻連續不絕之貌。 若存：似有感覺它的存在。

⑥用之不勤：其之運用，力量源源不盡不竭。 勤：竭盡。

本章接著前一章，續談「空無」之大用。前一章喻談「天地」與「橐籥」，本章則喻談「山谷」。

34

　　山谷，峻嶺絕壁環繞，天覆為頂、地合為底，包覆著一個虛無幽邈的空間；雖是空無，卻因空無而得以孕育出繁多種類的萬物生命，而且生生不息。老子曾對那創造天地萬物以至剛健不息的「玄穹彼蒼、迷濛渾一、曠蕩靜無」，名之為「道」；於此，對那化育多元物象以至生生不息的空靈虛無山谷，名之為「谷神」。這兩者都可謂之玄深神妙的創造者(玄牝)。藉由可以觀察的山谷，老子說明天道的虛玄神妙，如何無所不在的於天地萬物間展現流洩。所以他說，山谷空無而神妙化育萬物以至生生不息，宛若大道，是為玄深神妙的創造者（玄牝）。「谷神」與「玄牝」兩詞，於是成為「道」的另一個代名詞。

> 谷神不死，是謂玄牝。

　　大道的兩個維度是「無與有」，欲窺探大道至理，唯從「無與有」著手，這是大道入門的總樞杻(1)。谷神與玄牝，同大道一樣，都是玄深神妙的創造者，同是空靈虛無本質而以無為用、以有為象，時刻無有交併的相生相成。是以，玄牝之門，即等同於第1章所言之「眾妙之門」，是指「無與有」的交併虛實，由此而化生萬物。所以，玄牝的總樞杻「無與有」，是天地萬物的本源。其空靈虛無，似有若無的存在，其之運用，卻力量不盡不竭。

> 玄牝之門，是謂天地根。緜緜若存，用之不勤。

6 谷神不死

老子於第 4 章提出「道沖而用之或不盈」的理論，認定大道虛空本質，其用以無，卻是力量源源不絕。其後，於第 5 章與第 6 章，分別以天地、橐籥、山谷為實例，說明「空無」之大用，借以再三強調，體道者當「以無為用」的基本論述。這個基本論述，其實就是第 3 章的主張，「虛心弱志、無知無欲、實腹強骨」，而這也成為老子後來闡論道法具體實踐的其本原則。

事實上，當代醫學多已證實，健康清靜的心理素質，才能養生出健康強壯的身體狀態。虛心弱志與無知無欲，是「用無」，若不用無，則真正的實腹強骨之健康身體，將無法達到。這是用無之妙理，亦是有無對立相成的結果。

7 天長地久

天長地久。天地所以能長且久者，以其不自生①，
故能長生。
是以聖人後其身而身先②，外其身而身存③。
非以其無私邪ㄝ④？故能成其私⑤。

---

①自生：自私地為自己生命功
　業而為。　不自生：無私無
　己。
②後其身而身先：把自身利益
　想法擺在後面，而以大眾優
　先，則自身利益想法反而得
　以償願；或者說，把自身放
　在人後，虛己優禮人民，就
　反而得到大家的愛戴與推
　崇。　身：自身利益與想法。
③外其身而身存：把自身生命

名望置之度外，而為大眾考
慮，則自身生命名望反而得
到長存；或者說，把自身置
之度外，捨己成全人民，就
反而得到大家擁護與周全。
身：自身生命與名望。
④非以其無私邪ㄝ：這不就因
為他的無私嗎？　邪：即
「嗎？」
⑤成其私：成就一己自身所
欲。

緣於有無相生(2)，自然大道以「無」創造並長養天地萬物，
而成就了剛健不息。這個「無」，若化約為一般原則，就是「無

7 天長地久

差別與無私無欲無念」一如第 2 章所論。本章持續以實象說明「用無」之神妙。

天長地久，這個恒常不變的實象，是我們人類親眼觀察可及的。老子認為，天地之所以可以長久者，是因為他無私無己的生養興榮萬物，所以才能長久。

> 天長地久。天地所以能長且久者，以其不自生，故能長生。

無私無己就是「用無」，用無而有、因恒無而恒有，是以，天地得以恒存。這樣的現象同樣的可應用於人，人若能把自身一切總擺在大眾後面，無私無我的付出，則自身一切卻反而會得到償願；若能把自身一切總是置之度外，無私無我的奉獻，則自身一切反而得到長存。所以，修己治國者，欲國家社會能如天地一般的長治久安，即當仿行道法，把自身一切放在後位，人民優先，即可得到大家的愛戴與推崇；把自身一切置之度外，捨己為民，即可得到大家擁護與周全。這不正是因為他的無私無己嗎？所以才能成全了自身所欲。當然，治國者自身所欲，就

> 是以聖人後其身而身先；外其身而身存。非以其無私邪些？故能成其私。

是國家社會之長治久安了。

　　相反的，假若統治者與民爭利，凡事以自身利欲為先為中心，這是「用有」，其結果當然是變成「無」了。凡事以自身利欲情感驅動，則一切作為與策令皆只會深化人民利欲貪念，導致鬥爭競奪愈加劇烈，國家社會也只能愈加紛亂難治了。

　　老子並非是捨棄外在物質的唯心論者，而是心物二元論者，其理論並不忽視外在物質之得，但在取得的方法上則以「心先於物」，亦即「因無而有」法則，而非世俗人性的「以有追有」。天道法則「用無」可以得有，因此，「後其身」可以得「身先」，「外其身」可以得「身存」。然而，必須注意的是，用無之後，僅管功名利祿已然加身，但仍能不生絲毫珍愛欣喜念頭，仍須時刻保持出發以無，如此外在功名利祿方能持續累積加身而長存。

　　時時刻刻不動念或不迷失於當下已得之功名利祿，亦即時時刻刻出發以無，這個修己功夫很難，老子也為此而費了一些章次專門講述這個論點。

8 上善若水

上善若水①。水善利萬物而不爭②，處眾人之所惡，故幾丩於道③。居善地④，心善淵⑤，與善仁⑥，言善信⑦，正善治⑧，事善能⑨，動善時⑩。夫ㄈ唯不爭⑪，故無尤⑫。

---

①上善若水：上位者要積極仿效水的行為模式。 上：上德或上位之人，或老子所謂之「聖人」。 善：積極非常。 若：很像。 本章共有九個善字，其意義皆是「積極非常」。

②不爭：不爭名利、功成不居。

③幾丩：近於。

④居善地：意為「居，善若水之地」，於所處環境，要積極像水之無所不適一般，僅管惡地卑賤仍能自在。

⑤心善淵：意為「心，善若水之淵」，內在心境要積極像水之深淵一般，深博恢宏、靜默容納。

⑥與善仁：意為「與，善若水之仁」，對待他人，要積極像水之滋養萬物，仁慈和愛、無所差別。

⑦言善信：意為「言，善若水之信」，口說言語，要積極像水之凝冰，堅固信用、不出爾反爾。

⑧正善治：意為「正，善若水之治」，領導管理眾人，要積極像水之成就萬物，促成眾人最適均衡發展。 正，

同「政」。

⑨事善能：意為「事，善若水之能」，處置事務庶政，要積極像水之柔弱動能一般，無方無狀、曲折隨形、無所不行。

⑩動善時：意為「動，善若水之時」，行為舉止，積極像水之潮汐雨霧一般，動靜來去，審時有序。

⑪夫唯：開頭的語助詞。

⑫無尤：無過無咎。尤：過咎。

老子相當稱頌「水」，認為世界實物中，幾乎近於道者，唯有水。水之每一特性，都飽含著「用無」神髓；於是，透過對水的領悟，即能有效的體會並拿捏用無方法。本章，老子專論水。

水的本質，可以說就是「無己」。形態不定，變化多端，卻都富含著各種不同功能的正面量能。水，無方無狀、曲折隨形，無所不在、隨處可去、遍地可居。遇冷凝冰，愈是寒冷惡凍則愈為堅硬，甚可比之於鋼；遇熱化氣化霧，飄散無影，細入微塵，溼潤滋養萬物。匯聚而瀑沖，則排山摧屋、力斷巨石、音震山野。水，隨處可居，髒臭惡地或芬芳香隅，皆甘之如飴、能屈能伸，且不忘本分職能。水，無己無私，不論巨木高山或小草細物，皆無差別的給予適當潤養。它是天地萬物生長不可或缺的元素，卻總是默默付出自己的能量，而從不惦念自己的功勞。水的無己，一併演繹出了無私、無差別、無欲念等特質，可以說，它就是「用無」具體實踐的模範典型。

8 上善若水

> 上善若水。水善利萬物而不爭，處眾人之所惡，故幾[注]於道。

所以，老子認為體道者當以水為師，他說：上德之人積極的仿效水。水，極為利益萬物，卻不爭不居名分，總是自在的居處眾人嫌棄厭惡之環境，這樣的無己無私行為，幾乎就是「道」了。

> 居善地，心善淵。

上德之人，對於所處環境，積極像無所不適的水，儘管惡地卑賤仍能自在；內在心境積極像深淵之水，深博恢宏、靜默容納。

> 與善仁，言善信。

對待他人，積極像滋養萬物之水，仁慈和愛、無所差別。口說言語，積極像凝冰之水，堅固信用、不出爾反爾。

> 正善治，事善能，動善時。

上德之人，領導管理眾人，積極像成就萬物之水，促成眾人最適均衡發展。處置事務庶政，積極像柔弱動能之水，無方無狀、曲折隨形、無所不去。行為舉止，積極像潮汐雨霧之水，動靜來去，審時有序。

> 夫[注]唯不爭，故無尤。

如此的無私無己、不爭不居，故能無過無咎。

　　不爭，則內心開闊寬廣、柔軟大氣，海納多元、包容異同，而且視野廣闊，故何能有過？不爭，是具體實踐大道的一個重要方法與概念，在第 22 章中將有更深入的闡述。

9 持而盈之

持而盈之①，不如其已②。揣而銳之③，不可長保。金玉滿堂，莫之能守。富貴而驕，自遺其咎ㄐㄡ④。功遂ㄙㄨㄟ身退⑤，天之道也。

---

①持而盈之：自喜而忘形。 持：執有、自得。 盈：滿益、忘形。

②不如其已：不如止驕止傲、謙卑低調。 已：止驕、謙卑之意。

③揣ㄔㄨㄞ而銳之：不斷的捶物使其更加鋒利。 揣ㄔㄨㄞ：捶。

④自遺其咎ㄐㄡ：自取其禍。 咎：禍端。

⑤功遂ㄙㄨㄟ身退：功成身退。 遂：事成。

原本「天道無為」的具體輪廓頗為抽象難懂，但若建立於第2章「無有相生」的立論架構，則由「人道有為」的對立面去想像，「無為」的影像立即獲得明確而具體。亦即，摒棄人類法則之一切行為思想，即是持守「無為」的開始。本章列舉人類日常生活中的貪念、炫耀、剛強、驕滿等等欲望，體道用無者，都當去除之。

人類的貪欲具有加速慣性，起於點滴，卻很容易的持續不斷侵蝕蠶食，終於由點而面以至無止無盡。這過程，如

溫水煮青蛙一般，難知難覺，卻終於貪婪成性。因此，如意欣喜，往往會不自覺演變成自滿得意而忘形；具有優勢或才華，往往不自覺的太過招搖，鋒芒銳利盡露；高興歡悅於金玉財富時，常會不自覺的趨向更貪婪的斂聚；擁有富貴權勢，更易不自覺的驕恣輕蔑起來。

也因此，禍端隨之。得意忘形或鋒芒太露者，隨即招致更多的敵人、恨意、與嫉妒，而惡念、流語、反撲、與攻擊也隨之大增。金玉財富斂聚滿堂，伴隨著他人的覬覦眼紅與仇富攻擊，時刻深陷恐懼失去之苦。而富貴後的驕恣輕蔑，更是不知覺的濫權違法，招致禍端。體道者，當時刻剔勵警醒，不讓欲念起生、加速、或蔓延，其具體實踐功夫，就是謙卑低調與不居功名。如此之人，雖正處順境之高，猶能確實勒住自己心性、不讓迷失。

老子說，自喜而忘形，不如謙卑知止。懷才而太露，容易耗損才能。貪婪而斂聚，無法長時保有。富貴而驕恣輕蔑，必自招禍殃。凡事成就之後，必須低調淡出、謙卑不居，這就是天之道。

> 持而盈之，不如其已；
> 揣而銳之，不可長保。
> 金玉滿堂，莫之能守；
> 富貴而驕，自遺其咎。
> 功遂身退，天之道也。

9 持而盈之

「持而盈之，不如其已」，可以廣泛應用，而不單單用於順境之時之事。其本意指的是，任何事項與態度皆不可過滿，而須適度節制。固然得意太過而忘形、或鋒芒太露而招忌，都將招致更多的敵人、嫉妒與攻擊，因此這些喜樂終是無法長久；然懷憂過甚而喪志，亦將使得心志完全了無生機，於是就是逢得時機出現，也是無能及時抓取以得東山再起，只能是終生沉淪。故凡事不可過甚。喜，慣性的容易演變成得意忘形；悲，慣性的容易演變成喪志沉淪。無論那一面向的心志波動，都必須隨時惕勵警醒，勒住心性、謙抑節制。這個概念在老子一書中幾乎時刻出現，因為「謙抑節制」是當下「有」的抑制或戒絕，是一種「去有反有」的行為，是為「用無」的實踐。

10 載營魄抱一

載營魄抱一①，能無離乎②？專氣致柔③，能如嬰兒乎④？滌除玄覽⑤，能無疵乎⑥？愛民治國，能無為乎？天門開闔⑦，能為雌乎⑧？明白四達，能無知乎⑨？

---

①載營魄抱一：魂魄渾融而一；即內心與外軀渾融而一。載：發端語助詞，類似「夫」之意。 營魄，一說，營為「修養」、魄為「魂魄」；另一說，營魄即魂魄。 魂屬靈(代表精神)、魄屬血(代表肉體)。 亦有一說「抱一」，乃「抱守道一」，一者，即是「道」的別名，故亦稱「道一」、「虛一」、或「道虛」。

②能無離乎：能獲致不離嗎？底下「能無…」語句具相同解法。

③專氣柔致：專志潛修心性以達虛無靜柔。 氣：元氣，

指生命能源，此處亦指「心性」。 柔致：達到靜虛無念。靜虛無念乃天下之至柔。

④能如嬰兒乎：能達致如同嬰兒一般嗎？ 嬰兒是人類生命的第一起點，是「大道之無」蛻化成「萬物之有」的轉化點，必然最飽含最具像化「大道之無」的本質。

⑤滌除玄覽：擦拭玄妙內心明鏡，使之無絲毫欲念塵埃。覽：同「鑑」，意為「鏡子」。玄覽：玄深靈妙的內心深處，如同一面鏡子般的觀照明鑑。

⑥疵ぢ：污點。

⑦天門開闔ぱ：治理政策之擘畫進退。 天門：統治者所居處、亦為政令所出處。 開闔ぱ：動靜張弛，指政策之施用。

⑧雌：母性；意指「創生長養者」，意同「牝ㄠ」。

⑨能無知ㄓ乎：能達致完全沒有詭詐機巧之境地嗎？此處「知ㄓ」同「智」，指「詭詐機巧之能」。

「無與有」對立且相生相成(2)，第 5 與 6 章說明了「空無」之大用。人，亦是二元對立結構，外在身軀肉體包裹著內在心性靈魂，是以，體道「用無」，必是內在心性靈魂方面的功夫，這樣論點已於第 3 章「虛心弱志、無知無欲、實腹強骨」中展現，亦正是老子「理想國」的人民。本章，老子繼續闡述內在心性靈魂的無為境地。

第 1 章中我們講到，道，玄穹彼蒼、迷濛渾一、曠蕩靜無，是渾沌圓融的虛玄一體，是均衡穩定與剛健不息的體系；欲行窺探，唯從「無與有」二維著手。「無與有」雖是二維觀察座標，但兩者總是交併纏繞，而致時刻充滿著有無虛實的混同展現，成為一個時刻虛玄的一體。依第 2 章言，對立二元相生相成是任何名相與實物的本質，因此，人若要能契合於道，則必須外軀與內心二元圓融相生，以內心為用、以外軀為象，方能如同大道一般，「虛而不屈，動而愈出(5)」，

「緜緜若存，用之不勤(6)」，均衡穩定而剛健不息。故老子
明講，修己者，**必須修治外在身軀與內
在心性，使之和諧均衡渾一，且時刻
不離道一。**

載營魄抱一，
能無離乎？

　　「內在心性」為「無」為「用」，是修己近道之門徑。
中國傳統認為，人身之氣，流注軀體周身，供給能量以激發
各部運作並使人產生精神，是維繫生命的能源，故又稱為「元
氣」。元氣流動乃自發無為無念之動，非人意、人力、人欲
可以驅動，故柔軟寧靜的心性，方能使元氣無微不入的流注，
充分滋養人身百千竅穴，創造不絕的生命能源。而至柔心性，
莫過於澄明清澈、寧靜虛無的心志。

　　老子書中再三借用嬰兒以示「澄明清澈、寧靜虛無」心
境的至柔。他認為，初生嬰兒的行為，是自然自主、渾然不
覺、簡易知足、無爭無欲的，這正是「靜柔虛無」的本質，
而與大道相同。嬰兒是人類生命的第一起點，是「大道之無」
蛻化成「萬物之有」的轉化點，故必飽含「大道之無」的本
質面。只是，隨著年齡成長、社會化愈深，利欲心愈增，「人
意、人力、人欲」主導力愈強，虛無柔靜愈失、利欲貪念愈
多，導致人身元氣流動潤身的環境逐漸惡化。此時，修治一
己以回溯至嬰兒時期的那個「澄明清澈心志」，即等同於回
歸道體「虛無」之徑。故老子說，修己者，**當專志潛修心**

10 載營魄抱一

性以達虛無靜柔，就像嬰兒一般。專氣致柔，就是讓心性達到虛無靜柔，此為天下至柔，這必須心志澄明清澈方可致之。

專氣致柔，能如嬰兒乎？

老子學的大道至理，不假外求，純粹是修己內省功夫，強調以深邃玄妙的內心深處，去體悟一切知識道理。於是，將內心深處喻之為一面明鏡，修己內省即可以此明鏡觀照己身洞澈道理。這個論述，正呼應著「常無，欲以觀其妙(1)」的說法。故修己者，當須時刻擦拭那玄妙內心之觀照明鏡，使之無染絲毫欲念塵埃。專氣致柔而達虛無，滌除玄覽而致澄明，此正是大道無為之境，亦是修己之要徑。

滌除玄覽，能無疵乎？

人君愛民治國，追求安定和平、長治久安，須如天道的無為，不推設一切利欲情感驅動的策令規制與行為思想。一切治理政策的擘劃進退，必須無私無己、無欲無念，如天道創造生養萬物一般的創造與長養人民。其中，「天門開闔」意指政府施政。大道本質為虛，故時刻都是一無一有的交併展現，於是一無一有(或一動一靜)之間即是「道」，萬物由此獲得創生與長養。橐籥內部空虛，一推一拉之間而得以鼓風生火冶鐵；天地之間空虛一如橐籥，亦是一無一有(或一動一靜)之間就

愛民治國，能無為乎？天門開闔，能為雌乎？

不斷創造與長養了萬物。朝廷政策之推動或停止(即一開一闔)，如同一無一有、一動一靜之交併，必由此開啟「創造與長養」萬民的功能，也是一個「創生者」角色，故本文稱其為「雌」，同於第 6 章之「牝」。

人君無為，則無私無己的作為將引導人民最適發展而趨向無私無己的自化，內心由此漸漸明白通達天道至理，於是詭詐機巧將無從出現。

> 明白四達，
> 能無知乎？

11 三十輻共一轂

三十輻①，共一轂②，當其無③，有車之用。
埏埴以為器④，當其無，有器之用。鑿戶牖
以為室⑤，當其無，有室之用。故有之以為利⑥，
無之以為用⑦。

---

①輻：即輻條(spoke)，勾繫車
圈與中心橫軸(花鼓)的輻射
型條狀物。　三十輻：古時
候馬車共三十輻條，取每月
三十天之數。

②轂：花鼓(hubs)；車輪中心
橫軸。

③當其無：正因其空無之故。

④埏埴：和水調混陶土。　埏：

和水攪動。　埴：陶土。

⑤鑿戶牖：鑿空開洞作為門
與窗。鑿：鑿空。戶牖：
門與窗。

⑥有之以為利：「有」可利益
大眾。

⑦無之以為用：「無」乃為作
用運使。

續第 5 章「天地」「橐籥」及第 6 章「山谷」之喻談「空無」
大用，本章再列舉車輪、器皿、房屋等實象，依舊闡述「空
無」之用，並更進一步明白點出：「因無而有」之大道法則。

　　古時候馬車車輪的構造原理，與現代腳踏車車輪大抵
相同，輪圈內部空無，而輻條則輻輳式的緊扣輪圈至中心花

鼓，為了可以扣緊，花鼓軸內亦需空無。正因這些「空無」，才能夠讓車輪具有了運作功能。老子說，車輪上三十支幅條共同扣緊於中心軸花鼓，因花鼓軸內空無，才能使幅條插入緊扣而得以運轉車輪，車子才能真正有其所用。

> 三十輻，共一轂，當其無，有車之用。

以水調和陶土製成各種器皿，也正因其內部中空，才能被用來做為飲食工具。於建物四壁鑿空開洞作為門窗而成房屋，亦因這些空無之門窗，房屋才真正有用。

> 埏埴以為器，當其無，有器之用。鑿戶牖以為室，當其無，有室之用。

車輛、器皿、房屋，是我們日常生活中最常用也最需求的物品，它提供了我們諸多便利。但這些實體物品，在設計之初，若沒有利用到「空無」概念融入其中，那麼，其結果就必然不可能會具有便利於人類的功能。觀察所有實體，全面都是「無與有」概念的組合。我們看到了最終實體之「有」，可以利益於我們，正是因為實體「有象」之內部，處處包含著「空無」；是這等「空無」的存在與運用，才讓實體的功能與利

> 故有之以為利，無之以為用。

益得以發生。這些都是典型的「因無而有」案例。因此，「有」之所以能夠產生利益，是因為「無」之運用的緣故。

11 三十輻共一轂

「有之以為利，無之以為用」，說明任何利欲有象的結果，必是依賴於「虛無」的存在與運用。用之於人類亦同如此，如第10章所言，人乃外在身軀肉體包裹著內在心性靈魂，前者是「有之為利」、後者則是「無之為用」，人之能夠生存與有用，都在於內在心性靈魂的運作。內在心理愈是空靈清徹，發乎為用的能量就愈強，即如「道沖而用之或不盈(4)」之所謂。

「有之以為利，無之以為用」亦再三呼應老子「無有相成(2)」的總原則，只不過在此老子認為，「要得有欲、唯從用無」，亦即前面章節中履次說明的「因無而有」道理。

━━━━━━━━

欲得「有欲」之利，必須以「無」為用，這可以是一個很好用的管理哲學。

人是慣性動物，不論在思考或行為上都是如此。積極緊湊的鑽研思究某個方向或事項時，已然出現的思緒概念會慣性的佔據腦海，擠壓或淹沒了新穎概念出現的可能性。當下積極所欲的目的或事物，即是「有欲」；欲得「有欲」之利，必須先讓腦袋空出餘裕空間作為運用，舊想法才得以轉彎迴旋、新想法也就得以竄出，這就是「用無」概念的實踐。

　　據說比爾蓋茲有個習慣，他每年都會固定消失兩個星期，於山中小屋靜處並完全與世隔絕，讓腦袋自既有鑽思慣性中抽出，寧靜放空。兩個星期後，帶著一個清新而空靈的腦袋，再投入商場衝刺與擘劃。此即是「用無」的典型例子。我們知道，垃圾桶不隨時清理，終究擠滿而不再能夠承納；倉庫用於存放物品，但若進貨快、出貨慢，就會很快塞爆。其之可用在於空無，但空無要能持續作用，就不能任其擠塞爆滿，而須時刻維持餘裕的空間；因此，垃圾桶須時刻清理、倉庫出貨須時刻進行。人腦人心亦同如此，若不適時出清已經塞進來的各種情緒與思慮，終將擁擠塞滿而堵塞了新想法的出現。

　　領導管理亦復如是。對於下屬，若老是給予時時刻刻或密密麻麻的指導與命令，下屬最終只會變成聽從指令行事的工具，完全失去自我思考分析能力。然而，職務分工之下，下屬比上位者更接近於實務層次，更能夠專業的掌握實際狀況變化，而若不能適時進行分析決斷，而必須等待上位者給予指令，必然沒有效率。上位者理當給予下屬一個決策的餘裕「空間」，讓他可以發揮思考創見，亦可及時掌握變化做出最效率的因應。這又是「無之以為用」在管理領導上的應用。

11 三十輻共一轂

「用無」的概念，不在於維持淨空，而在於利用「空無」。既不在於維持淨空，則必然是「無有」和同交併，這是一切事物之本質，亦為老子「道」之本質，簡言之，即是「虛」；故第 1 章言「常無欲以觀其妙，常有欲以觀其徼；此兩者同出而異名，同謂之玄」，第 4 章說「道沖而用之或不盈」。於是得見，老子之主張，不是讓人拋棄一切財富功名「有欲」的淨空一己，而是主張對此等「有欲」必須以「用無」為方法來取得與維持，因為「用無」的量能最大。因無可以得有，而且對「有欲」之來去變化波動，亦以「無」面對，則必是無動於心，此心才是真無，其用正可最大。

12 五色令人目盲

五色令人目盲①，五音令人耳聾②，五味令人口爽③，馳騁畋獵令人心發狂④，難得之貨令人行妨⑤。是以聖人為腹不為目⑥，故去彼取此⑦。

---

①五色令人目盲：五顏六色的沉浸，會使眼睛受到迷障而失去洞察能力。 五色：青赤黃白黑；意指五顏六色、多彩多姿。 目盲：失去洞察能力。

②五音令人耳聾：多樣繽紛音色的沉迷，會使耳朵麻痺而喪失判斷功能。 五音：宮商角徵羽；意指多樣繽紛耳炫的音聲。 耳聾：耳朵麻痺而喪失判斷功能。

③五味令人口爽：各種美味食物的享受，會使口欲迷貪而難以掙脫。 五味：酸苦甘辛鹹；意指形形色色美味口

欲。 爽：妄也。 口爽：過度嚐食美味而傷了味覺。

④馳騁畋獵令人心發狂：游騎追逐打獵的迷戀，會使心志放蕩而無法靜空。 馳騁：駕馬奔馳。 畋獵：打獵。 心發狂：心志放蕩。

⑤令人行妨：因懼怕被盜與失去而時刻提心預防。 行妨：採行方法以防堵偷盜；即提防之意。

⑥為腹不為目：潛修內在心性，而不依賴外在感官情感知覺。 腹：指「內」，潛修內在心性。 目：指「外」，依

12 五色令人盲

賴外在感官情感知覺。　　　「此」指前句前一者之
⑦去彼取此：去後者而用前者。　「腹」。
　「彼」指前句後一者之「目」，

老子主張「用無」，故必然強調內在心性靈魂方面的功夫，於
是「滌除玄覽(10)」，從玄妙內心深處去觀照洞見一己與大道
至理，而人民「虛心弱志、無知無欲、實腹強骨(3)」成為其
理想國境界。這是對貪欲橫流的動亂世道，所提出的反動思
考。本章進一步論述，「滌除玄覽」與「虛心弱志」之實踐，
應該始於戒絕感官情緒等等識覺的干擾與迷惑，因為這些感
官情緒刺激來自於外部，屬於外在感覺，不是玄深內心的觀
照洞見。

人體五官，眼耳鼻舌身，幫助人身對週遭環境進行觀
察、判讀、感應，並傳送到大腦進行分析，藉以了解當下環
境的安適、不寧、警訊、或危險，然後下達指令讓身體作出
反應動作，以求當下環境中得到最適。眼睛，透過分辨物體
型態、色彩、明暗，最能觀察與判讀鉅細靡遺的實務現象；
耳朵，則可研判環境發出的各類不同聲響，幫助洞察氣候、
方向、甚或危機警訊；鼻子，聞嗅諸種存於空氣的味道，預
見己身於環境中的可能喜惡利害；舌頭，品嚐萬物之酸甜苦
辣滋味，辨別食物利害；而人身皮膚，直接接觸空氣環境，
感受溫度溼度與氣場變化，亦能提供判讀週遭環境的喜惡。

　　五官所收集的訊息，都須彙整匯送至大腦，然後由大腦分析判斷目前環境之喜惡，並下達給身體器官做出相對應的最適反應動作。大腦，即是古人所謂的「心」；心思想法來自於大腦，並非來自於心臟。若五官失靈，則對周遭環境訊息資料的收集難以正確完整，大腦必定誤判而做出不正確的反應動作，將常陷人身於危險。若大腦迷亂，毫無疑義的，將直接產生錯誤的指令與反應動作。

　　因此，老子主張專志潛修以致清澈澄明心鏡，寧靜虛無，塵埃不染(10)；本章則進一步主張捨棄五官情欲的迷障蒙蔽，以免嗔痴情緒等訊息沾污大腦心鏡。他認為：

　　五顏六色的沉浸，會使眼睛受到迷障而失去洞察能力；多樣繽紛音色的沉迷，會使耳朵麻痺而喪失判斷功能；各種美味食物的享受，會使口欲迷貪而難以掙脫；游騎追逐打獵的迷戀，會使心志放蕩而無法靜空；稀有難得財貨的貪愛，會懼怕偷盜與失去而時刻提心預防。

> 五色令人目盲，
> 五音令人耳聾，
> 五味令人口爽，
> 馳騁畋獵，令人
> 心發狂，難得之
> 貨，令人行妨。

　　所以，體道者當固守心田明鏡、勤於擦拭，而至澄明清澈、返樸歸真，藉此即可觀照己身、燭見道理。對於外在感

12 五色令人盲

官刺激知覺，愈是曝露與依賴，只會愈被外象蒙蔽惑亂與迷惘動蕩，而內心體悟愈少、證道真知也將愈少。

也就是說，體道修己或治國者，潛修內在心性至清澈澄明，以洞見觀照大道至理，而不是依賴外在感官之情感知覺與體驗。所以是，去後者而用前者。對此，老子更於第47章申論說：「不出戶，知天下；不窺牖，見天道，其出彌遠，其知彌少。」亦即，不須借由「出外」或「外望」的身體感官情緒體驗刺激，來知覺天下事物的演變。

是以聖人為腹不為目，故去彼取此。

非由清靜澄澈內心去洞見觀照者，則必然受制於人類習性的「七情六欲」。七情者，喜、怒、哀、懼、愛、惡、欲，而於中醫上則指喜、怒、憂、思、悲、恐、驚等七種精神狀態。六欲者，是藉由眼、耳、鼻、舌、身、意(念)六種管道所接受刺激而產生的欲望。七情六欲總稱人的情感和欲望。

七情六欲建構人類對各種人事物品情緒的喜好與厭惡。好惡若能有個量尺可以測度，就可以把這它給數量化的呈現大小，當代的經濟學理論正是由此著手。經濟學假設人類對事物的七情六欲，可以透過數學式子進行加權計算，然後表彰出人類在某一決策上所可獲得的滿足程度，這一數學式子

即所謂的「目標函數(objective function)」，而計算所得的滿足程度即所謂的「效用(utility)」。經濟學原理假設，每一個決策單元(例如一個人或一家廠商)，必然都有他的一個目標函數，而且必然都在追求著達成最大目標值，這就是「人是理性」的假設。於是，廠商必然追求最大利潤，個人必然追求最大滿足(效用)，亦即，人的決策總是時刻在追求著七情六欲的最大滿足，這就是人類法則，是「有為」法則。本書行文多使用「利欲」或「利欲情嗜」來表達人類「七情六欲」之喜怒好惡。

老子所主張者，恰與經濟學原理相反。老子認為，人類不斷追求利欲最大滿足的「追有」「用有」行為，正是當下民不聊生、戰亂頻仍的主因，故他主張應該棄絕「有為」法，而採行相反的天道無為，則可致心志清靜、虛柔不爭，一如第10章「滌除玄覽」與第3章「虛心弱志、無知無欲」的境地。

然而老子的主張並非讓人放棄一切功名與物質，而是認為該從「用無」著手，則因「無有相生」之故，還是會得到世俗的功名物質。唯因內心清靜虛無，故內心對於所得之功名物質處於寂然不動，不會受其影響而起心動念。是以，功名與物質得到了，但對其來去之間內心總是自然與放下，總是平和喜悅。循此途徑，則國家社會必然沒有鬥爭競奪與戰亂，必能長治久安，而為理想國度。

13 寵辱若驚

寵辱若驚①，貴大患若身②。

何謂寵辱若驚？寵為上③，辱為下④，得之若驚，失之若驚，是謂寵辱若驚。

何謂貴大患若身？吾所以有大患者，為吾有身⑤，及吾無身⑥，吾有何患？

故貴以身為天下⑦，若可寄天下⑧；愛以身為天下⑨，若可託天下。

---

①寵辱若驚：得寵與受辱一般，都會驚懼不安。 若：如同…一樣。

②貴大患若身：失寵之患一如等重於身命利欲之喪。貴…若身：重視…一如己身。

③上：顯耀尊榮的。

④下：丟臉屈侮的。

⑤為吾有身：因為我看重己身利欲。 有身：看重己身利欲。

⑥無身：不看重己身利欲。

⑦貴以身為天下：積極捨身為天下。本章中，老子認為無私無欲則寵辱不驚、禍患不臨，這才是最寶貴珍愛己身之人。 貴：重視，引伸為「積極的」。

⑧若可寄天下：是可寄託天下給他的。 若：是。

⑨愛以身為天下：自願的捨身為天下。 愛：喜愛，引伸為「自願的」。

心繫執念於功名利欲者，必然時刻追求著更大利欲的滿足，於是身心有了套牢之苦。本章專論人類「以有追有」基本法則，最終是帶來憂患與痛苦而已。

富貴權高者長期享受特權、便利、與虛榮，終至成為生活習慣，於是無法承受任何短暫失去，同時心性時刻被外在榮祿套牢，不再自由，一旦失去富貴權位，即猶如身命之喪。這樣的人，為了確保權貴地位，逼著自己捨身拼命的失節鬥爭，就算身處權位，還是一種痛苦與煎熬；因為「恐懼失去」時刻啃噬著內心，這是人性。

或許我們想像這樣的心性腐蝕，必待真正富貴權高的地位才會產生，其實不然。富貴權高只是一種相對性的概念，在一個特定網絡中，處於有權有財或有意見領導地位者，不論是三人五人小組或公司的小主管，在這一群體中就或多或少具有了同於權貴那樣的尊優與便利。於是，相同的人性腐蝕，就會相同的運作產生，不須等待貴為人王或領導。

人性既以利欲貪念為中心，則一切身命唯「利欲」目標。唯有利欲方能使得身命產生意義，失去利欲則猶如喪失身命一般，這是人為法則的必然後果。於是，雖是得寵，卻時刻驚恐於失寵。得寵若有喜悅，就必然會有恐懼失寵的痛苦，

13 寵辱若驚

是「有無相生」的道理。因此，得寵，與受辱一般，都會驚懼不安。之所以如此，乃因人為法則唯從利欲，無利欲則無身命意義，故，失寵之患一如等重於身命利欲之喪。

> 寵辱若驚，貴大患若身。

老子於是繼續說著，什麼是「寵辱若驚」呢？因為得寵是顯耀尊榮的，受辱是丟臉屈侮的。得寵時，恐懼失寵而如履薄冰的戒慎憂患著；失寵時，受辱屈侮與利欲喪失更是令人驚懼恐慌。這就是得寵或失寵（受辱）都驚懼不安的意思了。

> 何謂寵辱若驚？寵為上，辱為下，得之若驚，失之若驚，是謂寵辱若驚。

什麼是「貴大患若身」呢？我之所以有大患，是因為我只看重身命利欲，若我棄絕己身利欲，我哪會有什麼禍患呢？

> 何謂貴大患若身？吾所以有大患者，為吾有身，及吾無身，吾有何患？

讓己身總是處於寵辱得失皆是痛苦與驚懼者，那是不珍愛己身之人。而棄絕己身利欲，讓己身寵辱得失皆能不驚不苦者，則禍患不臨，這才是最寶貴珍愛一己身命的人。這樣的人，心境是無私無欲的，已是近道之人；這樣的人，若還

能捨身為天下，就代表著他寶貴珍愛天下尤勝於己身。於是，這樣的人，就可以把天下寄託給他，必能得到長治久安。

於是老子說，所以，這樣寶貴己身之人，能積極捨身為天下，是可將天下寄望於他的；能自願捨身為天下，是可將天下託附於他的。

> 故貴以身為天下，若可寄天下；愛以身為天下，若可託天下。

僅管身處財貴權位，亦要能靜虛無念，無絲毫動念於財貴權位之變化波動。人在貧窮之時談靜空虛無，容易；在富貴權高之時，則難。

老子談道，守持靜空虛無，即可得有；但在得到富貴權位之後，還得持續堅守靜空虛無，這一部分才是最大的挑戰，也是一直難以言傳的一塊。處財貴權位，卻又要靜空虛無；也就是，處財貴權位卻不有財貴權位的心思與行為。該如何言傳這一狀態？每思及此，我也不禁履履嘗試要去講個明白，但履履失敗。後來，我發現一句股市名言，差可比擬，提供給讀者去咀嚼，那就是：手中有股票、心中無股價。

14 視之不見

視之不見，名曰夷；聽之不聞，名曰希；搏之不得①，名曰微，此三者不可致詰②，故混而為一。其上不皦③，其下不昧④，繩繩兮不可名⑤，復歸於無物。是謂無狀之狀，無物之象，是謂惚恍⑥。迎之不見其首，隨之不見其後。

執古之道⑦，以御今之有⑧。能知古始⑨，是謂道紀⑩。

---

①搏：把捉。

②致詰：究詰。即詳細詰問以分辨清楚。

③其上不皦：說它明亮卻不明亮。　上：「亮度高」的意思。　皦：光明。

④其下不昧：說它陰暗卻不陰暗。　下：「亮度低」的意思。　昧：陰暗。

⑤繩繩：綿綿不絕。

⑥惚恍：混沌不清。

⑦執古之道：取法自遠古恒存的道法。　執：執守、取法。此處「古」與最後一句「古始」，都指遠古以來的原始混沌虛無宇宙狀態。

⑧御今之有：駕馭當今所見之實物實象(即萬物萬象)。御：駕馭、治理。

⑨古始：太初元始的混沌虛無宇宙狀態。

⑩道紀：道的綱紀，亦即，道的法則。

道，玄穹彼蒼、迷濛渾一、曠蕩靜無，時刻都是無有交併互成，而成就剛健不息之均衡。本章，老子專論此一本質，正式帶出「道」的許多別名：一、玄、大、道虛、道玄、大道、惚恍等等。

老子解釋，「道」到底是什麼？要看卻看不見，稱其為「夷」；要聽卻聽不到，稱其為「希」；要抓卻抓不著，稱其為「微」。這三者無法詰究分辨切割，因此交併混沌互成為一體。要說他明亮卻不明亮，要說他陰暗卻也不陰暗，總是綿綿不絕存在卻無法言說，於是還是只能回到以「虛無」做為描述的原點。

> 視之不見，名曰夷；聽之不聞，名曰希；搏之不得，名曰微。此三者不可致詰，故混而為一。其上不皦，其下不昧，繩繩兮不可名，復歸於無物。

這樣的特色，可說是「無形狀之狀」、「無實體之體」，可說是閃爍不定、撲溯迷離、混沌不明的一種狀態（惚恍）。迎前上去，看不到他的首；尾隨而行，亦不見他的尾。

> 是謂無狀之狀，無物之象，是謂惚恍。迎之不見其首，隨之不見其後。

14 視之不見

這個道虛，自遠古太初之始即已存在迄今。於是，取法這個自遠古恒存的道法，即可用以駕馭治理現今萬事萬物。掌握體悟這個遠古恒存的狀態，可以說就是體悟「道」的法則了。

> 執古之道，以御今之有。能知古始，是謂道紀。

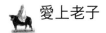

15 古之善為道者

古之善為道者，微妙玄通，深不可識。夫唯不可識，故強為之容①。

豫ㄩ兮若冬涉川②，猶兮若畏四鄰③，儼ㄢ兮其若客④，渙兮若冰之將釋⑤。敦兮其若樸⑥，曠兮其若谷⑦，混兮其若濁⑧。

孰能晦以理之徐明⑨？孰能濁以靜之徐清⑩？孰能安以動之徐生⑪？

保此道者不欲盈⑫。夫唯不盈，故能蔽而新成⑬。

---

①容：形容、說明。

②豫ㄩ：謹慎疑慮。

③猶：一種似猴的野獸，性多疑。引伸為時刻惕勵警覺。

④儼ㄢ：莊重、恭敬、整齊。

⑤渙：離散、分散。

⑥敦：敦厚。

⑦曠：寬廣、開闊。

⑧混：混沌一體，難以分割。

⑨孰能晦以理之徐明：誰能以理釋晦使之漸明。 理：大道至理。 晦：陰晦迷濛。 徐：漸漸。 明：洞澈明亮。

⑩孰能濁以靜之徐清：誰能以靜釋濁使之漸清。 濁：混沌紛濁不清。 清：清靜澄明。

⑪孰能安以動之徐生：誰能以動變釋安逸使之漸生。 動：

15 古之善為道者

動變造化。 安：靜止安逸。
生：生生不息。

⑫保此道者不欲盈：守道者不
自滿。 保：持守。 不欲盈：
不自滿；即謙虛低調。 盈：

過滿而溢。

⑬能蔽而新成：能由舊事物中
推出新氣象；亦即革舊鼎新
之意。 蔽：舊項目、舊事
物。 新成：新氣象。

第 1-14 章主要在講述大道的本質與法則，其虛無本質與用無法則，屬於形而上哲學思想核心論述，比較不具實踐意涵，因此，人們該如何體悟大道、持守大道、實踐大道，仍需進一步演化與闡述。由本章起，老子開始了這一工作。

我們讀書，看偉人傳記、讀成功企業，目的就是要從其中去歸納出成功人士或企業的行為思想樣態與模式，然後，成為我們可清晰模仿的途徑或特性。老子在本章所做的，就是這一方法。他歸納整理出，一個體道行道者的行為舉止樣態模式，讓大家清楚理解到，實踐大道的方式或特徵。當然，道乃玄深空虛，體道仿道而行者，其行為亦將如大道一般虛玄深奧、微妙莫識。在本章，老子盡其所能的描述著…。

古之善為道者，微妙玄通，深不可識。夫唯不可識，故強為之容。

古來善行道法之人，總是微妙玄通、深奧不可識。也因其不可清晰認識，所以我就只能勉強的來做個形容。

　　體道(得道)者,時刻謹行慎思,就像冬天踏涉冰河,深恐一不小心踏錯腳步跌落河底一般的戰戰兢兢;只怕一不留意就背離了道法。

> 豫兮若冬涉川

　　時刻惕勵警覺,就像提防四鄰敵國的虎視眈眈,深恐一不小心就被敵國給侵略滅亡一般;就怕一時大意而背離了道法。

> 猶兮若畏四鄰

　　莊嚴端整,就像身為作客貴賓,表現得規矩合儀、恭敬有禮;暖融和洞,就像冰山逢春之即將消釋,氣象溫和如沐。

> 儼兮其若客,渙兮若冰之將釋。

　　同時,敦厚淳質,如樸野山礦,粗陋不揚;虛懷寬大,如若空靈山谷,豁達清明;圓融混沌,卻像是不清不明,迷濛渾拙。

> 敦兮其若樸,曠兮其若谷,混兮其若濁。

　　道,總是無有交纏併見,難以究詰分辨,因此其外貌總是呈現出陰晦不明、混一迷濛、玄妙深奧。於是,其所創生之萬事萬物,亦皆陰晦迷濛。

> 孰能晦以理之徐明,孰能濁以靜之徐清,孰能安以動之徐生。

然而,誰能於陰晦迷濛中,執守道理而漸生洞澈透亮?誰能於渾沌紛濁中,靜空湛寂而漸生清澄明淨?誰能於安逸靜止中,動變造化而漸起生生不息?當然,只有得道

15 古之善為道者

行道者，方得如此。

> 保此道者不欲
> 盈。夫唯不盈，
> 故能蔽而新成。

雖說如此，但是得道者都是謙虛低調、不會自滿的，因為道法就是無私無己、無欲無念，低調靜默、功成身退。也正因為謙虛低調，才能洞察燭見舊事物而推出新氣象。

由本章得知，老子認為，一個體道行道者的形象該是：時刻謹行慎思、警覺惕勵、莊嚴端整、暖融和洵，是敦厚淳樸、虛懷若谷、圓融混一，是洞澈透亮、澄靜湛寂、動變造化。這就是老子的描述。

16 致虛極守靜篤

致虛極，守靜篤①。萬物並作，吾以觀復②。夫物芸芸③，各復歸其根④。歸根曰靜，靜曰復命。復命曰常⑤，知常曰明⑥。不知常，妄作凶⑦。知常容⑧，容乃公⑨，公乃全⑩，全乃天⑪，天乃道⑫，道乃久⑬，沒_{ㄇㄛ}身不殆_{ㄉㄞ}⑭。

---

①致虛極、守靜篤：達致虛之極、持守靜之頂；亦即，積極的致虛與守靜。 致：窮究、達到。 守：持守。 篤：極度、頂點。

②觀復：洞見周而復始的大道至理。 復：周而復始。

③芸芸：眾多繽紛、紛雜千緒。

④復歸其根：周而復始的回歸至各自本源。

⑤常：必然的常態。

⑥知常曰明：知此天道常態即是明見正理。 明：明見正理。

⑦妄作凶：妄作非為而導致凶險。

⑧知常容：知此天道常態則與大道容和。 容：(與道)容和。

⑨容乃公：與道容和則無私無己。 公：無己無私。

⑩公乃全：無私無己則無差別普及萬事萬物。 全：無差別普及萬事萬物。

⑪全乃天：無差別普及則契合於天蒼玄穹自然法則。 天：天蒼玄穹之自然法則。

⑫天乃道：天蒼玄穹即為天道。

16 致虛極守靜篤

⑬道乃久：道乃剛健不息。
⑭沒身不殆：終身長存。
沒：消失。 沒身：死；
引伸為「終身」。 殆，危殆、
消失。

道法使得宇宙剛健不息，人法導致國家社會人民戰亂、鬥爭、苦痛、生滅不已。因此，治國或修己，都當實踐道法，以求得國家社會長治久安，一己身命清澄寧定。既是如此，則體悟天道法乃刻不容緩的先行功課，故老子於本章再一次的介紹天道。

道，玄穹彼蒼、迷濛渾一、曠蕩靜無，其本質為虛。虛者，不實。若以空無為 0、實滿為 1，則「虛」即是 0 至 1 的任何可能，既非空無亦非實滿，是一種似有若無、似無若有的惚恍狀態，而有其千變萬化姿態的存在。因此，守虛則契合天地萬物之動變，而守實則僵固靜止。把虛的本質守得愈為純熟的人，腦袋愈能掌握無窮動變，思想眼光愈能洞如觀火、細入微塵。加上持守清靜，讓思慮澄明湛寂、空靈清澈，則玄深奧妙心鏡即可洞澈己身並悟見大道至理。是以，致虛守靜，乃是體悟道法的唯一功夫。因此老子說，積極的致虛與守靜，由萬物之雜然並生中，我洞見周而復始的大道至理。

> 致虛極，守靜篤。萬物並作，吾以觀復。

　　雖然天地萬物雜然繽紛，但在天道法則之下，總是不斷周而復始的生生不息，由本源起生、長大、茁壯、老化、死亡，再回到本源。本源是萬物根源，老化死亡而回到根源，即是歸根。由此天地萬物之周而復始中，我們即可洞見觀照大道至理。

　　這個周而復始的循環，由本源起生，再回到各自本源(歸根)。歸根後，靜靜涵養孕育、儲備蘊釀，等待下一輪循環的生命起動，再次的生長、老化、死亡而歸根。這個循環流動的過程，是「動」；而歸根時的靜待涵養，則為「靜」。靜是起點、是本源、是本命，動是過程、是循環、是不息。此即老子之所說：萬物紛雜千緒，總是周而復始的回歸至各自本源。回歸本源曰「靜」，亦可曰「回歸本命」。

> 夫物芸芸，各復歸其根。歸根曰靜，靜曰復命。

　　「靜動」周而復始，不斷回歸本命，以至生生不息，此為天道法則的必然常態模式，故一動一靜可謂之道。認識這個天道常態模式，才能隨其運轉並進而仿行，如是而明見悟知大道至理。相反的，不知此天道常態模式，則不知仿道行道，就必然回到人類

> 復命曰常，知常曰明。不知常，妄作凶。

基本利欲行為法則，於是爭鬥之苦纏身不止。所以老子說：**回歸本命是萬物的一種常態，能知此一天道常態即是明**

16 致虛極守靜篤

見正理，不知天道常態則容易妄作非為而導致凶險。

　　認知天道常態模式，方能進而體悟道法、從而順行道法，讓自己與道容和，成為大道運轉中的一部分。與道容和之一己，必然隨時仿效道法、實踐道法，必是無私無己的對待眾人，進而普及其「無差別心」的對待萬事萬物；這樣的人，已經完全契合天蒼玄穹的自然法則。自然法則就是「道」，於是，這個人同行於道、合身於道，己身即道身。道，恆古長存，故道身終身不滅。此理類同於「後其身而身先、外其身而身存(7)」。因此，老子在本章最後說到：

知常容，容乃公，
公乃全，全乃天，
天乃道，道乃久，
沒身不殆。

明白天道常態即能與道容和，與道容和即能無私無己，無私無己則能普遍無差別的對待萬事萬物，普遍無差別即契合於天蒼玄穹之自然，而天蒼玄穹即為道。道乃剛健不息，故與道容和者必終身長存。

17 太上不知有之

太上①，不知有之②。其次，親而譽之③。其次，畏之④。其次，侮之⑤；信不足焉⑥，有不信焉。

悠兮其貴言⑦。功成事遂，百姓皆謂：我自然。

---

①太上：最成功的統治。 太：形容程度極高(多用於肯定)，引伸為「最成功」。 上：上位者或統治者。

②不知有之：不知道還有統治者存在。

③親而譽之：統治者讓人民可親近與讚譽。

④畏之：統治者讓人民會畏懼與害怕。

⑤侮之：統治者讓人民給侮蔑

輕慢。

⑥信不足焉：誠信不足。

⑦悠兮貴言：悠然自適而甚少倡議人類法則所驅動的那些教化與策令；人類法則即利欲情感驅動法則。 悠：悠然自適。 貴言：少言；指「甚少倡議人類法則驅動的教化與策令」，與第 2 章「行不言之教」之「不言」類同。

真正仿效實踐大道法則者，必是謙虛靜默、無私無己、功成身退，此等無為舉動，必須是達到內生化的自然流露。老子於本章專論這樣的狀態。

17 太上不知有之

　　一個人一旦無為思想真正內生化，則其言行舉止與思想念頭，必然是時刻自然的與道和同、自然的質樸流洩。這樣的人，自然的謙虛靜默、自然的無私無己與不居不爭、自然的無為不言。這樣的人，不去突顯自己、不推繁政細令、不好倡議教化、後己身與外己身，而使國家社會安和樂利、長治久安。這樣的人，治國無為，國內萬事萬物沐浴著大道虛無的薰陶，於是自然化育發展，和平繁榮、無爭無擾、寧靜安適；而人民日出而作、日落而息，與萬物同樣徜徉大地，同秉日月風雨，同時生息開闔，竟不意識到其上仍有一位統治者的存在，卻一直認為人類生命就是如此這般的自然而已。這是老子理想國境界。於是他說，**最成功的統治者，是人民安和樂利卻不知還有個統治者的存在。**

> 太上，不知有之。

　　相反的，非大道法則所治理的國度，人民生活細節則籠罩於人類利欲法則的支配之中。在這樣的國度，禮節美德、習俗教化、策令規制，都是人類利欲的精華產物，都是統治者便於統治管理的工具，而人民則像牛羊一般被這些規範給圈養著。這些規範即是統治權威的展現、亦是統治者利益的維護工具，其時刻綿密的存在，處處告訴人民統治威權的無所不在。於是，統治者的存在與高高在上的威權，時刻被刻意的耳提面命著。相較於理想國，這樣的國度相對低階了。

在這樣的國度，統治威權以何形式展現，以獲得人民遵從，取決於統治者一人理念。可以對人民慈愛親和、獲得人民歌頌與尊敬；亦可對人民嚴刑酷罰，讓人民恐懼害怕。一般人認為(包括老子)，前者應該優於後者。但不論何者，其目的都是要讓人民遵從，以求國家獲得治理。假若一個統治權威，沒有信用，人民不再尊敬與服從，則國家社會就會陷入不斷的紛亂、爭鬥與戰亂；這樣的國度當然是最等而下之的層級了。這種紛亂的國度，往往都是起因於賞罰不公、循私偏袒、策令紊亂、或執行怠惰，致使統治誠信甚或統治合理性喪失，人民開始爭相鑽營與規避、甚或激起民憤而抗拒或挑戰權威。

於是，大道法則治國的理想境界之外，下一等次的，是讓人民可親近與讚譽的統治模式；再下一等次的，是讓人民會畏懼與害怕的統治模式。而最低等次的，則是已為人民所侮蔑輕慢而不遵從的統治威權；會來到這個最低等次，是因為統治者信用喪失，人民已不再相信這個威權。

> 其次，親而譽之；其次，畏之；其次，侮之。信不足焉，有不信焉。

17 太上不知有之

悠兮其貴言。功成
事遂，百姓皆謂：
我自然。

理想國的治理，體道行道之人君，悠然自適，甚少倡議人類利欲所驅動的那些教化與策令；於是，達成長治久安時，百姓竟都直覺那是很自然的生活狀態，完全沒有意識到還有統治者或統治機制的存在，而只是一直覺得就同萬物一般的同秉日月風雨、同時生息開闔。

———

統治權威之獲得人民遵從，或因尊敬、或因恐懼。這兩者不同程度的混同併用，成為人類法則下鞏固統治威權的模式。於是，人民在功名獎勵與牢災懲罰兩種工具夾擊之下，盤算其最大利欲，最終必是被驅動的遵從既有的策令規制。這是古今中外不變的統治法則。

這樣的治理模式，在當代管理學中即是所謂「棍棒與蘿蔔(Stick and Carrot)」理論。其中，處罰就是棍棒、獎勵就是蘿蔔。不只是國家或企業，任何組織團體都是藉著這兩者交互應用才能維繫不墜。理論探討上，這兩者何者重要、或者哪一者該比重較大，並無一定比例原則，但兩者交併互成，則已是鐵律。由本章老子的言論中，我們可以認定，蘿蔔(獎勵)要比棍棒(處罰)有用，因為讓人民親近讚譽的統治者，要比讓人民畏懼害怕的統治者，高上一等次。

　　觀察當代的許多民主政治國度，因為透過選舉執政，執政者總會推出許多「利多」法案討好選民，以獲取好感、攫取選票，這幾乎已是民主政治國家的常態模式。因此，以老子本章之分類，基本上，民主政治以「讓選民親近與讚譽」為主要目標型態；相反的，極權主義國家(如北韓)則認為，「讓人民畏懼害怕」才是主要的統治型態。

　　不過，馬基維利(Niccolò Machiavelli, 1469-152)的君王論(The Prince，1513)主張，君王對於人民，或仁慈親民而受愛戴、或鎮壓恐嚇而被畏懼，只要這些行為能使國家強盛，就都是「道德」行為；也就是說，即是高一等次的治理模式。因此，道德往往只是君主統治國家的一種治術而已，仁慈受愛戴與鎮壓受畏懼，基本上可視為治理人民的棍棒與蘿蔔。

　　當然最高境界的統治，是「功成事遂，百姓皆謂我自然」，用之於當代領導統御，就是在追求團體(或公司)最大化目標值(如利潤)時，能讓下屬最認真付出的同時還自覺快樂與滿足，這是一個極其成功的領導。若能如此，則下屬們會自願付出最大心力替公司工作，幫公司達到了最大利潤的目的，卻還獲取了自我的最大滿足感；這樣的狀態，於經濟學雇傭模型(principal-agent model)中，稱其符合了「誘因共容(incentive compatibility)」；亦即，雇主在獲得最大利潤的同時，下屬也得到了他的最大滿足(或效用)。

17 太上不知有之

　　下屬們認真工作卻都認為是為自己而自願的做，這是最高的領導境界。在經濟學中，為達成如此境界，基於利欲驅動法則，故想方設法去研訂一些契約或機制(mechanism design)，做為規範誘導。但在老子的理論中，則強調「無之以為用」，故領導者當須時刻「用無」，亦即時刻保持謙虛靜默、無私無己、功成不居，如此被領導的下屬們才能各行最適成長與發展，而共同創造出最大效率。這樣的概念亦可參見第 19 章的說明。

18 大道廢有仁義

大道廢①，有仁義②。智慧出③，有大偽④。六
親不和，有孝慈⑤。國家昏亂，有忠臣。

---

①大道：即是「道」。加上「大」，
　表示道之玄大本質。
②仁義：「仁」為親愛寬厚，「義」
　指合宜與正理。
③智慧：智能巧略。

④偽：矯飾虛假與詭詐。
⑤孝慈：盡心奉養父母曰「孝」，
　深篤的愛憐或父母對子女的
　愛，則是「慈」。

天道無為治理而得理想國度，人道有為治理而得利欲國度，
老子於前一章(17)論述這兩者的差異。本章則繼續闡論利欲國
度的現象，認為所有仁義美行，基本上都是社會墮落的一個
表徵。

　　「無有相生(2)」二元對立，但也是相生相成的。當一
個國家社會愈是強調仁義禮節之「有為」，愈依賴其以維持國
家社會安定，必然意味著大道法則「無為」已是愈形失落。
當社會利欲爭鬥加劇，人民挖空心思施展各種巧藝智能，借
以快速攫取功名利祿，則各種東施效顰的模仿或山寨版、或
各種欺騙與虛偽詭詐手段，必然隨之大興。

當某項資產愈是被大眾重視或強調時，就必然意味著該資產愈為稀有或珍貴。於是，當社會愈是歌頌推動孝慈美行，即代表這個社會的六親人倫已是愈為沉淪；當國家表彰與歡呼著有幸能得忠正臣子時，就是意味著國家朝廷已是昏亂到難得忠貞。我們常說「時勢造英雄」，那是因為唯有深具困難與挑戰的時局，才會有英雄可施展大略的場域，才能夠成就留名史冊的英雄人物。因此，歡呼英雄登場時，即意味著時局正處動盪不安。

大道廢，有仁義；智慧出，有大偽；六親不和，有孝慈；國家昏亂，有忠臣。

這些現象，就是老子所說：當道法失落時，就有仁義美行的被推動。當智能巧略流行時，就會伴隨著虛偽詭詐的出現。當六親不和的倫常墮落時，就會有孝慈行為的被珍貴。而當國家動盪昏亂時，才會有忠正臣子的被看到存在。

「孤陰不生、獨陽不長」，老子說「萬物負陰而抱陽(42)」、「禍兮福之所倚，福兮禍之所伏(58)」，也就是說，任何事物總是陰陽兩面的對立且相生相成。

　　表面看到的一個現象，其背後必然潛藏著一個反向的意象，一旦反向力量變大，就很可能勝過現在所呈現的表面現象而導致正負翻盤。因此，凡事不該單單沉浸於當下表面意象，還需密切留意潛藏反向力量的變動。處於順境時，不可太過欣喜而忽略了對潛藏反向力量的警剔；處於逆境時，亦不可太過消沉而疏忽了整備自己以抓住隨時可能崛起的時機。

　　一個成功的決策人或企業家，時常能夠預先洞悉局勢的未來發展趨勢，這正是因為他們能夠全面掌握住表裏正負因素的交併相生，故能預先著手準備，這是我們所說的遠見。要能不僅看透當下表面現象，還要洞悉潛藏力量變化，這樣的人的心志，必是較一般人清澄寧定。

　　清澄寧定、虛柔靜無的心志，可以使人見識深廣與解析徹透，其之訓練唯有常行「無為」。

19 絕聖棄智

絕聖棄智①，民利百倍；絕仁棄義，民復孝慈；絕巧棄利②，盜賊無有。此三者以為文③，不足。故令有所屬④：見素抱樸⑤，少私寡欲。絕學無憂⑥。

---

①聖、智：此處之「聖」指學識或技藝具有很深造詣的人，而「智」則指極具聰明識略的人。此兩者都是人類利欲法則的產物，是追求利欲的工具。 此處之「聖」與全書它處「聖人」指涉不同，老子書中所謂「聖人」是指「體道治國或修己者」。

②巧：精妙技藝。

③此三者以為文：明白確立棄絕「聖智、仁義、巧利」三者。 文：規則、法則。

④屬：心志歸向、思想信仰。

⑤見素抱樸：清靜樸拙。 素：無染色的絲。樸：未雕琢之木。

⑥學：指「聖智仁義巧利」等一切人為利欲所驅動支配的學問，這些學問都是追求更大利欲的工具。 絕學無憂：棄絕這些學問，自然就沒了煩憂。

本章是前一章(18)的續文。前一章說，當大道法則失落時，仁義智慧等利欲法則產物，成為社會主流價值，而且甚至來到

人倫沉喪，國家動盪昏亂。本章則講述如何逆轉此一局面，回歸「道無」治理的理想國度。

國家社會中的策令規制、禮節美德、習俗教化，都是人為法則利欲情感驅動的產物，這當然包含了仁義禮智巧慧等等所謂的美德習俗。這些產物，一方面有功名利祿的獎勵，另方面有刑罰嚴懲的處治，就像圈養規制牛羊的工具一般，規範管理人民，使人遵行當局之所欲、棄行當局之所不欲。

因此政府若專偏於某方面的推動，必驅使人民往那方向激烈爭鬥以求套利，使社會的其它多元面向受到漠視、甚至為民所棄。於是，國家社會價值變成高度單元，人民不同的各種能力、長處、優點，將無法獲得全面性成長與發揮。反之，若能仿效道法，不去倡導教行任何以利欲法則為基礎的策令規制、禮節美德、習俗教化，就不會去替社會人民框架或權威制定出主流觀點與價值，則可讓人民公平的、無差別的，去進行其最適性成長與發展，即可造就出一個繽紛多元且豐富均衡、最適發展的人類社會最佳狀態；一如天地萬物生生不息於自然法則之下。在這樣的狀態之下，不僅個人得到無差別對待而可以最適成長發展，整個社會也得以達到最佳狀態，人民因此獲得最大效率與利益。

例如，統治者特別強調以學能造詣(聖)或聰明識略(智)取才授階，則人民將放棄所有一切經世濟民學問，而只著重

19 絕聖棄智

於聖智兩項的鑽研，成為社會價值唯一取向，人民唯有由此去激烈競奪。又假若，統治者倡導獎勵親愛寬厚(仁)與合宜正理(義)行為，則人民基於驅就功名利祿，就會因此而獨厚鑽營仁義兩項，致使接近大道自然法則的孝慈美德淪喪。再或是，統治者珍愛奇藝巧技或財貨利益，則該等巧利就會因此而飆高市場價值，成為普世所欲珍藏者，於是不肖之徒覬覦偷盜或欺騙詭詐之心將會大興。

> 絕聖棄智，
> 民利百倍；
> 絕仁棄義，
> 民復孝慈；
> 絕巧棄利，
> 盜賊無有。

因此，老子說，統治者不應標舉倡導學能造詣（聖）或聰明識略（智），人民即能多元發展而促成民生大利益。統治者不應倡導獎勵親愛寬厚(仁)與合宜正理（義），社會就不會唯厚仁義以求功名，人民就能回復重視孝慈。統治者不應珍愛奇藝巧技或財貨利益，則巧技財貨不會具有高市場價值，就不會驅動人民生出覬覦偷盜之心。

> 此三者以為
> 文，不足。

但是，僅管棄絕「聖智仁義巧利」三者已經很明確訂定，但仍然有所不足。基本上，所明確棄絕的聖智仁義巧利三者，乃是政府推動的策令規制、禮節美德與習俗教化，其之棄絕，只是避免人類利欲本性被

這些制度規範所誘發與深化而已；然而，人民利欲本性終究依舊還在。唯有讓人民利欲貪念本性真正打從心中去除，才是老子心目中的理想國度；這還是得有賴於統治者。

去除人類法則驅動的制度規範只是一個起碼步驟，統治者還得時刻「處無為之事、行不言之教(2)」，並且無私無己無差別心的「萬物作焉而不辭，生而不有，為而不恃，功成而弗居(2)」，如此，人民同萬物一般，將自然自化而臻於最適發展，並各自扮演最適功能與角色，如同第 32 章「萬物將自賓」與第 37 章「萬物將自化」描述者一般。在道法無為之下，萬物自然自化的結果，人心將自然無為，一如第 5 章所謂「致虛極、守靜篤」一般。那是內心的澄靜寧定，是對利欲的不起心動念，並非是勉強一己刻意去抑制或戒絕的結果。這樣的內心，如一塵不染、一思不著的明鏡，由此即可洞澈至理與燭見真知，而與道同行。這就是老子在本章特別所強調的：**還得要讓人民心志思想有個澄靜寧定的歸屬，亦即要讓人民清靜樸拙、少私寡欲。**

> 故令有所屬：
> 見素抱樸，少
> 私寡欲。

所謂的「聖智仁義巧利」等學問知識，都是人為利欲法則所驅動與支配的產物，都是追求功名利祿的工具而已。於是，這些名目的出現或被爭相競奪，就意味著利欲貪念在人民內心的激烈渴望，必然發展成功名利祿的纏鬥競奪，而不

19 絕聖棄智

絕學無憂

得安寧。因此，**棄絕人類法則一切利欲學問**，自然就可遠離利欲誘惑與爭奪，自然就沒了煩憂。

老子主張，體道者必須從玄妙內心深處去觀照一己與大道至理，才能產生真正的知識與道理。這一論述亦見諸其它各章次，例如滌除玄覽(10)、為腹不為目(12)、致虛極守靜篤(16)、見素抱樸、少私寡欲(19)等等，讀者亦可參閱本書附錄，詳知更多其它相關章次。

何謂最適性發展？舉個例子來說，南北氣候不同、土地本質不同，南方適合種稻、北方適宜長麥。讓南方種稻、北方長麥，各自最適性發展，收穫最大，對國家社會人民最為有利。若是硬以稻為尊為貴，進而推廣，強制北方也改種稻，則北方生產效益絕對永遠不如本來的種麥，於是整體國家總生產效率變差，這就是配置效率(allocative efficiency)的不當。配置效率是當代經濟學中很重要的原理，其概念在於讓各部門各分子都能達成最適性發展，如此一來，對國家或社會或一產業的總體發展而言，才會是最佳效率。

這個概念亦可用於國際社會。雖然美國什麼都行，可以研發也可以製造，但因第三世界國家製造成本相對便宜，若

美國自己專攻於較有效率的研發,而讓第三世界去專攻於較有效率的生產製造,然後進行交易,如此一來,各自國家獲得各自的最適發展,將創造出國際社會整體的最大效率與福利,這就是國際貿易學中所謂的「比較優勢(comparative advantage)」理論。若不依比較優勢而為,則美國自行研發之餘還得自行製造,在既有固定的人力資源下,勢必得撥出更多原本更適合研發者來從事製造工作;而相反的,第三世界國家則必須運用更多原本適於製造的人力資本,來投入較不熟悉的研發工作。於是,雙方都為此而無效率的配置了資源與人力。

人類亦復如此。每一個人特質秉性不同,適合發展與專攻的面向也有不同。有人不善讀書,卻能從實業中闖出名號;有人讀書時,英文能力特強、數學卻老是墊底,有人就剛好相反。有人內業文書處理非常仔細清晰,有人則推銷業務非常上手;有人可以宅在家中專研電腦程式,但有人就興趣專精於交易買賣議價談判等。有人賣豬肉青菜、有人上班行政,有人上工勞動付出體力、有人分析研究付出腦力。人人秉性不等但在其各自專業上的發展,都該獲得尊重、促成、與平等對待,這就是大道「無差別對待」的精神。在這樣的社會中,每個人都能依其專善面向去發展,促成整體社會的最大成就潛能、達到多元而豐富。試想,在一個萬般皆下品、唯

19 絕聖棄智

有讀書高的社會，不論每一個人本質能力潛勢，都硬生生拉來一起 k 書；讓本質就難以理解繁複數學運算的人去硬讀數學，何不讓這些人去選擇有興趣的技藝呢？

於是，多元開放社會比起單元封閉社會，更能使得每一分子有機會獲得最適性發展與成長，對整個社會國家資源運用與發展效率，相對更為恰當。古代的中國社會由政府設計出單元取向架構，以科舉與仁義為社會的唯一價值，其它萬般皆是下品。如此，社會其他各部門、各行業、各人等，都不受到尊重而無法最適性發展出自己的潛質與能力，大大減損了國家社會發展潛力與效能。這正呼應了本章「絕聖棄智，民利百倍」的論述。

多元開放社會築基於「包容與妥協」的文化素養，這也是民主政治健全發展的基本礎石之一。每一個人都要能尊重與欣賞各行各業、各類角色、與各種意見的功能與貢獻，社會才能繽紛多彩與潛能盡現的和鳴協奏，達到最大效率與善果。道，正是如此。

***

就像交響樂團，每一個樂器，各有不同音調頻率，唯不論大小輕重，都各自扮演其最適性角色，團體演出才能精彩榮華。這樣的演出，每一個份子都不可或缺、而且盡力扮演

著最適性的和諧角色，絕不能不去謙抑自己以配合整體和諧，也不能受限於上層制約而都只能演出幾乎同一音調頻率。唯有謙抑一己，方能使各個份子都能多元併發且最適性發展，終而造就整體和諧的完美演出。

＊＊

　　棄絕人為法則利欲情感驅動之一切產物，即在於確實仿行道法而用無。棄絕人類利欲貪性，並非一件一蹴可及的簡單事情，相反的，卻是一件痛苦艱難之事。於是，老子通書中對於棄絕利欲情感驅動的過程，都是先講求「抑制」、再終而進展至「戒絕」，並不要求一步棄絕的到位。先求抑制遏止人類貪性上那個不斷加速成長的慣性，再求進一步逐漸的減低弱化這一人類貪性、以至於零貪性。對於這樣的實踐功夫，老子於書中後續有許多篇章刻意去論述它，我們將等待這些章次的出現再行詳論，讀者亦可先行查閱附錄的一些相關整理。

20 唯之與阿

唯之與阿ㄜ①，相去幾何？善之與惡，相去若何？
人之所畏，不可不畏，荒兮其未央哉②！
眾人熙ㄒㄧ熙ㄒㄧ③，如享太牢④，如春登臺⑤；我獨
泊兮其未兆⑥，如嬰兒之未孩⑦，儽ㄌㄟˊ儽ㄌㄟˊ兮若
無所歸⑧。
眾人皆有餘⑨，而我獨若遺⑩，我愚人之心也
哉⑪！沌ㄉㄨㄣˋ沌ㄉㄨㄣˋ兮⑫。
俗人昭昭⑬，我獨昏昏⑭；俗人察察⑮，我獨
悶悶⑯；澹ㄉㄢˋ兮其若海⑰，飂ㄌㄧㄠˊ兮若無止⑱。
眾人皆有以⑲，而我獨頑且鄙。我獨異於人，
而貴食母⑳。

---

①唯之與阿ㄜ：「唯」與「阿ㄜ」。
　「唯」是恭敬的應聲；「阿ㄜ」
　是「訶ㄜ」的借字，大言忿
　怒的應聲。
②荒兮其未央哉：廣垠無邊際。
　荒兮：廣大之貌。　未央：

無邊際之意。　藉以說明大
道至理廣垠無邊，很難以完
全被認知清楚。
③熙熙：快樂的樣子。
④太牢：豐盛的筵席。
⑤春臺：美麗的娛樂場子。

⑥我獨泊兮其未兆：我卻唯獨渾樸、沒有同樂跡象。 泊兮：恬靜淡默。 兆：徵兆、跡象。

⑦未孩：不懂喜笑。 孩：同「咳ㄏㄞ」，喻嬰兒之笑聲。

⑧儽ㄌㄟˊ儽ㄌㄟˊ兮若無所歸：疲憊頹喪的樣子，好似心志無所歸屬與停留。

⑨有餘：自得自滿似有用之不盡的學識知能。

⑩若遺：若有所失。

⑪愚人之心：像愚人心思一般。

⑫沌ㄉㄨㄣˋ沌兮：模糊不清的樣子。

⑬昭昭：明亮清楚的樣子。

⑭昏昏：陰暗模糊。

⑮察察：清晰可見。

⑯悶悶：昏濁不清。

⑰澹ㄉㄢˋ兮：水搖的樣子；水波蕩漾。

⑱飂ㄌㄧㄠˊ兮若無止：高風吹拂般不作停留。 飂ㄌㄧㄠˊ：高風的聲音。 無止：不停留。

⑲有以：有用；有所憑藉之用處

⑳貴食母：重視守道。 貴：重視。 母：道。 食母：生養萬物的「道」，故謂之食母。

繼第 15 章，老子再次讓大家清楚理解，不同於芸芸眾生，體道行道者的行為舉止，到底會是怎樣的一個樣態模式。

體道修己者，仿道法用「無」，與人類利欲法則驅動的芸芸眾生，從基本上產生了差異：一者用無、一者用有。如

20 唯之與阿

此不同，天差地別。仔細留意一下我們的生活細節，對待同一件事，也常會有這樣的兩極差異現象。例如，一個回應聲，可以是恭恭敬敬(唯)、亦可忿怒大聲(阿)，相差如此之大。評價一個人，有人曰善、卻有人曰惡，相差亦是如此之大。

> 唯之與阿ㄜ，相去幾何？善之與惡，相去若何？

在「虛心弱志、實腹強骨(3)」的修己過程中，澄清心思、降低欲念，與養實身命、強健體魄同時並進。芸芸眾生雖不知前者其實更能厚助後者，但與體道者相同的是，都會留意後者。因此，凡傷及身命之舉，例如火灼、刀割、水溺，體道者同芸芸眾生一般，都當然要跟著躲避，並無差異。老子說，大眾所畏懼者，體道修己還是得跟著畏懼，免得傷及身命。大道至理廣垠無邊，很難被完全認識清楚，因此，在某

> 人之所畏，不可不畏，荒兮其未央哉！

些項目上，不該過於特立獨行、高唱異調，而需要適時的合光同塵，與大眾同流，才不會傷及身命。

體道修己者所堅持而又異於芸芸眾生的，主要在於心思欲念方面。芸芸眾生多欲多念，體道修己者則少私寡欲(19)，而且澄清心思，堅守玄妙內心的清明觀照(10)，因為那是真正

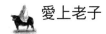

知識道理的來處。於是一個體道修己者，於俗世濁流中，許多行為思想，成了獨樹一格。老子說…

雖然眾人熙嚷歡樂，像是享受著豐盛美食筵席、登踏著華麗娛樂舞台，我卻唯獨恬靜淡默，沒有任何同樂跡象，好似初生嬰兒雖於歡樂環境卻不懂喜笑一般；而且外表狀似疲憊頹喪、與此華麗歡樂場域隔絕，心魂毫無在此著相停留。

> 眾人熙一熙，如享太牢，如春登臺；我獨泊兮其未兆，如嬰兒之未孩，儽儽兮若無所歸。

世俗眾人總是追求利欲富貴，我卻唯獨像是遺失一切、空無所有。外人看我，直像愚人心思一般的不懂名利、不知上進、無所適從。

> 眾人皆有餘，而我獨若遺，我愚人之心也哉！沌沌兮。

世人總是盡現高明靈光、鋒芒顯露，我卻唯獨庸陋不明、平凡無奇。世人總是時刻精明燭亮、能耐清晰，我卻唯獨虛濁不澈、模糊難辨。

> 俗人昭昭，我獨昏昏；俗人察察，我獨悶悶。

20 唯之與阿

澹兮其若海，
飂兮若無止。

眾人皆有以，而
我獨頑且鄙。我
獨異於人，而貴
食母。

其實這樣的人，像是搖曳蕩漾而深奧迷濛的大海，像是吹拂而過卻不留一絲痕跡的高風。任由環境蕩漾吹拂，內心依舊不動、依舊澄澈清明。

世人表現出來的，儼然都是很有用處的人，我卻唯獨表現出頑固且鄙陋。我獨特異於世人，而注重於堅守大道。

21 孔德之容

孔德之容①，惟道是從②。

道之為物，惟恍ㄏㄨㄤ惟惚ㄏㄨ③。惚兮恍兮，其中有象④；恍兮惚兮，其中有物⑤。窈ㄧㄠ兮冥ㄇㄧㄥ兮⑥，其中有精⑦；其精甚真⑧，其中有信⑨。

自今及古，其名不去⑩，以閱眾甫⑪。吾何以知眾甫之狀哉⑫？以此⑬。

---

①孔德之容：偉大德性的內涵。
　孔：大。　容：內涵。

②惟道是從：惟有從體悟「道」開始。

③惟恍ㄏㄨㄤ惟惚ㄏㄨ：就是一派混沌不清。惟：就只是。　恍惚：混沌不清，意指「虛玄之道」。

④象：實象。

⑤物：具體的東西。

⑥窈ㄧㄠ冥ㄇㄧㄥ：幽暗深遂，意指「虛玄之道」。

⑦精：空靈精神，精華，原則。

⑧真：真如。即無始無終、不生不滅。

⑨信：確實有這事。

⑩其名不去：「道」永遠恒存。其名：指的就是「道」。

⑪眾甫：眾人。　甫：亦作為「父」解，代表男人。古代社會以男性為主，故「眾甫」即代表「眾人」之意。

⑫狀：樣貌狀態。

⑬以此：就是因此而來的。

在老子的哲學架構中，道以「無」創造長養天地萬物，終至剛健不息。道，用無而有、恒無而恒有，時時刻刻的事相狀態都是無有交互併見；總是看似有卻若無、看似無卻若有，難以言喻捉摸、無法分辨切割，就是迷濛虛玄、混沌一團。於是，道之本質就是虛，其用以無、其象以有，故常用「虛」、「玄」、「一」，或用「惚恍」、「窈冥」來指涉大道。本章再次闡述這樣的概念。

老子認為，一切偉大德性的內涵，都唯有從體悟大道著手，方得以窺見與企及。那麼，道是什麼呢？

「道」這個「東西」，就是虛玄混沌。虛玄混沌中，存有實象；虛玄混沌中，存有實物。虛玄混沌中，存有不可捉摸的神靈精微，此神靈精微，真如不滅，且確實可驗證其之存在。由遠古迄今，它就一直存在著。

> 孔德之容，惟道是從。

> 道之為物，惟恍惟惚。惚兮恍兮，其中有象；恍兮惚兮，其中有物。窈兮冥兮，其中有精；其精甚真，其中有信。自今及古，其名不去。

21 孔德之容

體悟虛玄惚恍、真如不滅的「道」，其後即能通達洞澈無窮變幻與無際生命，借此即能無所障礙的洞悉普眾生相。我之所以能夠洞悉察知眾人的思想樣態，就是因此而來。

> 以閱眾甫，吾何以知眾甫之狀哉！以此。

22 曲則全

曲則全①，枉則直②；窪則盈③，敝則新④；少
則得⑤，多則惑⑥。

是以聖人抱一為天下式⑦。不自見故明⑧，不
自是故彰⑨。不自伐故有功⑩，不自矜故長⑪。

夫唯不爭，故天下莫能與之爭。

古之所謂「曲則全」者，豈虛言哉！誠全而歸
之⑫。

---

①曲則全：樸鄙拙澀、鋒芒不
露者，才能常保圓全。 曲：
彎曲、扭結、不直。 全：
圓全，圓滿無缺、挽回成
全。

②枉則直：忍辱負重、委曲遷
就者，才能有挺直傲立的結
果。 枉：遷就、委曲、不
直。

③窪則盈：謙沖卑讓、虛懷若
谷者，才有能力包容接納終
而獲取更多。

④敝則新：建立於舊事物知識，
才能推陳出新。 敝：舊項
目。

⑤少則得：少私寡欲則安適自
得。

⑥多則惑：利欲貪念多了，苦
惱煩憂與鬥爭也就多了。

⑦抱一為天下式：持守天道做
為一切事物的法則。 一：
道。 式：法則。

⑧不自見故明：不執著己念而
博采多諮，則視野將更廣更

明。見：同「現」。

⑨不自是故彰：不自以為是而謙沖卑讓，則能包容異議而彰顯真知。

⑩不自伐故有功：不自誇炫耀而共享成就，則功勞貢獻就會受到尊重崇仰。 伐：自滿、自傲、自負的意思。

⑪不自矜故長：不自負驕傲而和氣待人，則領導地位就會受到歸順服從而長存。 矜：自滿、自傲、自負的意思。 長：領導能力與權力。

⑫誠全而歸之：確實是使人圓全而回歸大道的根本原理。 誠：確實。 歸之：歸根於道一。如「夫物芸芸，各復歸其根，歸根曰靜(16)」。

樸拙、忍辱、謙沖、少私寡欲，是成功與安適自得的礎石，其所展現人格持徵正是「不爭」，而「不爭，則天下莫能與之爭」，這是本章所欲闡述的重點。唯有不爭，才能全面的謙抑與「用無」，才能「用之或不盈(4)」。

社會的主流價值或樣態，是人類利欲貪念所建構出來的規制，愈是傳統封閉與保守，將愈使得這些價值樣態更為堅固、狹窄、與獨尊。於是，非主流樣態將遭到更大的打壓、排斥、與貶抑。

但是，這些非時下主流樣態，並非沒有其功能與價值，卻只是因為不符主流認定而遭到壓抑。例如，傳統重男輕女的社會，女人不能受教育、沒有地位、甚至沒有自由。但如今開放多元的民主社會解放女人權利以後，我們看到女人的能力與貢獻都不下於男人，因而灌溉與注入社會更大更多的

動能與量能，此即老子「絕聖棄智，民利百倍(19)」的論述，也是大道無差別對待(2)的基本精神。萬物各得最適發展與功能發揮，才能促成繽紛多彩、潛能盡現、效率愈大，而終於剛健不息。

在狹窄排它的主流概念中，並不會去認知或接納這些被排擠的樣態，其實它們都具有各自功能、貢獻與價值的發展性。身障者被排斥異視，但其腦力仍舊不落人後，許多人還挹注人類科學相當大的成就與貢獻。以自然界為例，彎曲扭結、醜形怪狀、樸鄙拙澀的樹幹，一般總是不被人類賞識看重，可是這一非主流樣態卻是最終得以不被砍伐而保全生命的依據。是以，老子說，**樸鄙低調、鋒芒不露，常能安保圓全。**

> **曲 則 全**

委曲、卑下、受辱，亦不為一般主流價值所喜好。但是，樹幹上頭密佈的樹枝，爭相冒頭，為了茁壯成長，總必須委婉彎曲的橫直出去。河流想要來到下游能夠磅礴氣勢、挺直傾洩，其上游總必須遷就委婉的穿山越嶺，匯聚萬水。人想要最終底於成功，總必須先從卑下職務開始，忍辱負重、委曲遷就的磨練經驗與心志。成功者當下的光榮，都是走過了社會所排斥的身份與樣態。是以老子說，**忍辱負重、委曲遷就，最終常是直挺傲立。**

> **枉 則 直**

22 曲則全

低窪不平或中空不實，總是被人們視為不具價值的項目。但是，低窪之地才有可能蓄水，中空之器方可被作為裝水的杯子。謙下卑讓看似窩囊下氣，但由此卻學到了更多、更易獲得他人傾囊相授。是以，**謙沖卑讓、虛懷若谷則可包容廣納，終究可獲取更多**。

> 窪則盈

舊的東西、舊的項目，舊了，總是為人摒棄不屑、或者價值劇減。但睽諸人類進展神速的文明，新東西或新概念知識的推陳出新，無不建立於過去歷史舊知識與舊事物的基礎之上，所進行的改良、更新與變化。新東西新理論，絕對不會毫無過去歷史影響，而斷代般的橫空出世。舊，似乎無用、似乎落伍，但卻是「新」的關鍵基礎。於是老子說，**植基於舊有事物與知識之上，方能推陳出新與開創變化**。

> 敝則新

少私寡欲，看似是少，看似讓人減少了利欲所得，其實內心卻是比他人還更滿足自在。老子說，**少私寡欲則能安適自得，而多了利欲貪念則必多了苦惱煩憂與爭鬥**。例如在專業學習上，不貪多的把全付心思專注於某一兩項知識技

> 少則得，多則惑。

術，即可學得精湛深入；樣樣都想學想要，反而樣樣不精。相同的，多貪利欲，追求爭奪時是苦，追求不得是苦，而爭得了卻又時刻深怕再行失去，更苦。

　　萬物樣態各有不同，但都具有其功能與價值，大道無差別對待的予以最適性發展，但人類利欲法則卻將其畫出少數偏愛而貶抑其他。**體道修己者**，自然要棄絕此等獨尊少數的狹隘行為思想，而當**堅守大道法則，以之作為天下一切事物的總原則**。大道法則，靜默虛無。因為虛無，故心思寬廣柔軟、包容

是以聖人抱一為天下式。

妥協、尊重欣賞一切樣態，故能使各樣行為、思想、或技能獲得功能與角色的最適性發展。包容妥協就是「大道法則」的具體實踐的方法。

　　虛者，「無」與「滿」之間的任何比例，萬千可能。「滿」者，一逢變化，就只能變差、減少、或溢出而浪費。是以，處於「不滿」(亦即處虛)、千變萬化、可進可退、屈伸自如、天空寬廣；而處於「滿」，則讓自己處於深怕變動變差、僵滯頑冥與執著不敏。故持守大道者，堅守虛無，其思想行為即能寬廣柔軟、包容海納；而奉行人為法則者，時刻追求利欲滿足，將會缺乏柔軟而且充滿執念。所以，持守大道虛無者，

22 曲則全

柔軟包容、謙虛卑讓，不執著己念而博采多諮，則視野將可更廣更明。不自以為是而謙沖卑讓，則能包容異議而彰顯真知。不自誇炫耀而共享成就，則功勞貢獻就會受到尊重崇敬。不自負驕傲而平氣待人，則領導地位就會受到歸順服從而長存。

> 不自見故明，不自是故彰，不自伐故有功，不自矜故長。

無奈的是，人類在利欲情感驅動之下，總是執念於競爭，爭物質利欲要多、要不輸別人，爭言論口舌勝過別人，爭己是人非，爭面子，爭比較。此等永遠不停的人際比較爭奪，是人類基本的利欲貪念，必須予以打破，必須改而奉行不自見、不自是、不自伐，謙虛包容、不有執念。這樣的人，真正能放下心，靜靜欣賞與容納別人的不同，這就是心境的清靜與不爭。不爭，則內心開闊寬廣、柔軟大氣，則朋友或他人自然推崇與歸服，則海納多元、視野廣闊。治理者要能成功統治與領導，唯有從不爭著手；修己者要能清靜虛心與道同行，亦唯有實踐不爭。老子說：只要能夠不爭，則天下無人可以與之對爭。不爭看似不爭，卻是得的更多，即「少則得」

> 夫唯不爭，故天下莫能與之爭。

之謂。利欲貪多，看似多，卻失去更多的清平和悅，帶來更多的困擾鬥爭，即是「多則惑」的意義了。

前述這六句,「曲則全,枉則直;窪則盈,敝則新;少則得,多則惑」,正都說明著,唯有渾樸謙抑與少私寡欲,方能終得各種利欲,亦正是老子「有之以為利、無之以為用(11)」的「因無而有」主張。於是老子說,**古之所謂上述「曲則全」等六句,豈是虛言而已!其中所含意義與道理,其實正是大道至理,因此這六句確實是使人圓全而回歸大道的根本原理。**

> 古之所謂「曲則全」者,豈虛言哉!誠全而歸之。

民主政治強調開放多元社會,在這樣的社會中,任何維度的理念技能皆能任其自由的達成最適性發展,這就是天道「無差別對待」的基本精神,這樣的社會,能量與效率才有機會達到最大。此即老子「絕聖棄智,民利百倍(19)」之論述。

多元開放社會的基本精神,就是「包容與妥協」,這也是當代民主政治最基本的要素。不能尊重欣賞各行各業與各類角色的功能與貢獻,則徒有選舉或政黨都將只是民主假象。民主政治的成功,不在於制度架構,而在於人民「包容與妥協」是否內生成為一種素養、一種文化。政黨政治以選舉替代了殺伐取得政權,在服從多數下要同時尊重少數意見,就

22 曲則全

唯有包容異見、妥協方案,這就是民主。愈是能夠服從多數且尊重少數的包容妥協,則該國民主必然愈上軌道、愈為成功。

　　就個人修己來說,包容妥協即是拋開一己執念,轉個態度與想法,去接納不同於己或不為己好的一切思想行為,讓心境海闊天空,則事情發展或人生軌跡都將出現完全不同走勢。拋棄執念,就是「用無」的實踐;拋棄執念,就是「不爭」,因為人之執念完全建構於利欲爭奪的驅動。唯執念滲入人性甚深,修己者必須時刻警醒的去拋棄它,這是體道用無的開始。

23 希言自然

希言自然①。故飄風不終朝，驟雨不終日。孰為此者？天地。天地尚不能久，而況於人乎？故從事於道者同於道②，德者同於德③，失者同於失④。同於道者，道亦樂得之⑤；同於德者，德亦樂得之⑥；同於失者，失亦樂得之⑦。信不足焉⑧，有不信焉。

---

①希言自然：少言是符合自然法則的。 希言：少言、不言；意指「少去推動或宣導人類法則驅動的策令規制或禮節教化」，其意同於第2章「行不言之教」。 自然：老子「道」之別名，故大道法則(道法)，即為「自然法則」。 前述所謂「人類法則」即是利欲情感驅動法則。

②同於道：持續不斷守道。

③同於德：持續不斷行德。 老子之「德」泛指道法的實踐

功夫，所以是「無私無念無差別」對待事物的品性，與俗世以利欲情感驅動為原則的「道德習俗」完全不同。

④同於失：持續不斷的不行道德。

⑤道亦樂得之：自然能得到大道。 樂得：本意為「快樂獲得」，引伸為「自然得到」。

⑥德亦樂得之：自然能得到大德。

23 希言自然

⑦失亦樂得之：自然持續失道
失德。 可喻為「沉淪」之

⑧信：信用。

意。

體道用無是持之以恒的事業，若常有中斷，信心不易建立，利欲之心容易竄出而支配。本章所欲闡述者正是這一論點。

任何策令規制的推動，就是人類利欲行為的強化，只會更誘使人民為利益而加劇追逐、爭鬥、競奪、與紛爭；因此，統治者要少去推行或宣導策令規制與禮節教化，這就是「希言」，意義類同於第 2 章的「不言」。少言是符合自然法則的。一般狀況，規制策令的推動或執行，一段時間後就會鬆散懈怠，於是會再頒行新政新令加以推動，但一陣子後，還是鬆散懈怠掉了，這是一般常態。沒有一個推動或執行，可以長久不衰散的，這其實是很自然的現象。

> 希言自然

> 故飄風不終朝，驟雨不終日。孰為此者？天地。天地尚不能久，而況於人乎？

老子說：大風不會整天的吹個不停，驟雨不會整天下個不斷。是誰讓吹風下雨的？是天地自然。那麼天地自然主導的吹風下雨，猶不能日夜不斷的吹著下著，更何況由人所主導的事物呢？當然就更不可能毫不間斷的持續有效了。

　　因此，治國者政令愈多，都只是在補救前面政令的鬆懈衰散，而一個人倡議言論愈多，也都只是在不斷強調被漠視或已衰散的先前主張而已。任何人類利欲法則所主導的事物，總會面臨衰散而無法持續存在，這是人類法則的必然。棄絕人類法則的必然，就是去有反有，就是用無；因此體道修己者之修己過程必須堅持以恆，不可一曝十寒，這才是「用無」的實踐。老子說，修道者，持續不斷守道；修德者，持續不斷行德；而失於持修道德者，則不斷的失道失德。於是，守道不斷者，得道；行德不斷者，得德；失道失德者，沉淪。老

> 故從事於道者，同於道；德者，同於德；失者，同於失。同於道者，道亦樂得之；同於德者，德亦樂得之；同於失者，失亦樂得之。

子通書所謂的「德」，專指「大道法則的實踐方法」，與一般人類社會架構出來的美德不同；老子一書的後半段幾乎專論「德」，屆時我們再詳談。

　　持守道德者，若不能行之以恆，終究會為人類利欲法則所支配。於是，如前所述，任何規制策令或倡議言論，總是很快的就會鬆脫罷散，驅使更多的新政策或不斷的倡議呼喊被推動與提出，做為補救。導致政策時常變動、言論時常修

23 希言自然

正，於是，治國者公信力不斷被打折扣，最終，政府無法維持足夠信用於人民，人民也就不可能相信統治者了。

信不足焉，有不信焉。

24 企者不立

企者不立①，跨者不行②。自見者不明③，自是者不彰④，自伐者無功⑤，自矜者不長⑥。其在道也⑦，曰餘食贅形⑧，物或惡之⑨，故有道者不處。

---

①企者不立：踮腳無法久立；意指「取巧鑽營者難以出頭」。 企：抬高腳跟、踮著腳尖。 立：站立，意指「出頭、成就」。

②跨者不行：跨大幅步伐無法行遠；意指「不腳踏實地者難以成功」。

③自見者不明：執著己念者，無法博采多諮，視野難明。

④自是者不彰：自以為是者，無法包容吸納眾議，真知難顯。

⑤自伐者無功：自誇炫耀者，再大功勞貢獻也無人給予尊敬。

⑥自矜者不長：自負驕傲者，領導地位終是無法受到服從而長存。【同時參見第 22 章】

⑦其在道也：依大道法則而言。

⑧餘食贅形：華飾不實而多餘無用的行為。 餘食：廚餘、多餘的食物或東西。 贅：多餘的、沒有用處的。 形：行為、外貌、修飾。

⑨物或惡之：自然界萬物或許都不會採用的了。

24 企者不立

本章是第 22 章的續論，闡述踏實樸毅與謙虛低調乃實踐大道的功法。第 22 章指出「曲枉窪敝與少私寡欲」是成功的礎石，而本章則反面的指出「自是、自見、自伐、自矜」的浮誇行為，雖是華麗卻是無用，是反大道的行為的。

> 企者不立，跨者不行。

老子說，取巧鑽營者難以出頭，不腳踏實地者亦難以成功。就像抬高腳跟、踮著腳尖，企圖高立人群、突顯自己一般，但這是無法久立久站的；亦像跨大步伐走路，企圖領先人群、贏取光榮一般，這也是無法久行久存的。許多成長經驗告訴我們，追求成就或目的，不能淨是想方鑽營、設法巧取的計算，亦不能淨是囫圇吞棗、求速求快的浮誇，必須踏實無華、樸毅堅忍，一步一腳印的前進，才能紮實的達成目的。

行為不浮誇，內心不執念、不自以為是；則心思可以更為寬廣柔軟與包容妥協，會開放的尊重與欣賞一切樣態。社會若是如此，則各式各樣行為、思想、或技能，都能各自最適性發展其功能與角色，社會於是繽紛多彩、潛能盡現、效率愈大。謙虛卑讓、柔軟包容，正是同行大道的具體實踐功夫。

反之，執著己念而不博采多諮，則視野難明。自以為是而不謙沖卑讓，則不容異議而真知難顯。自誇炫耀而獨攬成就，則再大的功勞貢獻也無人給予尊重。自負驕傲而盛氣凌人，則領導地位終就無法受到歸順服從以至長存。在大道至理上，這些都是浮誇不實而多餘無用的行為。

> 自見者不明，
> 自是者不彰，
> 自伐者無功，
> 自矜者不長。
> 其在道也，曰
> 餘食贅形。

萬事萬物，秉自然法則(即道法)而生長，或是曲枉或是窪敝(22)，但不會有這種浮誇不實而多餘無用的行為與樣態，故體道修己者當然亦該不為。

> 物或惡之，故
> 有道者不處。

25 有物混成

有物混成①，先天地生。寂兮寥ㄌㄠ兮②，獨立而不改③，周行而不殆④，可以為天地母。吾不知其名，強字之曰道，強為之名曰大。

大曰逝⑤，逝曰遠⑥，遠曰反⑦。故道大，天大，地大，人亦大。域中有四大，而人居其一焉。人法地⑧，地法天，天法道，道法自然。

---

①有物混成：有一個東西，撲朔迷離的一團混沌。 物：一個東西，這裏指「道」。 混成：撲朔迷離的一團混沌。

②寂兮寥ㄌㄠ兮：靜寂無聲、空曠無際。 寂：靜、冷清、孤單。 寥：靜、高遠空曠。

③獨立不改：獨立存在而不改變。

④周行不殆：循環運行不止。殆：止。 不殆：不止、剛健不息。

⑤大曰逝：「大」就是古今六合，其際線框域消逝難見，故曰「逝」。

⑥逝曰遠：消逝於難見之際線框域，如同處於幽深玄遠處的不見，故曰「遠」。

⑦遠曰反：處於幽深玄遠難見之處，卻又親近的返回展現於我們週遭，故曰「反」。

⑧法：效法、取法。

道之本質，是「虛」、是「大」、是「逝」、是「遠」、是「反」，簡單說，道就是虛玄靜無、混沌迷濛。本章繼續前幾章(4、14、21)所述，再次描繪「道」的本質。

老子說，有一個東西，撲朔迷離的一團混沌，比天地還早就已存在。它，靜寂無聲、空曠無際，獨立存在、始終如一，剛健不息的周而復始，可以說就是天地萬物的創造者。我不知道該如何稱呼它，就勉強叫它「道」、勉強叫它「大」吧！

> 有物混成，先天地生。寂兮寥ㄌㄧㄠ兮，獨立而不改，周行而不殆，可以為天地母。吾不知其名，強字之曰道，強為之名曰大。

所以，道的持性，簡言之，就是具有「靜與虛」的剛健不息狀態。「寂兮」乃靜寂無聲，「寥兮」乃空曠無際之虛無，「獨立不改，周行不殆」則是恆古恒存的剛健不息。

為了說明「道」的特性，老子亦把它稱之為「大」。那麼，「大」是什麼呢？「大」就是古今六合，其邊際框域消逝而無涯，故「大」亦曰「逝」。

> 大曰逝，逝曰遠，遠曰反。

消逝的際線框域，如同處於幽深玄遠處的不見，故「逝」亦可曰「遠」。雖如此幽深玄遠，卻又返回展現於我們週遭親近可及的自然界，故「遠」又曰「反」。這些說法，

25 有物混成

同前幾章一樣(4、14、21)，都在描繪著「道」的本質，這本質就是無形無緒無聲、混沌成一、惚恍窈冥，本章用「大」統合這一本質。

「道」創造長養天地萬物。道的本質為大為虛，故由其所創造與長養的天地萬物，其本質必然飽含著大與虛。人類為萬物代表、為萬物主宰，毫無疑義的，其本然質地亦該是同於道的虛與大。因此老子說，道之本質為大、天之本質為大、地之本質為大，而人之本質亦該是大。自然境內（宇宙之內）具此玄大本質者有四，而人乃居其中之

> 故道大，天大，地大，人亦大。域中有四大，而人居其一焉。

一者。不幸的是，人類歷史的發展與演變，卻完全為利欲貪念所驅動，完全迷忘了同於大道本質的玄大虛無。因此體道修己者，唯在於洞知本來具有的道性質地，然後回歸本質、返樸歸真。但具體來說，要怎麼回歸呢？

人類生命與地(球)最為親近、最為關聯。地球上，不同時間不同地點有著不同的環境與氣候，孕育出不同的物種與景象，其變化與推移依循著某種規律與原則，那即是「無為」的自然法則。因此，人類在回歸本質的過程中，最可親見而仿效的，就是「大地」

> 人法地

所展現出的無為自然法。故老子曰「人法地」。

　　相對的，地球包覆於昊天之下，不可知、無邊際的昊天，其日月星宿風雨雷電，給予地球四時資源並創造其生命根源，其變化與推移仍舊是依循著固有的規律與原則，此亦是那個「無為」自然法則。因此，「大地」之運作法則，最親近而可取法的，就是「昊天」的無為運作法則。而昊天之運作，也不外乎是取法於「大道」法則。歸根究底，不論是大道、昊天、或大地，其所行之無為法則，其實，就是人類周遭親近可及的自然界自然法則而已。

> 地法天，天法道

> 道法自然

　　人類用心去體驗生活週遭的自然界中各式各樣生息法則，即可體悟道虛無為法則，此亦呼應前文「遠則反」的說法。

26 重為輕根

重為輕根①，靜為躁君②。是以君子終日行不離輜重③。雖有榮觀④，燕處超然⑤。奈何萬乘之主⑥，而以身輕天下⑦？輕則失根，躁則失君。

---

①重為輕根：穩重厚實是繽紛榮華的根本主幹。 重：穩重厚實，意指「體道用無」是重要的根本主幹。 輕：繽紛榮華，意旨「利欲諸有」是由根本主幹所生成的從屬品。 這是因為老子主張「用無而有」，故「無」為根本，「有」為從屬品。

②靜為躁君：清澄寧定是飛揚浮躁的駕馭主控。 靜：清澄寧定，意指「內在體道清靜的寧定觀照」。 躁：飛揚浮躁，意旨「外在感應情緒對心志的惑亂挑動」。 君：駕馭控制。 全句意思即為

「以清靜制燥動」，因為內部心思是操縱駕馭外在感覺與行動的力量。

③輜重：繁重的行李。 原指軍事上跟隨作戰部隊行動，以隨時提供部隊後勤補給、後送、保養等勤務支援的必要人員、裝備與車輛。用以比喻「體道者之無為，必須如貴重物品般時刻相隨不離」。

④榮觀：國君出行的營衛車仗，用以比喻「世俗功名利欲」。

⑤燕處超然：心境泰然安適，

超脱功名利欲之外。

⑥萬乘之主：大國的君主。
萬乘：兵車萬輛。

⑦以身輕天下：以一己利欲貪
有為重，而輕視天下國家所
欲。 其意與「貴以身為天
下，若可寄天下；愛以身為

天下，若可託天下(13)」相
反，該句意義是：若能積極
捨身為天下，是可將天下寄
望於他的；若能自願捨身為
天下，是可將天下託附於他
的。

道法，因無而有，故「無」為根本、「有」為從屬品，必須凡
事無為，不可本末倒置。實踐無為，必須心思清澄寧定，才
足以駕馭控制外在知覺的惑亂，「重為輕根、靜為躁君」正是
此意。體道者，不可片刻須臾離開「無為清靜」，即是本章論
述的主題。

自然界萬事萬物皆由二元對立組成，一陰一陽，不同
面向各有所主。重者，沉於底、立為基，穩牢定靜；輕者，
飄於上、形為華，浮躁飛動。萬事萬物的重心(中心)都必然是
穩重定靜的，而其外表，則各有不同的形式樣貌，飛揚繽紛。
唯有穩重定靜的中心根本，才能夠支撐與駕馭外表的繽紛榮
華。

例如，大樹的主幹厚實深植，才能撐起繁華茂盛的枝葉。
大樓地基堅實穩重，才能支撐起雕樑畫棟的外觀設計。領導
者的穩重冷靜，方能獲得部屬的信賴與追隨。一個人心志的

26 重為輕根

清澄寧定，才能不受外在感官情緒的曚昧，正確判斷而穩當精確的發號施令以指揮身體各部位動作。一個組織團體的總部，若總是飛揚浮躁、無法靜定沉著，必然不利於精確主宰各部運作，組織易亂易敗。因此，「重為輕根，靜為躁君」，亦即，**穩重厚實是繽紛榮華的根本主幹，而清澄寧定則是飛揚浮躁的駕馭主控。**這是一個實象觀察，說明萬事萬物基本架構的二元對立相成，必一者為內為主為重，另一者為外為從為輕，任何人解析事理與定奪決策，最關鍵者當在於明確分辨與掌握何者為主為而何者為從。對體道悟道者而言亦同，明確認知「用無」是主是重、而「用有」是從是輕，這是最基本的關鍵。

> 重為輕根，
> 靜為躁君。

人類法則時刻「用有」而時刻難以滿足的憂慮痛苦，雖是「得有」，其心境卻同於「無得」之苦。大道法則出發以無並持續堅守用無，功名利欲因「用無」而加身(用無而得有)，但得有之時，仍時刻清澄寧定、無絲毫的利欲心念起動，則因恒無而恒有。「無」為用、「有」為象，因無而有，故「無」為重為主、「有」為輕為從，因此前段之「重為輕根」即是指「無為有之根」，亦即**無為乃是功名利欲的根本主幹**，體道者切莫本末倒置了。

外在世界的感應情緒，將致「五色令人目盲，五音令人耳聾，五味令人口爽，馳騁畋獵令人心發狂，難得之貨令人行妨(12)」的迷失本性；心志受到外在感官挑動，而陷輕浮躁動的失衡背道。於是老子主張「為腹不為目(12)」，一切學問至理只能由內心深處玄秘明鏡中去觀照洞察，故需時刻「滌除玄覽(10)」靜默涵養，以臻心境清澄寧定，方能駕馭控制外在感應情緒的惑亂挑動。前句老子言「靜為躁君」所意涵的真義正是在此。亦即，體道者當知，**清澄寧定乃浮燥情欲的駕馭主控**。

老子以古時高官做為比喻。高官之貴重，其出行必然總有行隊人員、營衛車仗、與諸多貴重物品等繁重項目，時時刻刻的相隨不離。高官離開了這些行隊車仗與貴重物品，就不會是高官了、也不會被認為是高官了。因此，體道者之所以高貴，必有「行道無為」此等重要根本的時刻相隨不離，片刻的離開無為，就不再是體道者了。體道者僅管用無而得了功名利祿，但仍須時刻保持泰然自在心境，不為那些枝末輕微的

> 是以君子終日行不離輜重。雖有榮觀，燕處超然。奈何萬乘之主，而以身輕天下？

功名利欲動念縈繞，不可須臾離開「用無」。無奈，現在大國人君，心境卻總是不停的為此等功名利欲所驅動惑亂，而竟重視一己利欲貪念更重甚於天下？

26 重為輕根

重視功名利欲之「有象」，就是失去了「無為」這一根本主幹；任由情欲浮躁，就是失去了清澄寧定這一駕馭主控力量。體道者，不可片刻須臾離開「無為清靜」，這一點是老子本章闡論的結語。

老子的哲學，並非讓人拋棄所有世俗的功名利欲、或者教人消極出世、隱遁逃避；相反的，是更積極的教人健全心理素質，用以面對風吹草動或大風大浪，而猶能心靈安適、靜默如初。惟有時刻以此等心境去面對世俗競爭，才能獲得世俗之功名利欲、也才能持續保有此等世俗功名利欲；更重要的，也才能使得心理不為世俗功名利欲牽絆縈纏、超脫物外，真正自由自在。

老子哲學的基本核心理念，主張道之本質為虛、其用為無、其象為有；因無而有、恒無而恒有。因此，老子通書強調棄絕利欲情感驅動的人類法則與產物，主張採用道法之無為無念。「有與無」雖為道之二維(1)，但是老子尤重「無」，惟有無私無為、無念無己、無差別心，則不僅能夠取得世俗之「有」(即功名利祿)，而且還可不為其所牽絆驅役，因此，在心境上達致道法，同時在外在上也達致世俗之功名。但心志態度必須維持一貫的「用無」，方能持續擁有這些世俗之有

(2)、且持續維持不受此等利欲牽絆的心境。這樣的狀態，內心是無，世俗是有卻又若無，是一種「有與無」的交併互現狀態，正是道「虛」的展現。

　　「用無」的實踐，例如少私寡欲、見素抱樸，謙沖低調、彈性柔順、無為少言、無念無己、守靜致虛，都散見於各章次，讀者可參考本書附錄的總彙整。

27 善行無轍跡

善行無轍迹ㄐ①，善言無瑕ㄒㄚ讁ㄓㄜ②，善數不用籌
策③，善閉無關楗ㄐㄢ而不可開④，善結無繩約而
不可解⑤。

是以聖人常善救人⑥，故無棄人⑦；常善救物⑧，
故無棄物⑨。是謂襲明⑩。

故善人者⑪，不善人之師⑫；不善人者，善人
之資⑬。不貴其師⑭，不愛其資，雖智大迷，
是謂要妙⑮。

---

①善行無轍ㄔㄜ跡ㄐ：善於行軍者，
　不會留下痕跡。　轍跡：車
　輪走過的痕跡。

②瑕ㄒㄚ讁ㄓㄜ：過失、缺點。

③善數不用籌策：善於計數者
　不必用任何輔助工具。　籌
　策：古代計算用具。

④善閉無關楗ㄐㄢ：善於鎖閉者，
　不用門栓鎖鑰。　關楗ㄐㄢ：門
　栓鎖鑰。

⑤善結無繩約：善於縛綁者，
　捆結牢束並無繩子套索。
　結：捆結、閉鎖。　繩約：
　繩子。　約：繩。

⑥救人：無私無差別對待長養
　每一個人，以促成其角色與
　功能的最適性發展。

⑦棄人：受不適性差別對待之
　人。

⑧救物：無私無差別對待長養
　每一事物，以促成其角色功

能的最適性發展與發揮。

⑨棄物：受到不適性差別對待之事物。

⑩襲明：襲用從前傳下的至明之理。此處指的是「大道無私，無差別對待與長養萬物而底於剛健不息」此一明見至理，因在第5章已經闡論，

在此襲用，故謂襲明。

⑪善人者：能「救人救物」者。

⑫不善人：無能「救人救物」者。

⑬資：借鑑警惕的對象。

⑭貴：尊重。

⑮要妙：至要至妙之理。

各種技能專業，當臻於非常精練專善地步時，可發揮莫大的效率與功能。聖人專善項目在於體道行道，臻於精練時，可無私無差別心對待每一人事物，使之各達於最適性發展。本文即專述此一議題。

老子說，善於行軍者，人車走過不會留下痕跡，不會洩漏了軍情。善於說話者，言語談吐不會有任何失當。善於算計者，謀畫計數不必利用任何輔助工具。善於鎖閉者，封裝關閉雖無門栓鎖鑰，他人還是打不開。善於縛綁者，捆結牢束雖無繩子套索，他人還是解不開的。各行工事專業，當技能臻於非常精練專善地步時，即可發揮莫大的效率與功能。

> 善行無轍迹，善言無瑕讁，善數不用籌策，善閉無關楗而不可開，善結無繩約而不可解。

27 善行無轍跡

那麼，聖人精練專善的是什麼呢？聖人，體道行道者，在體悟透澈天道至理之後，自能精練專善於採行道法之用無，於是透過無私無念無差別之品性，對待長養一切事物，促成人類萬物各自功能角色得以最適性發展，而成就一個穩定均衡生生不息的長治久安國家；這個過程就是本章所稱的「救人救物」。老子說，是以，聖人能善於普遍無私對待長養眾人，就不會有受到不適性對待的人；也能善於普遍無私對待長養萬物，就不會有受到不適性對待的事物。這只是襲用先前已提到過的明見至理而已。所謂「襲明」，就是襲用先前提到的至明之理；本章所襲用的，是第 5 章「天地不仁，以萬物為芻狗」的相關至理，是大道用無而無私無差別對待與長養萬物，而終至剛健不息的道理。

> 是以聖人常善救人，故無棄人；常善救物，故無棄物。是謂襲明。

聖人體道故能善於救人救物，稱為「善人者」；而那些不體道修己的一般人，無能亦無知於救人救物，稱為「不善人者」。所以，善人者，親近大道、同行大道，可為不善人者學習仿效的對象；反之，不善人者，不知近道、不懂大道，既無能力救人救物，甚且受到人類利欲貪念的不斷折磨牽引，足可做為善人者借鑑警惕的對象。

> 故善人者，不善人之師；不善人者，善人之資。

　　這兩類人，亦是二元對立且相成，一方總是對另一方產生功能。善人者借鑑於不善人者，警醒惕勵；不善人者則效法善人者，學習模仿。無論如何，任何對立二元，都能提供正面價值與意義，都不能忽略。若忽略從對立位元中取得學習或借鑑，那麼終將掉入第 24 章所言的「自見、自是、自伐、自矜」，其結果就是「不明、不彰、無功、不長」的迷惑狀態，就大道來看，這樣的行為樣態是華飾不實而多餘無用的(24)。老子說，不能尊重可學習的對象，或者不能珍愛可借鑑的對象，那麼，再怎麼聰明的人也會產生迷惑。這是至要至妙之理。

> 不貴其師，不愛其資，雖智大迷，是謂要妙。

28 知其雄守其雌

知其雄①，守其雌②，為天下谿_ㄒ③。為天下谿_ㄒ，常德不離④，復歸於嬰兒⑤。

知其白⑥，守其黑⑦，為天下式⑧。為天下式，常德不忒_{ㄊㄜ}⑨，復歸於無極⑩。

知其榮⑪，守其辱⑫，為天下谷⑬。為天下谷，常德乃足，復歸於樸⑭。

樸散則為器⑮，聖人用之，則為官長⑯。故大制不割⑰。

---

①知其雄：明白「雄」的道理。
　知：明白而慎戒。　雄：雄性、雄性動物；引伸為傲滿炫耀、剛強盛氣。

②守其雌：持守「雌」的道理。
　守：持守。　雌：雌性、雌性動物；引伸為如母之無私無念、靜默柔軟、功成身退。

③天下谿_ㄒ：天下各支流皆匯聚於此溪壑。　谿_ㄒ：溪流匯聚之山谷或山間河流，亦同「溪」字。

④常德：時刻實踐「靜虛用無」。
　德：道的具體實踐行為方法。

⑤嬰兒：指涉「無念無欲的純真」。此為先天稟受，隨著年齡愈長而利欲意念愈長，純真愈減。

⑥白：如白晝一般的光華亮麗、鋒芒盡露。

⑦黑：如黑夜一般的渾沌迷濛、低調收斂。

⑧式：標準、典範。

⑨不忒：不偏離、無差錯。

⑩無極：無邊無際、虛玄空無之境。意涵著「寂然無思、萬念未發之無邊澄明心境」。

⑪榮：功名榮耀、富貴財盛。

⑫辱：如渾樸忍辱一般，安處卑下如若水之善處眾人所惡。

⑬谷：山谷。借以引伸為創造生養萬象萬物之所。

⑭復歸於樸：回復原始的混沌樸真。 樸：原始的混沌整體，未切割分立與彫飾；借以指「道」。

⑮樸散則為器：原意是「原木經工匠削砍雕琢而製成各種有用器具」；在本文則指「混沌樸真大道經過散佈運用而不息的生成萬事萬物」。 散：本意為「切割分開與製作」，引伸為「散佈與運用」。 器：有用的器具，引伸為「萬事萬物」。

⑯官長：首長、君主。

⑰大制不割：大道渾樸整體是無法做切割的。

體道者，時刻實踐「靜虛用無」即可獲得「利欲名象」隨附而來，並持續保有。需知，第 26 章言，靜虛無為乃是根本與主控，情感與利欲只是枝末輕微的外在從屬品，不可本末倒置，否則動念縈牽於利欲名象而墮「以有追求」的人類法則，終是捨本逐末、終是「用有而無」。本章以「雌、黑、辱」描寫實踐大道法則，而以「雄、白、榮」描寫利欲有象，修己者務當堅守前者而揚棄後者。

28 知其雄守其雌

　　堅守靜虛無為的實踐功夫，不外乎是守雌、守黑、守辱。靜虛無為，如同為母者一般，無私無念、靜默柔軟、功成身退，即為「守雌」；如同黑夜一般，渾沌迷濛、低調收斂，即為「守黑」；如同渾樸忍辱一般，安處卑下如若水之善處眾人所惡，即為「守辱」。

　　無有既然相對相生，則相對於「雌、黑、辱」者，即為「雄、白、榮」。利欲名象之有，如同雄性動物一般，總是傲滿炫耀、剛強盛氣；如同白晝一般，光華亮麗、鋒芒盡露；亦如同享盡榮祿一般的功名榮耀、富貴財盛。這些行為與天道謙沖相背，故持守天道靜虛無為者，必須明白而慎戒於這些行為，故曰「知其雄」、「知其白」、「知其榮」。

知其雄，守其雌，為天下谿。為天下谿，常德不離，復歸於嬰兒。

知其白，守其黑，為天下式。為天下式，常德不忒，復歸於無極。

　　於是老子說，明白慎戒傲滿炫耀，堅守實踐靜柔謙沖，則能如溪壑一般廣納包容各種異同。如此一來，無須臾偏離大道，心境可回歸於嬰兒無念無欲的先天秉受。

　　明白慎戒光華亮麗，堅守實踐低調收斂，是為天下行道者的學習準則。如此一來，無須臾差池的實踐大道，心境可達於寂然無思、萬念未發的無邊澄明。

明白慎戒功名榮耀，堅守實踐渾樸安處，則可如玄妙山谷創造長養萬物萬象。如此一來，實踐大道充分圓滿，心境可回歸於樸真混一的大道。

> 知其榮，守其辱，為天下谷。為天下谷，常德乃足，復歸於樸。

樸真混一的大道，其之散佈運用即可綿綿不息的生成萬事萬物，體道者體認及此，就能成為統治者，而致國家長治久安。修己者體認及此，心境即可長樂而不滅，一如大道剛健不息。

> 樸散則為器，聖人用之，則為官長。

以材料來製成有用器具，必須經過裁剪切割；以權力治理國家或組織而能順利運作者，必須分設部門職權、各有所司。但是，治理國家組織欲達長治久安，必須有形而上的統合理論思想為之引導，這就是大道法則。因此統治者體道行道，盡在那一個渾一樸真大道的散發運用，而這正是大道法則的具體實踐。**大道渾樸整體是無法做切割的**，其之能量不盡，都在於體道者對它的各式各樣具體實踐與運用，而不是去把它給切割分用；對治國如此、對修己者亦是如此。

> 故大制不割。

28 知其雄守其雌

　　大制不割，講的是，道法運行源自於那個無法切割的樸真混一，從而產生用之不盡的能量。僅管人為法則之社會總是把組織再行切割成各部門單位(請參見第 32 章)，但唯有管理者(或統治者)奉道行道，借著道法串流與貫聯，才能使這些分割部門儼似一個未切割整體一般的運作，而達到效率與長久。

　　人類組織在運作上必是分割而立的，是一種「有象」，然而串流貫聯各部門合作而帶往同一目標精進的，則是領導者所標舉的理念與精神，這是「用無」。就像人體一般，肉身乃各部分立的器官組織所構成，但仍必須統合於並依賴於精神靈魂的串流貫聯，才能構成一個有功能的整體。人身肉體的精神靈魂或企業組織的精神理念，賦予分立各部得以統合、運作與效率，是這個人身肉體或企業組織的「道」法，它是專精唯一而無法分割的。

　　企業無理念，則各部門合作運轉必然失去效率；人身無靈魂，則各器官組織運轉亦必百病叢生。組織制度可以分立切割，但作為串流貫聯的「大制」永遠是渾一整體的。

29 將欲取天下而為之

將欲取天下而為之①，吾見其不得已。天下神器②，不可為也③，不可執也④。為者敗之，執者失之。是以聖人無為故無敗，無執故無失⑤。夫物或行或隨⑥，或歔或吹⑦，或強或羸⑧，或載或隳⑨。是以聖人去甚、去奢、去泰⑩。

---

①為：即「有為」；人類法則驅動的一切行為與思想，包含策令規制與風俗禮節。人類法則即是利欲情感驅動法則。

②天下神器：「天下」這個神聖偉大的東西。 神器：用以描述「天下」這個東西的神聖偉大。

③不可為：不可能以自私利欲出發的一切策略行為去奪取的。

④不可執：不可能以自私利欲出發的一切策略行為去執

有與治理的。 執：治理、保有。

⑤無執：無私無利欲的執治天下。

⑥或行或隨：或前行或跟隨。

⑦歔：由口或鼻出氣。

⑧羸：弱。

⑨或載或隳：或承載或損毀。 隳：毀壞、損毀；同「墮」。

⑩甚、奢、泰：都是「過度」「過分」的涵意。 甚：行事作為的過分。 奢：外在榮華的過分。 泰：心理鬆懈的過分。

29 將欲取天下而為之

天道法則即是「無為」、即是自然法則。刻意想方設法「有為」或「執治」，那是人類利欲法則，必然敗之失之。老子於此章明確指出，實踐「無為」的第一步，就是凡事「慎戒過度」。

> 將欲取天下而為之，吾見其不得已。

人類的功名利欲，最大者，莫過於爭取天下。老子說，想要攘取天下，若以利欲出發汲營爭逐，我認為那是一定得不到的。因為利欲功名是「有」象，愈是以利欲出發的「以有追有」，則愈驗應「無有相成」道理，將愈不易追求成功。此處的「為」即是「有為」的意思，是利欲情感驅動的一切項目。

> 天下神器，不可為也，不可執也。為者敗之，執者失之。是以聖人無為故無敗，無執故無失。

天下這等高貴東西，是不可能以自私利欲行為去奪得的，亦不可能以自私利欲行為去執治的。凡出發以自私利欲去爭奪，必將敗無；出發以自私利欲去執有與治理，必將亡失。是以，體道人君，無私無利欲的攘取天下，故不敗；無私無利欲的執有與治理天下，故不會亡失。這亦呼應了前面幾章的論述，大道無為，因無而有，因恒無而恒有。體道人君持續用無，不僅能夠攘取天下，還能持續不斷的擁有與治理天下。

　　大道之自然法則以「無」創造長養萬事萬物，使其各自得以最適性發展而共演多元協奏和鳴，促成剛健不息。芸芸萬物各有形態與功能，**有前行的有跟隨的、有歔️風的有吹風的、有強壯的有贏️弱的、有能承載的有已毀損的**，但無論如何，總是遵循著自然法則運行，總是最適性的發揮其功能與角色。

> 夫物或行或隨，或歔️或吹，或強或贏️，或載或隳️。

　　唯獨人類，身為天地萬物一份子，其自私利欲卻是天地宇宙中唯一違背自然法則者。自私利欲的發展，總是不可自止的愈演愈烈，其結果，嚴重扭曲與干擾了自然法則的正常運作，也就妨礙了各類事物自行最適性演化發展的趨勢。於是，去除人類自私利欲行為思想，才得以維護自然法則。

　　人類利欲的追逐，具有加速慣性，貪婪往往以更快速度變得更貪婪，因此，想要去除人類利欲貪念，步驟上應該分為兩個層次，其一，止；其二，除。先阻止利欲貪念的成長趨勢，然後再逐漸消除之。尤其，日常生活中很容易就會讓貪欲附著上身，導致做事過份、生活過奢、心理太過安逸；一旦這些「過度」現象出現，則人的貪念就很容易被誘發，從而墮入加速成長的慣性之中。因此，去除利欲貪念的關鍵第一步，當在於凡事需有節制，凡事不過度、不耽溺，也就是「止」的意思。

29 將欲取天下而為之

所以，老子認為，體道者修己，行為做事上不能過分，起居用物上不能奢華，心理持守上不能貪安好逸。亦即，凡事「慎戒過度」，凡事「去甚、去奢、去泰」，簡言之，就是「知止(32)」。

「去甚、去奢、去泰」的「不可過度」要求，即如同於「知止可以不殆(32)」的「知止」，「治人事天莫若嗇(59)」的「嗇」，「一曰慈、二曰儉、三曰不敢為天下先(67)」的「儉」，都認為修己體道者關鍵第一步便是「知止節制」，這概念時常出現於老子通書之中，可見老子對它的重視。

不論生活、處事、謀劃、心境，凡是過甚，反面力量終將匯聚變大，衝擊而來，這就是「無有相成」、「萬物負陰抱陽」的鐵律。因此，柔弱靜虛，才是正道。

許多都市人上山小住一兩宿，於青翠出脈、小河流水、嘰嘰蟲鳴中，望情寄想，流連忘返，真的都不想回家了。好吧，再多住幾天，一個星期、兩個星期過去，終於不喜歡這個地方了，想回家了。因為，空空蕩蕩、沒有五顏六色、蛙蟬鳴聲單調、生活枯燥乏味，再也難以寄情了。「過甚」的結果，潛藏的反向力量竄起而導致情境逆轉。

30 以道佐人主者

以道佐人主者，不以兵強天下，其事好㊀還①。
師之所處，荊ㄐㄧㄥ棘ㄐㄧˊ生焉；大軍之後，必有凶年。
善有果而已②，不以取強③。果而勿矜ㄐㄧㄣ④，果
而勿伐⑤，果而勿驕⑥，果而不得已，果而勿強。
物壯則老，是謂不道，不道早已⑦。

---

①好㊀還：必定循環報復。好：
必定。 還：循環、還報。

②善有果而已：就只是要追求
一個不戰而勝的結果而已。
善有：積極追求。 果：不
戰而勝的結果(以下意思皆
同)。

③取強：以武力強取。

④果而勿矜：得到不戰而勝的
結果，但不能自滿。

⑤伐：自誇。

⑥驕：自傲。

⑦不道早已：不循道法者，很
快就會步入滅亡。 已：結
束、滅亡。

前一章「去甚、去奢、去泰」的「知止節制」是修己體道的
關鍵第一步，其運用於國際關係上，即是不使用武備的強力
爭奪；凡用兵剛強之爭皆非合道行為，必須「守弱守柔」。此
為本章的論述。

30 以道佐人主者

> 以道佐人主者，不以兵強天下，其事好還。

老子說，以「道」輔佐人君者，不會自侍兵力強制天下，因為，怎樣對待別人，就會怎樣回報己身。例如，以強權兵力統治或侵略，則人心不服，必伺機起而反抗、報復、或作亂，而還報於侵略者。

> 師之所處，荊棘生焉；大軍之後，必有凶年。

兵師征戰所過之處，必然作物宅舍毀損而致荊棘荒涼；大戰之後，建設盡毀、糧食遭損、屍體遍野、瘟疫傳播，必有凶饉與饑荒歲月。

> 善有果而已，不以取強。

是以，如果國際爭鬥不能免除，則必須善用外交與謀略，以最少戰爭成本為原則，甚至於追求一個不戰而勝的結果，而不是以兵力強取豪奪。

> 果而勿矜，果而勿伐，果而勿驕，果而不得已，果而勿強。

就算取得了不戰而勝的結果，也不能因此自滿、自誇、自傲；仍要謙虛低調讓天下人知道，我是不得已為之的、我是非用武力強取的。

「剛強」是不合大道法則的。由於任何事物演化週期，總是由初生、弱小、成長、而至壯大，再由壯大開始下坡衰

退、而至老死滅亡。於是，爭使剛強壯大，是驅使自己立即位於下坡衰退的起始點上，是走向老死滅亡的開始，此即老子所謂「物壯則老」的意義，並與天道剛健不息的現象有所背離。相反的，若能時刻堅守初生的柔弱，則是讓自己位於面向上坡成長的起始點上。是以，「用強」者，背離天道而趨向滅亡，而「守柔守靜」者，總是量能用之不盡，契合大道。所以老子說，**萬物達至剛強則老化趨弱與滅亡隨之而至**，此乃「用強」，是背道的行為；**背道者，很快就會步入滅亡。**

> 物壯則老，是謂不道，不道早已。

「用強」即是「過度」；過度，即是利欲貪念的加速坐大，於是加速循著「因有而無」的軌跡，趨於消失與滅亡。自滿、自誇、自傲都是一種「過度」與「用強」的行為，都是歸類於「物壯則老」的滅亡演化軌跡，體道者當然必須予以抑止與棄絕，一如「持而盈之，不如其已(9)」、「去甚、去奢、去泰(29)」與「守柔曰強(52)」一般，這才是合乎道法，亦正是老子通書所主張堅守的「靜柔虛無(26)」。

30 以道佐人主者

31 兵者不祥之器

夫佳兵者①，不祥之器，物或惡之②，故有道者不處③。

君子居則貴左④，用兵則貴右⑤。兵者不祥之器，非君子之器。不得已而用之，恬淡為上⑥，勝而不美⑦，而美之者，是樂殺人。夫樂殺人者，則不可得志於天下矣⑧。

吉事尚左⑨，凶事尚右⑩。偏將軍居左，上將軍居右，言以喪禮處之。殺人之眾，以悲哀泣之，戰勝以喪禮處之。

---

①佳兵：銳利的兵器、或驍勇的兵將。

②物或惡之：萬物都討厭它。物：萬物，包含人類。

③不處：不用，不輕易使用。

④貴左：以左方為貴。

⑤貴右：以右方為貴。

⑥恬淡：輕淡施為，不以取強。

⑦勝而不美：打勝仗了也不該以此為美為樂。 美：美事、樂事。

⑧得志於天下：得天下人心之歸服。

⑨尚左：以左方為上位。

⑩尚右：以右方為上位。

31 兵者不祥之器

上一章說明用兵乃不得已而為之，本章接續上一章，繼續說明用兵戰爭乃不祥之事，必須抱著哀矜勿喜的心態對待之。

> 夫佳兵者，不祥之器，物或惡之，故有道者不處。

老子說，兵器，是不祥的東西，大家都討厭，有道者不輕易使用。

一般傳統習俗，生活吉慶或各類典禮中的位序，皆以左方為尊貴、以右側為次位。宮庭朝議時，君王面前兩側群臣列位侍立，亦以左方為尊貴、右方為次之。然而起兵作戰時，大將軍主導戰事大權，是君王所最倚賴的重心，但卻侍例於君王右側，藉此表達人君對戰爭這種凶禍之事，並非其之所欲所貴所願者，若非到不得已是不會用兵的，故須哀矜勿喜。

> 君子居則貴左，用兵則貴右。兵者不祥之器，非君子之器。

於是老子說，平時，人君總讓較尊貴的臣子列於左側，但是用兵作戰時，則將倚賴重心的大將軍置於右側；因為，用兵殺生乃是凶禍不祥之事，本就非是人君所當採用的。

　　興兵作戰是不得已的，不該以作戰來建立功業，在不得
已而用兵時，也當懷抱哀矜勿喜
的心態。老子說，就算不得已而
得用兵，也需心地仁慈、輕淡
施為為主；就算是打勝仗，也
不該以此為美為樂。若以此為
美為樂者，必是樂好殺人者。
樂好殺人者，是無法獲得天下
人心歸服的。

> 不得已而用之，恬淡
> 為上，勝而不美，而
> 美之者，是樂殺人。
> 夫樂殺人者，則不可
> 得志於天下矣。

　　一般生活禮俗亦然，吉慶事
務典禮都以左方為上，凶事喪
禮習俗則以右方為上。興兵作
戰時，規制上就是權責較高的
上將軍居右、權責較低的偏將
軍居左，這是因為用兵作戰是凶禍不祥之事，比照一般凶
事喪禮習俗為之。

> 吉事尚左，凶事尚
> 右。偏將軍居左，上
> 將軍居右，言以喪禮
> 處之。

　　用兵作戰殺人無數，是該
悲泣哀痛，就算戰勝，也該以
凶事喪禮來對待的。

> 殺人之眾，以悲哀泣
> 之，戰勝以喪禮處
> 之。

32 道常無名樸

道常無名樸①，雖小②，天下莫能臣也③。侯
王若能守之，萬物將自賓④。天地相合，以降
甘露，民莫之令而自均⑤。

始制有名⑥，名亦既有，夫亦將知止⑦，知止可
以不殆ㄉㄞˋ⑧。譬道之在天下，猶川谷之與江海。

---

①道常無名樸：「道」是無可
言稱的渾沌樸真玄一。 道
常：即「道」，因剛健不息
故加曰「常」。 另一說以「常」
為「總是」解。

②雖小：渾沌樸真虛玄的一團，
敘述上，每每就像是一個小
東西一般。

③莫能臣：不能把它視為部下。
臣：視其為臣，意為「輕視」、
「忽視」。

④自賓：自適自得；即最適性
發展。

⑤民莫之令而自均：人民無法
控制或命令雨露，但它卻自
然而然的均霑大地。

⑥始制有名：開始分設制度部
門、並給予名稱與職責。

⑦知止：知所節制、或停止。
本章指的是「體道行道並駕
馭節制利欲貪念」。

⑧不殆：不危險；保持太平。

「去甚、去奢、去泰(29)」的「知止節制」是修己體道的關鍵第一步；在國際關係上，出兵作戰是不得已而為(30)，寧是哀矜勿喜的(31)。在人類社會組織的運作上，必是分割部門與設定職權，各部門之運作亦必須知止節制，方可使組織平安長久，此為本章主軸。

「道」，看不見、聽不聞、搏不得，渾沌樸真、惚恍窈冥、虛玄混一，無法言喻名稱。道，通常的描述就只是一個無可名喻的樸真混一，雖說起來像是一個小東西，但是天下卻無人可以忽視它。因為「道」創造與長養天地萬物，而且終至於生生不息、恆古長存。

> 道常無名樸。雖小，天下莫能臣也。

道之運行法則，無私無己且普遍性無差別對待，萬事萬物因此得以各就一己功能與角色去達最適性的發展與發揮。若侯王能持守實踐道法，其治理養護的百姓，沐浴化育於道法之下，將能各得最適性發展。人人各得道法沐浴，是普遍無差別的，就像天光地氣交感和合而降下甘露雨水，人類無法控制但卻必然均霑四方，具普遍性的無差別。

> 侯王若能守之，萬物將自賓。天地相合，以降甘露，民莫之令而自均。

32 道常無名樸

　　然而人類群居社會的發展，總是會開始分立設定各個部門權責與名目，於是整體之內，就會產生部門與部門間的利欲權力爭鬥，形成內耗與破壞。有鑑於此，分割後各部門的權力行使，必須主動或被動的有所節制。部門之間的爭鬥，究其實，依舊是人類利欲貪念的本性作祟；故部門權力之節制，終歸仍得訴諸於人類對利欲貪念的知所節制。

　　人類貪欲習性，具有加速深化的慣性；貪性一出，往往就會難以阻遏的持續變本加厲。於是，有能力知所停止或節制者，才有能力遏阻貪婪本性的變本加厲。實踐上，「知止」就是對任何事物永遠保持謙抑節制的內心，是道法「靜虛用無」的一種實踐。人若心性「知止」，則分割後各部門就可以「知止」，於是整體組織即是實踐著大道法則，爭鬥內耗消弭，各個部門皆能最適性的發展與發揮，共演和鳴協奏，總體組織(或國家)於是長治久安。

> 始制有名，名亦既有，夫亦將知止，知止可以不殆。

　　所以，老子說，人類社會總會開始分割設定部門與職權，但設立後的各部門，其運作亦當體道行道知所節制。唯有謙抑節制方可使組織長治久安。

　　這一段話可以為是第 28 章「大制不割」的闡述。大道是無法切割的樸真混一，但其之運用卻能產生無窮盡的能量。

人為法則卻專好於組織內再行切割部門與單位，往往使得運作無法效率；補救之法，就是管理者(或統治者)必須奉道行道，借著道法串流而貫聯各分立部門，使其運作儼似一個未切割的整體一般。「謙抑節制」就是道法的具體實踐。

　　道，這一個無可名喻的樸真混一，每每講起來，就像只是一個小東西，但天下萬物卻由它創造長養終而剛健不息。**假若舉個比喻說明大道之於天下，那麼可以說，就像是川谷之於江海一般**；川谷看似雖小，但大江大海卻因它匯聚流注而得以壯闊偉大。

> 譬道之在天下，猶川谷之與江海。

33 知人者智

知人者智①，自知者明②。勝人者有力，自勝者強③。知足者富，強行者有志④。
不失其所者久⑤，死而不亡者壽。

---

①智：智識與才見。

②明：明澈洞微的觀照力。

③自勝者強：時刻勝過自己，才是具有不斷自我克制利欲貪念的剛強心志。自勝：勝過自己；意指「自我克制利欲貪念」。強：剛強(的心志)。

④強行者有志：持續不斷堅行

剛強者，終能達致清澄寧定的心志。強：即前句「自勝者強」的「強」。行：堅行。有志：達清澄寧定的心志。

⑤不失其所：不離大道宴居之所，指的是「時刻不離道法」、「與道和同」。

本章提出「自知、自勝、知足、強行」等等概念，專門闡論「謙抑節制」的「用無」態度；若能如此，即可契合大道。

依人類法則本性之推演，則人際關係必然就是一連串虛偽禮儀所包裝的一種模式。言不由衷、行不由心，總是內外表裏不一；尤其，涉及利害則更易偽裝欺瞞，暗地圖謀己

私己欲。於是，人生充滿了被他人傷害出賣的纍纍瘢痕，而政治或商場更由此而書寫了代代興衰的頁頁史冊。人類用情嗜利欲包裝掩飾自己，也用一己情嗜利欲去判斷別人，於是情嗜利欲就像天羅地網般的綿密包裹著人際，想要認清一個人，勢必相當的困難。

在如此虛偽堆疊的天羅地網中，能真正看清認知一個人的，那必是大智慧之人了。但是這樣的大智慧之人，善於知人，卻未必能夠認清自己。知人論人，比方倫匹、褒貶與奪，無利害相關者，可盡其客觀之能；但評價審視自我，卻每每不自覺的寬容輕放、自以為是，不自覺的為自我利欲情嗜所糾葛蒙蔽，以致心境不清、思慮不明，而無法通幽洞微的觀照己身。於是老子說，知人者，乃具有智慧才見之人；但自知者，才是具有洞微己身之澄澈心志的人。

> 知人者智，
> 自知者明。

不斷追逐最大利欲的人性，注定了不斷爭奪戰鬥的人生。有本事者、有力量者，或者透過聯合勾結，於爭奪的戰場中可以勝過別人。勝過別人，其所展現的是當下有了足夠的力量；但具有足夠力量可以勝過別人而奪取利欲者，卻未必能夠勝過自己。勝過自己者，必是時時刻刻不為一己利欲情嗜所驅使，而復歸於澄澈心志的觀照省視，因此必須確實實踐時刻戒慎省視，以防利欲的起心動念。如此不斷的一日勝過

33 知人者智

一日之自我，終至於清澄寧定，這樣的自勝過程與實踐功夫最難，非是至強心志無法企及。所以老子認為「勝人者力、自勝者強」，亦即，能勝過他人者，乃具有足夠力量之人；但能夠時刻勝過自己者，才具有了不斷克制利欲貪念的剛強心志。

> 勝人者有力，
> 自勝者強。

自勝，簡單說，就是時刻不斷的謙抑自我、克制利欲貪念，其實，這正是實踐靜無的功夫，必須時刻為之而不容「有欲」現於一瞬，因此是一種時刻「剛強」的心志。能自勝者，必能自知，亦必能知人與勝人，此為「用無」之妙用。

內省自反的功夫，永遠是更難於對待別人的功夫。人類欲念一生，就具有加速深化擴大的慣性，難以阻遏。知足者，打從心底對一己需求與欲望的時刻謙抑與滿足，故而能夠走向無貪無念，遂使鬥爭逐利不生、得而恐失與失而痛苦不生，心境總能滿足與喜悅。知足者，必然不爭，「夫唯不爭，故無尤(8)」。因此，知足者心境永遠滿足與無尤，最為富有。對利欲貪念的時刻謙抑與不爭，就是一種「大道無為」的實踐功夫。

> 知足者富

「自勝」與「知足」具異曲同工之妙，是不斷的自我謙抑克制利欲貪念，堅行此等品性實踐者，即本文所謂「強行

者」。本文提到「自勝者強」，故「強行者」就是不斷堅行自勝功夫者，就是不斷堅行自我謙抑克制貪欲者。於是老子說：**不斷堅行自勝功夫者，可達清澄寧定的心志，而近於大道；並進而與道和同的長久存在，僅管未來身體滅亡了，同於大道的心志，依舊不死而長存著。**

> 強行者有志。不失其所者久，死而不亡者壽。

「自勝」用於人類社會，也可以是一個相當有用的生活態度與企業競爭法則。

人總是會不斷的與他人比較，比強、比好、比懂、比突出。殊不知，若不能不斷的自我超越與成長，則能力將永遠停留原地，拼命的與人比較，就算勝得了一次、未必能勝得了第二次。歸根究底，要能不斷超越競爭同儕，唯有不斷的精進成長、不斷的超越自我。自勝才是勝人的根本。

企業競爭亦復如是，若不能不斷的在研發製銷上超越自我，則保得住當下市場份額，未必能保得住未來份額。不能自我成長卻想方設法要勝過他人，還不如，專心於積極提升自我、不斷超越自我，即可拋開原來競爭對手的威脅與糾纏。企業競爭的法則，表象在於追求勝過競爭對手，實質核心則

33 知人者智

在於追求不斷的超越自我；唯有自我不斷的成長與進步，對手才沒有威脅力量。自勝才是勝人之道。

自知也是相當重要的一個特徵。一個人能夠確實知悉自己的優點與短處，才能走對方向來不斷的成長自我；一家企業知道自己的優勝與劣勢，才能有效率的提升自我競爭能力。自勝的過程，植基於自知的先決條件。自知與自勝，是一個人處世的最積極態度，也是企業競爭得勝的不二法則。

老子之哲學，「因無而有、恒無則恒有」，「有之以為利，無之以為用(11)」，故「用無」者，「用之或不盈(4)」、「虛而不屈，動而愈出(5)」、「綿綿若存，用之不勤(6)」。自知與自勝的不斷精進過程，正是與他人比較之心思，逐漸變淡變無的過程，亦即是，利欲情嗜逐漸的變淡變無，終而回歸於「靜無」，達致用之不盈的最大量能境界。此亦如同老子第48章所言，「為學日益，為道日損。損之又損，以至於無為。無為而無不為。」

34 大道氾兮

大道氾兮①，其可左右②。萬物恃之而生而不
辭③，功成而不有④，衣養萬物而不為主⑤。
常無欲，可名於小⑥；萬物歸焉而不為主，可
名為大⑦。以其終不自為大⑦，故能成其大。

---

①氾：普氾無私。

②其可左右：它可遍各處。

③萬物恃之而生而不辭：大道
　為萬物之所依恃而生生不
　息，卻不予以干擾。 辭：
　主宰、干預。

④功成而不有：大道運轉天下，
　功成事就，卻不居功自矜。
　有：居功、自矜。

⑤衣養萬物而不為主：大道長

養萬物，卻不據有。 主：
擁有、據有。

⑥可名於小：萬物感覺不著而
常常忽視它，以致於它似乎
很微小。

⑦可名為大：無可忽視，似乎
極其玄深廣博之偉大。

⑧不自為大：不自認為自己玄
大。

本章可以視為第 2 章「萬物作焉而不辭，生而不有，為而不
恃，功成而弗居。夫唯弗居，是以不去」這一概念的繼續闡
述。

34 大道氾兮

老子說，大道普氾無私，週遍十方。大道，萬物依恃而生生不息，但卻不給予干預；運行天下，功成事就，卻不居功；長養萬物，卻不據有。這一相同的概念已於第 2 章有所論述；大道正因如此特性，往往不易為人察覺其之存在。

> 大道氾兮，其可左右。萬物恃之而生而不辭，功成而不有，衣養萬物而不為主。

道法無為的成功治理，使人民「虛心弱志、實腹強骨(3)」，竟「不知有之；而皆謂我自然(17)」，百姓是完全不知自己是被治理著、而都認為是自我發展的自然結果；於是，百姓也不會覺得有「道」的存在了。另外，大道法則即是自然法則(25)，人類身為自然界的一份子，對此日常生活時刻沐浴其中的自然法則，就像呼吸之於人身、空氣之於生命，當然幾乎已是被忽視而不察覺其存在了。可是，空氣與呼吸卻是生命的不可或缺元素。大道之於萬物，亦同於此。

> 常無欲，可名於小；萬物歸焉而不為主，可名為大。以其終不自為大，故能成其大。

所以老子說，大道無欲無為，萬物總是感受不著，就像微塵般的常被忽視，故可名曰「小」；萬物總歸大道長養，大道卻不以此據有，如此玄深廣博，故可名曰「大」。但因其總是不自認自己玄大，故真能成就其玄大。

35 執大象天下往

執大象①，天下往。往而不害，安平太②。
樂ㄩㄝ與餌③，過客止④。道之出口⑤，淡乎其無
味，視之不足見⑥，聽之不足聞，用之不足既⑦。

---

①大象：大道。

②太：一說「泰」。

③樂ㄩㄝ與餌：音樂與食物。

④過客止：短暫停留。 過客：
　形容短暫之意。 止：停留。

⑤出口：給予、輸出。

⑥不足：即「不」的意思；底
　下同解。

⑦不足既：不既；沒有窮盡。
　既：窮盡。

本章仍是描述大道本質，與第 14 章同，讀者可同時參考該章。

老子說，能執守大道者，天下人都會去歸從他。因為，歸從一個執道之人，不僅無害、還能得到安平康泰。

　　悅耳的音樂與快口的食物，這些喜悅都只不過是短暫的停留而已。而大道所給予的，雖淡而無味、視而不見、聽而不聞，但其作用能量卻是沒有窮盡的。

> 執大象，天下往。往而不害，安平太。

> 樂ㄩㄝ與餌，過客止。道之出口，淡乎其無味，視之不足見，聽之不足聞，用之不足既。

36 將欲歙之

將欲歙￢之①，必固張之②；將欲弱之，必固強之；將欲廢之，必固興之；將欲取之，必固與之。是謂微明③。

柔弱勝剛強。魚不可脫於淵，國之利器不可以示人④。

---

①歙￢：收藏、收斂；引申為「關閉、廢除」之意。

②必固張之：必定要反而擴展大張之。 必固：必定要；以下各處同解。

③微明：隱晦不易知的明見至理。

④國之利器：國家的重要事物或命脈；類同於「天下神器(29)」的用法，「神器」指天下是一個神聖偉大的東西。

老子之「無為」思想，可治理國家，可內修心志，但令人想像不到的，還可是一個積極的攻擊策略！足見一個偉大的思想，是如水一般的無方無狀、曲折隨形，不局限於一隅。本章是整本書中最特殊的一章，值得賞玩。

由 前幾章的論述中，我們已經清楚，老子「無為」思想的實踐第一步就是「謙斂靜柔」，他認為凡事「有為」則必

「物壯則老(30)」，故「不以取強(30)」；凡事「有為」則「因有而無(2)」，必然「為者敗之、執者失之(29)」，因為「揣而銳之不可長保、金玉滿堂莫之能守、富貴而驕自遺其咎(9)」。所以，天道無為的思想行為，必須「去甚、去奢、去泰(29)」與「不爭(22)」，就是謙斂靜柔。反之，凡是不能「去甚去奢去泰」者，必然不可長保、莫之能守、自遺其咎，必然「敗之失之」。若以此邏輯推演，則要讓一個人或一個單位消滅或敗無，策略思維上可以先積極的供給其利欲貪欲，讓他坐大，隨後他必然開始逐步驕縱、迷亂與失序，招致更多敵人的嫉恨與厭惡，然後再隨著社會輿論與公眾趨勢進行削弱剪除。此一策略思維雖與老子形象落差得令人訝異，但卻具有其理論邏輯一貫的理性必然。

　　因此老子在這裏說到：想要縮編的，定要予以擴張；想要削弱的，定要予以強化；想要廢除的，定要予以興舉；想要奪取，定要讓出不爭。這是隱晦不易知的明見至理。確實，這樣的見解、甚至這樣的實務操作，需要有著相當豐富經驗與歷練的人，方能體會與進行。

> 將欲歙之，必固張之；將欲弱之，必固強之；將欲廢之，必固興之；將欲取之，必固與之。是謂微明。

36 將欲歙之

　　以上之論述，總而言之，用有追有者(人道法則)，處處盡顯剛強鋒芒與榮耀，一如第 28 章所謂的「雄、白、榮」，必然不可長保、莫之能守、自遺其咎，終究「敗之失之」。相反的，用無者(天道法則)，即是無為，處處皆是靜柔謙歙與渾樸不爭，一如第 28 章所謂之「守雌、守黑、守辱」，必然「無敗無失(29)」，而「天下莫能與之爭(22)」。前者乃剛強鋒芒與榮耀，後者乃靜柔謙歙與渾樸不爭，故柔弱者可勝剛強。

> 柔弱勝剛強。

　　靜柔謙歙與渾樸，可以「知足強行(33)」的清澄寧定與滿足，而剛強鋒芒與榮耀，則容易招來敵人與自招災禍而敗亡。就像魚龍，安於水淵王國則可悠遊自在、穿梭飛巡、甚至跳躍而出水面；但若一旦自傲自是、浮誇炫耀、剛強任性，一大躍而上了岸地，就樂極生悲了。相同的，鎮國之寶乃天下罕有珍貴，若低調收藏、隱之不露，則得以安然保全；而若竟是四處示人、浮誇炫耀、強出鋒芒，則必然招致覬覦、惹來劫奪。

> 魚不可脫於淵，國之利器不可以示人。

　　魚龍不可浮誇而離水，否則必定敗亡；國寶不可炫耀而四處示人，否則必招覬覦。凡事堅守靜虛用無，低調謙和、柔弱靜默，方可長保安平。

————————

實際日常生活中，許多詐騙公司或股票作手所使用的「養套殺」，可說是本章策略的不良運用；毒販以好友分享好東西，誘引無知者吸毒，亦是。許許多多的陷阱毒藥，多是包裝於糖衣、美人、利多的初期誘惑之中，都是養套殺的手段。

　　奉行老子學說者「用無」，因無而有；未奉行老子學說者，即行人道中的利欲法則而不斷「用有追有」，結果是「因有而無」，這是必然的邏輯趨勢演變。因為，更大「利欲貪有」的奪得，更易流於驕傲矜滿、炫耀吹噓、放縱怠慢、與無視禮法，更是暴露弱點、招惹敵人、誘人計奪，而最終「自遺其咎(9)」而底於失落與敗無。所以老子勸人「持而盈之，不如其已(9)」，亦即謙斂靜柔與渾樸不爭，回歸道虛的本質。

37 道常無為而無不為

道常無為而無不為①，侯王若能守之，萬物將
自化②。化而欲作③，吾將鎮之以無名之樸④，
夫將不欲⑤。不欲以靜⑥，天下將自定。

---

①道常無為而無不為：大道無
為而無所不得。 道常：即
「道」，因剛健不息故加曰
「常」； 另一說以「常」為
「總是」解，一如「道常無
名樸(32)」的解釋。 無為：
無一切利欲情感驅動的行
為思想；亦即，踐行無己無
私的行為思想。 無不為：
無所不能為；意味著，所想
要的項目無不可以取得

②自化：最適化的自行發展；
與「自賓(32)」同意。

③化而欲作：自化發展過程中，
利欲思想行為總會蠢蠢欲
動。 作：萌生。

④吾將鎮之以無名之樸：侯王
需持續行道用無作為壓制。
吾：指前一句之侯王。 鎮：
壓服、安定。 無名之樸：
同「無名樸(32)」，指無可言
稱的渾沌樸真大道。

⑤夫將不欲：使其不起利欲貪
念。 夫：發語詞。 將：使
得。 不欲：不起利欲貪念。

⑥以靜：歸於虛靜自然。

本章講述侯王持道行道，則全民即可自然演化而臻於清靜寧
定，一如第 17 章所言「太上不知有之」、「百姓皆謂我自然」。

　　第 2 章談到，天道對萬物，無差別對待的「作焉而不辭」、無私無己的「生而不有」、「無慢無喜」的「為而不恃」、以及無欲無念的「功成弗居」。大道如此「無為」，是以萬物恃之而生、而功成、而受衣養(34)，如是一切善果得生；同時「夫唯弗居，是以不去(2)」，如是善果更因大道無為而得以永存。這就是老子無為思想的核心，亦即「因無而有、恒無則恒有」的概念；於是老子在本章總結如斯「無為」神妙，而說「道常無為而無不為」。簡單說：**大道無為，故無所不能得。**

> 道常無為而無不為。

　　大道用無，是以宇宙萬物得以剛健不息。「去有」而「無為」，則能量反而源源不絕，其之妙用，一如「用之或不盈(4)」、「虛而不屈，動而愈出(5)」、「緜緜若存，用之不勤(6)」、「用之不足既(35)」之所述；又如第 11 章「有之以為利，無之以為用」、「聖人用之，則為官長(28)」之所謂。上位若能以「無為」治理，則「萬物將自賓(32)」，百姓與萬物將會自然的最適性演化與發展，道化的百姓「不知有之(17)」而「皆謂我自然(17)」。

　　老子在本章再次提到「侯王若能守之，萬物將自化」。侯王若能堅守無為，一如大道，則在普遍無差別的道法沐浴化育之下，**萬物各個將自然的最適性演化與發**

> 侯王若能守之，萬物將自化。

展，且「百姓皆謂我自然(17)」。此句已於第 32 章提出過，此處之「自化」完全等同於第 32 章的「自賓」。

37 道常無為而無不為

　　以「去有」「無為」出發，卻反而能「無不為」的達到了人類法則所追求的一切功名利祿。然而，人類本性之追求利欲，必然於實踐仿道無為的過程中，隨時隨地不知覺的蠢作動生，唯有時刻警醒的內省檢視，並及時斷除，方能慣性的養成「見素抱樸、少私寡欲(19)」，終至於真正的恒常「無為」。

> 化而欲作，吾將鎮之以無名之樸，夫將不欲。不欲以靜，天下將自定。

　　於是老子說，在實踐道法達至最適性道化發展的過程中，利欲心思總會隨時蠢作動生，吾人必須不斷的堅行道法以為壓制，才能真正達至無欲無念。慣性的不起欲念，才能歸於清靜寧定，則天下即可自然安定。

　　「無名之樸」即第 32 章「道常無名樸」的「無名樸」，其實，指的就是「大道」本身。

38 上德不德

上德不德①，是以有德②；下德不失德③，是以無德④。上德無為而無以為⑤，下德無為而有以為⑥。

上仁為之而無以為⑦，上義為之而有以為⑧。上禮為之而莫之應⑨，則攘臂而扔之⑩。

故失道而後德，失德而後仁，失仁而後義，失義而後禮。夫禮者，忠信之薄⑪，而亂之首⑫。

前識者⑬，道之華⑭，而愚之始。

是以大丈夫處其厚⑮，不居其薄⑯；處其實⑰，不居其華。故去彼取此⑱。

---

①上德不德：上德者渾然不覺的行德。 不德：自然自主、渾然不覺的行德；德已經內生化入己身部分。

②有德：人德合一，德內化於人，是以此人有德。

③下德不失德：下德者用心惦念著要去行德。 不失德：

不忘要行德。

④無德：人德分離，德只是為人運用的一個外在項目或工具，並非內生化入一己部分，故此人無德。

⑤無為而無以為：行無為是自然自發的內生化行為，故渾然不覺自己在行無為。 無

38 上德不德

為：無「有為」，即無一切人為法則利欲情感驅動的行為思想。 無以為：渾然不覺自己正行「無為」。

⑥有以為：有施行「無為」的心思感覺。

⑦上仁為之：上仁者行仁。 仁：寬厚親愛。

⑧義：合宜正理。

⑨上禮為之而莫之應：上禮者行禮時，對於那些沒回應或不遵行的，會……。 禮：規範儀式。 莫之應：沒有回應。

⑩攘臂而扔之：伸出手臂拉引之。引伸為「會去督促他遵行」。 攘臂：伸出手臂。 扔：刻意去拉引。

⑪薄：不足、衰薄。

⑫首：開始、開端。

⑬前識者：先見之明者。此處用以代表「智」，巧智機變，專以一己慧詰奇藝以巧取謀得名利、甚至詐偽奪取者。

⑭華：同「花」，是根幹之末，引伸為「道」之末。

⑮大丈夫處其厚：體道修己者立身敦厚樸實。 大丈夫：體道修己者，類同「聖人」之謂，唯聖人更偏向於體道治國者。 處：立身、持守。 厚：敦厚樸實；與「忠信之薄」相對。

⑯不居其薄：不同流於忠信衰薄之類。 居：同流、同處。

⑰處其實：立處大道本源。 實：大道本質；與「道之華」相對。

⑱去彼取此：去「薄與華」者，取「厚與實」者。

本章針對行「無為」者做了等級的分類，分類的依據是以實踐無為是否達到內生化慣性為準，分類的論述相當精彩，值

得再三賞玩與體會。借此，老子鋪陳出「道德仁義忠信禮智」等各種德性禮節規範，其距離大道無為之遠近。

我們先以人類呼吸做為本章的開端說明。人類不呼吸空氣，就無法生存，但對於呼吸這行為，雖分秒不能或缺的運作著，卻從不曾用心、掛意、懸念它，而忘了它的存在，就是那麼自然的、自主的就呼吸了；此時的呼吸是人類具有的一種內生功能。如果哪天人類對於呼吸，還必須用心掛意去運作它，那就代表呼吸有了困難，而成為一種不自然、不自主的行為了，此時的呼吸行為，只是人類一個外掛的工具，一如汽車電腦般，並非是人類與生具有的。是以，內生化者，自然的就呼吸了，完全不覺得自己還得用心用力去運作呼吸；外生工具者，還得時刻提醒自己用心用力的去運作呼吸。

老子對德的劃分，亦是以「內生化慣性」做為準據。他說，**上德者**，德性已經內生化而與自身合為一體，於是自然自發的動作，**渾然不覺的行德，是以此人「有德」**。相反的，下德者，德性並無內生化入己身，只是一個外卦工具，使用時再去啟動它，因此，**總是用心惦念著要不忘行德，是以此人「無德」**。

> 上德不德，是以有德；下德不失德，是以無德。

38 上德不德

> 上德無為而無以為；下德無為而有以為。

於是，**上德者行無為**，會是自然自發的內生化行為，渾然不覺自己在行無為。相反的，**下德者行無為**，因尚未內生化入己身，還得隨時去留意著啟動，故會**知覺自己在行無為**。

老子一書中所謂的「德」，專指實踐大道的那些行為或品性。一般世俗規範下所謂的「美德」如仁義忠信禮智等行為，在老子書中，並不稱之為「德」，因為這些是人類利欲所驅動出來的行為與普遍規範，借以強化與實踐人類的利欲法則，故可說是「有為」或「用有」的品性行為，並不屬於「德」。人類利欲法則驅動出的普行禮節規範，大抵上包含仁義忠信禮智等等。其中，所謂「仁」，寬厚親愛，那是人類慈悲憐憫的感情表現；「義」，合宜正理，是人類利欲教化下的正當性，「忠信」亦屬於此一類型；「禮」，規範儀式，是維持人類社會運作的規矩與制約，已近於律令功能，不足論為人類品性了；「智」，巧智機變，專以一己慧詰奇藝以巧取謀得名利、甚至詐偽奪取，已是大道沉淪之地了。

仁義禮智四者，非德，但做為人類利欲社會的規範，老子仍認為可有等次之別。基本上，仁最上，義次之，禮為末，而智幾乎就是道的沉淪了。仁可說是大道不得之時，人類利欲支配之下的最高品性；普汎的仁愛也可以濃烈到內生化，

而渾然不覺。於是老子說，上仁者行仁，是自然自發的內生化行為，**渾然不覺於自己的行仁，**那是出於濃烈人性的親愛情感。其次，**上義者行義，總是刻意用心惦念著要不忘行義，**並非自發自然的內生化行為，因為它是出於利欲教化。最次等的，**上禮者行禮，對於沒回應或**不遵行的，還會出面施壓促其遵行，因為儀式規範已是近似純粹的強力制約。

> 上仁為之而無以為，上義為之而有以為。上禮為之而莫之應，則攘臂而扔之。

於是，依按近道遠近次序畫出的圖譜，相當清楚：道、德、仁、義、禮、智。當大道不存，就只能依賴著人類實踐道法用無（即行德）；當德性不存，就只能依著人類情感的仁愛心性；當仁性不存，就只能依著人類利欲教化的合宜正理來維繫。而最後，一旦義行不存，也就只能依著禮儀規範的強力制約了。

> 故失道而後德，失德而後仁，失仁而後義，失義而後禮。

一個社會若很大程度的依賴著「禮」，即是這個社會已是道微、德失、仁義不存。仁義不在，則忠信澆薄，此時的社會唯有依賴著禮儀規範去制約與管理著人類。因此可知，

38 上德不德

夫禮者，忠信之薄，而亂之首。

一旦禮儀普為社會依賴，就知該社會忠信品性已然澆薄，而忠信澆薄的社會必然意味著混亂的開始，也正因如此，才會亟需依賴禮儀規範做為制約。

道微德失、仁義不存、忠信澆薄，社會開始混亂，於是巧智機變者有機可乘。趁著社會人民混亂不安與苦悶不寧之際，利用各種慧詰奇藝，提供預測、謀劃、指引等等趨吉避凶之道，借此巧謀名利。因此可知，當巧智機變者普遍出現時，即是道法已然卑末微弱，而愚昧的社會正在形成。

前識者，道之華，而愚之始。

是以大丈夫處其厚，不居其薄；處其實，不居其華。故去彼取此。

是以，體道修己者，當安守於樸真敦厚，不當同流於忠信澆薄之屬；當堅守於大道本質，不當同流於道末巧智之舉。也就是說，體道者必去「薄與華」而當取「厚與實」以為修己。

39 昔之得一者

昔之得一者①：天得一以清，地得一以寧，神得一以靈，谷得一以盈，萬物得一以生，侯王得一以為天下貞②。其致之也③。

天無以清，將恐裂；地無以寧，將恐發④；神無以靈⑤，將恐歇；谷無以盈，將恐竭；萬物無以生，將恐滅；侯王無以貞，將恐蹶ㄐㄩㄝ⑥。

故貴以賤為本⑦，高以下為基⑧。是以侯王自稱孤、寡、不穀⑨。此非以賤為本邪？非乎？故至譽無譽⑩，是故不欲琭ㄌㄨˋ琭如玉⑪，珞ㄌㄨㄛˋ珞如石⑫。

---

①一：大道、道法。後世研究者常以「道一」稱謂「大道」，可參見第 42 章的進一步說明。

②貞：正。

③其致之也：「道」所致也。

④發：同「廢」。古書中這兩字互用者多。

⑤神：可指人之元神、亦可指谷神，總之是「造物者」代名詞。

⑥蹶ㄐㄩㄝ：挫敗、傾倒。

⑦貴以賤為本：尊貴的侯王是以輕賤卑微的人民為根本

的。　貴：侯王；尊貴的侯
王。　賤：人民；卑微的人
民。

⑧高以下為基：高位的侯王是
以低下的人民為基礎的。
高：侯王；高位的侯王。下：
人民；低下的人民。

⑨孤、寡、不穀：侯王的謙稱。
意指無德之人、寡德之人、

不善之人。　穀：「善」之意；
不穀即不善之人。

⑩至譽無譽：雖已達至高榮耀，
行為態度上卻仍如同沒有
榮耀一般的低調謙虛。

⑪琭琭：如玉之華麗。　琭：
玉。

⑫珞珞：如石之樸鄙。　珞：
堅硬的石頭。

天地得道而清寧、神聖得道則靈明，萬物得道則生生不息，
人能得道則清澈寧定，而侯王得道則執治天下。得道，得一
切；失道，失一切。故侯王雖已富貴高權，仍須時刻保持一
如成功之前的謙卑樸微，此乃大道法則之實踐，可確保國之
長存。本章析論主旨在此。

大道虛玄渾一、不可切割，如「此三者不可致詰，故
混而為一(14)」，故老子常以「一」來稱謂「道」，如「載營
魄抱一，能無離乎(10)」、「聖人抱一為天下式(22)」，本文「昔
之得一者」中的「一」亦是此義。

　　道，是宇宙天地萬物演化的總源頭、總動力，自古以來得道者則可生生不息。是以，天得道而清平、地得道而寧靜、神得道而靈顯、山谷得道而充盈、萬物得道而生化、侯王得道則天下正。這都是得「道」所致也。

> 昔之得一者：天得一以清，地得一以寧，神得一以靈，谷得一以盈，萬物得一以生，侯王得一以為天下貞。其致之也。

　　天若不得清平，恐將撕裂；地若不得寧靜，恐將廢墜；神若不得靈顯，恐將衰落；山谷不得充盈，恐將虛竭；萬物不得生化，恐將滅絕；侯王無以正天下，恐將敗亡。

> 天無以清，將恐裂；地無以寧，將恐發；神無以靈，將恐歇；谷無以盈，將恐竭；萬物無以生，將恐滅；侯王無以貞，將恐蹶。

　　得道，得一切；失道，失一切。道是萬象萬物之礎石根本，若脫離了這個根本，則天地廢裂、神衰谷竭、萬物滅絕、君侯敗亡。「道常無名樸，雖小，天下莫能臣也(32)」，它，看不見、聽不聞、搏不得，通常的描述就只是一個無可名喻的樸真混一，雖說起來像是一個小東西，但是天下卻無人可以忽視它。「常無欲，可名於小(34)」，它無欲無為，使得萬物總是感受不著，於是就像微塵般的常被忽視。也因如此，人們往往無知於它的存在，更不知謹行道法乃一切得益之根本源頭。

39 昔之得一者

　　人類的生活中，促成光榮顯耀的大道至理，時常淹沒於光榮顯耀之背後，常被無視；歸根究底，這個大道至理，也不過就是成功之前那渾樸踏實、磨礪淬鍊的忍辱謙卑過程。任何富貴必從卑微鄙事中逐漸磨礪成長而致，而且須時刻維持謙卑的初心，方能長久；高位者也必是從低下樸賤中逐階奮發功成而得，而且成功之後亦永保低下的初心，才能長存。不從卑微鄙事磨礪之富貴、或富貴後不能保有謙卑初心，則恐將敗無衰落；不從低下樸賤逐階而至之高位、或高位後不能常保低下初心，則恐將虛竭廢墜。不論已是如何富貴高權，必須常保當初那份謙卑低下之初心，因為這是富貴高權之所以得、之所以長存的根本，這正是大道至理於生活中的實踐。因為如此，老子主張說「貴以賤為本，高以下為基」。

　　就治國者而言，人民是治國之礎石根基，人民雖是相對輕賤低下，但得人民者，國將清寧充盈、生生不息，不得者，恐將廢墜衰落、虛竭敗亡。故治國者雖尊貴，但須尊重那輕賤的人民為國之根本，雖高位但須尊重那低下的人民為國之礎石。事實上，侯王時常謙稱自己為「孤」、「寡」、「不穀」，不正是尊重人民為本的意思嗎？不是嗎？

> 故貴以賤為本，高以下為基。是以侯王自稱孤、寡、不穀。此非以賤為本邪？非乎？

　　富貴高權之得，源自於謙卑低下，而其之可以長存，亦來自於持續的謙卑低下。於是體道行道者，雖然已是富貴高權，但行為態度上卻仍然一直不變的謙卑低下。所以老子說，體道者雖已達至高榮耀，行為態度上卻仍如同沒有榮耀一般的低調謙虛；體道者不願如璀璨玉鑽的展現榮耀光輝，而寧願像樸拙野石般的持續謙卑樸鄙。因為謙卑低下才是大道法則的實踐，如此才能永保長存。

> 故至譽無譽，是故不欲琭琭如玉，珞珞如石。

―――――――――

　　「至譽無譽，是故不欲琭琭如玉，珞珞如石」所欲表達的，在於提醒富貴高權的成功者(或王侯)，必須謹守大道法則之「謙卑不爭」，唯有如此，才能長時保有既得的富貴高權。這一句話與前面章節有著相互呼應，例如，「作焉而不辭，生而不有，為而不恃，功成而弗居(2)」、「不自見故明，不自是故彰，不自伐故有功，不自矜故長。夫唯不爭，故天下莫能與之爭(22)」、「萬物恃之而生而不辭，功成而不有，衣養萬物而不為主(34)」、「不自為大故能成其大(34)」；也與第41章所描述者相似。

40 反者道之動

反者道之動①，弱者道之用②。天下萬物生於
有，有生於無。

---

①反者道之動：「反有」乃大
道起動的開始。 反：反有、
去有，亦即人類法則一切產
物的對立面。 動：開端、
開始。 人類法則即利欲情

感驅動法則。

②弱者道之用：柔弱不爭乃是
道法無為的積極運用。 弱：
道法無為之柔弱不爭。 用：
運用、作用。

老子這書從第 1 章起迄今，一直強調著天道與人道的差異。
天道法則用無而終至剛健不息，人道法則用有卻總是爭鬥迷
亂。於是，一個人要能時刻心境清澄寧定，一國人君要想國
家長治久安，只有拋棄戒絕人類法則的「有為」，而行大道法
則之「無為」；亦即「反有去有」而「用無」。

　　大道「無為」的輪廓與意義，本是抽象難懂而無法具
體實踐的概念，但老子建立「無有相生(2)」二元理論架構，
於是只要從人類法則「有為」的對立面去想像與實做，即是
「無為」的具體影像與明確方法，由此「無為」變成一個可
以實踐與操作的具體概念。亦即，「反有去有」變成了「用無」

的實踐起點。老子說「反者道之動」，
意即「反有乃大道起動的開始」，也
就是說，站到人類行為法則的反向去，
即是道法無為的起動。

> 反者，道之動。

積極抑制與戒絕人類利欲情感驅動，就是無為(或用無)
的積極作為，一如前面各章所述，那就是心志與行為上積極
的靜柔謙抑與不爭，是人欲的極弱化與
淨化。因此可以說，**柔弱不爭乃是道
法無為的積極運用**。

> 弱者，道之用。

站到「人法有為」的對立面去思考與實做，此一「反有
去有」啟動了「大道無為」的門徑；而「柔弱不爭」則具體
的運用了「大道無為」的力量。於是大道「無為」發揮其妙
用，而得以創生天地；天地也才得以創
生長養萬物。天下萬物是「有」、天地
是「有」，是故，**天下萬物乃生於「有」**，
而「有」則生自於「無」。

> 天下萬物生於
> 有，有生於無。

人類「有為」之利欲法則，用有追有，處處盡顯剛強鋒芒與
榮耀，如第 28 章所謂的「雄、白、榮」一般，其結果必然「因
有而無」，故必然「物壯則老(30)」、「不可長保、莫之能守、

40 反者道之動

自遺其咎(9)」，終究「敗之失之(29)」。

　　老子中心思想即是「去有反有」而「用無」。「用無」是心志的靜柔謙抑與不爭，是「虛心弱志(3)」、「見素抱樸、少私寡欲、絕聖棄智(19)」，是「不如其已(9)」、「知止(32)」、與「知足(33)」，就如第 28 章之「守雌、守黑、守辱」，而能「無敗無失(29)」、「可以不殆(32)」、「天下將自定(37)」、且「天下莫能與之爭(22)」。這些都是積極弱化與淨化人類利欲情感驅動本性的功夫。

　　截至目前章次，老子關於「去有用無」的論點，已經很多，請讀者繼續參閱本書附錄關於各章次句段中「因無而有」的總整理。

41 上士聞道

上士聞道，勤而行之。中士聞道，若存若亡①。下士聞道，大笑之，不笑不足以為道。

故建言有之②：明道若昧③，進道若退，夷道若纇④。上德若谷⑤，大白若辱⑥。廣德若不足⑦，建德若偷⑧，質德若渝⑨。大方無隅⑩，大器晚成⑪，大音希聲⑫，大象無形⑬。

道隱無名⑭。夫唯道，善貸且成⑮。

---

①若存若亡：若有若無。 亡：無。

②建言：過去留下來的立言。

③明道若昧：體悟明澈大道者，必低調隱微仍如若不知一般。 昧：幽暗不清的樣子。

④夷道若纇：平順悟知大道者，必謹細明慎仍如若窒礙難行。 夷：平順。 纇：絲的纏結，意指「阻礙」。

⑤上德若谷：合於大道之德，必靜柔虛無如若曠蕩空靈山谷。 上德：合於大道之德。 谷：引伸為「創造生養萬物之所」，亦引喻為「曠蕩空靈之虛無」。

⑥大白若辱：最偉大的榮耀，必虛心卑下如若仍處樸鄙忍辱一般。 白：如白晝一般，引喻為光華亮麗、功名榮耀。 大白：偉大的榮耀，亦指「合於大道的榮耀」。

41 上士聞道

老子書中之「大」都意涵著「合於道法」，來自於「吾不知其名，強字之曰道，強為之名曰大(25)」；以下各處同解。 辱：如樸鄙忍辱般的安居卑讓。

⑦廣德若不足：具廣大德性者，必收斂靜虛仍如若有所不足。

⑧建德若偷：具剛健德性者，必柔軟示弱如若閒散懶逸。 建：健，剛健。 偷：閒散懶逸。

⑨質德若渝ㄩ：具質實德性者，必清淡不華如若空無平實一般。 質：質地實在。 渝：應作「窬ㄩ」解讀，本意為門邊牆上的「圭」形小洞，亦可做為穿鑿、穿越的動詞使用。本文則解讀為「中空、空無」之意。

⑩大方無隅：偉大至理，必深遠玄博如若無邊際無角隅一般。 大方：大道理，亦可為「合於大道之至理」。 隅：邊角、邊際。

⑪大器晚成：偉大的功業或才能，必是費時長久磨練培養才能功成問世。 大器：有才能有出息之人；亦可引喻為大道、國家、或天下。

⑫大音希聲：最完美的音律，必完美到近乎不用聲音來表現。 大音：最完美的音樂。 希聲：聽不到聲音。

⑬大象無形：最偉大的名象，必是無形無狀。 大象：偉大的名象。

⑭道隱無名：大道總是隱微不現、混沌不清，難以名狀。

⑮善貸且成：善於施助長養萬物而底於功成。 貸：施助。

第 39 章「至譽無譽」是第 40 章「反者道之動」的一端，本章則是「反者道之動」更多端的生活釋例。既然站在人類利

182

欲情感驅動產物的對立面上，就是道之開端，因此一切光榮、進步、收穫、成就等等世俗利欲名位之加身，都必須以對立反面的思維來修正自己。於是，低調謙斂、空靈無爭、戒慎恐懼、靜虛柔弱等等，就是大道「用無」的具體實踐。

老子說，上等人聽聞道法，即刻勤勉力行。中等人聽聞道法，若無若有般聽進。下等人聽聞道法，卻嗤之以鼻大笑；這種人聞道不笑，則聽聞的「道」絕非是「道」。

> 上士聞道，勤而行之。
> 中士聞道，若存若亡。
> 下士聞道，大笑之，不笑不足以為道。

故前人有建言說：體悟明澈大道者，必低調隱微仍如若不知一般。精進持道有成者，必謙遜卑讓仍如若退步般的惶恐。平順悟知大道者，必謹細明慎仍如若窒礙難行。

> 故建言有之：明道若昧，進道若退，夷道若纇。

合於大道之德，必靜柔虛無如若曠蕩空靈山谷。最偉大的榮耀，必虛心卑下如若仍處樸鄙忍辱一般。具廣大德性者，必收斂靜默仍如若有所不足。具剛健德性者，必柔軟示弱如若閒散懶逸一般。具質實德性者，必清淡無華如若空無平實。

> 上德若谷，大白若辱。
> 廣德若不足，建德若偷，質德若渝。

41 上士聞道

大方無隅，大器晚成。大音希聲，大象無形。

偉大至理，必深遠玄博如若無邊際無角隅一般。最偉大的功業，必是費時許久磨練培養才能功成問世。最完美的音律，必是近乎不用發出聲音即能懾人。而最偉大的名象，必是無形無狀的。

是以，凡合於大道的事物項目，總是展現著靜柔空蕩、謙虛樸鄙、收斂靜默、柔軟安適、平淡無華，總是隱身於微末之中，而且總是無邊無際的玄深，無聲音無形狀的久遠長

道隱無名。夫唯道，善貸且成。

在。這正是因為，大道本質總是隱微混沌而難以言狀，正因為是這個如此虛玄的大道，方能善於施助長養萬物而且終於成就萬物。

42 道生一

道生一①，一生二②，二生三③，三生萬物。
萬物負陰而抱陽④，沖氣以為和⑤。
人之所惡，唯孤寡不穀⑥，而王公以為稱。故物
或損之而益⑦，或益之而為損⑧。人之所教，我
亦教人。強梁者不得其死⑨，吾將以為教父⑩。

---

①一：大道、道法。後世研
究者常以「道一」或「道無」
稱謂「大道」。

②二：即陰陽二氣。亦有解釋
為「天與地」者。

③三：陰陽二氣和合而化生的
所有事物，故總稱其為「其
它第三者事物品類」。

④萬物負陰抱陽：萬物本質即
是內部本有的那無有陰陽
二氣(或兩個面向)。負：背
負。抱：懷抱。

⑤沖氣以為和：陰陽二氣不斷
的消長變動以致和合相成
的演化。沖：本意如「道

沖而用之或不盈(4)」的「沖」，
指的是「虛無」，而虛無是
多變與不定的，因為陰陽二
氣(正反兩面向)不斷變動互
有消長的組合。和：和合、
交合；指陰陽二氣和合化生
的展現。

⑥孤寡不穀：無德、寡德、不
善。穀：「善」的意思。

⑦損之而益：減少施助才是有
益。損：減損。益：有益。

⑧益之而為損：增加施助反而
有害。

⑨強梁者不得其死：剛暴者終
將不得善終。強梁：剛暴、

42 道生一

暴躁。 不得其死：不得好　　⑩教父：座右銘、教本。
死、不得善終。

第 39-42 章，都在談生活中實踐大道的基本主要心性行為樣
態，就是「靜虛謙柔」、「無為不爭」。

如第 39 章所提及，大道虛玄渾一、不可切割，「此三
者不可致詰，故混而為一(14)」，故老子常以「一」來稱謂「道」，
如「載營魄抱一，能無離乎(10)」、「聖人抱一為天下式(22)」、
及「昔之得一者(39)」等。然本章則又有「道生一」的一段，
儼然是「道生道」的說法了，於是造成文獻上各種不同的解
讀。

但，在本書這不是問題，因為老子的立論本身就是一致
的。根據「反者道之動(40)」原則，因「去有反有」即是「用
無」之始，故「用無」即是「道之動」，或者說，「道之動」
即必然是「用無」此一「大道法則」的展演。因此，大道運
作法則是唯一的「用無」，此一「唯一法則」「用無」乃是道
體「動」而後所生，亦即「道體動而後生唯一法則之用無」，
故曰「道生一」，「一」乃指「大道法則」或「用無」。

所以，前揭章次中，「載營魄抱一，能無離乎(10)」、「此
三者不可致詰，故混而為一(14)」、「聖人抱一為天下式(22)」、
「昔之得一者(39)」等，我們解讀老子所言之「一」為「道」，

就可理路貫通，無所阻礙，因為「道動即為用無」，而用無是唯一法則。也因此，文獻中許多言稱「道」為「一」、「道一」、「無」與「道無」者，都可獲得合理解釋。

另依第 2 章「無有相生」思想，則「用無」必伴隨「有象」之生，於是而有「一生二」之謂。「無有」二氣此一組相對立的兩個元素，亦可以「陰陽」二氣來總括，是萬象萬物的生成要素。陰陽二氣的消長增減演變組合，決定了某一事物的最終型態與構造，而成為二氣化生的第三者，此即是某一個或任一個個別萬物一員，這正是「二生三」之所謂。透過這些個別第三者事物彼此間的交合與不斷生息，即演生萬象萬物，故曰「三生萬物」。所以，萬物之源頭為「陰陽二氣」，而「陰陽二氣」乃源出於「用無」此一大道法則，此一法則則是「大道的運行」。

既然萬象萬物都是陰陽二氣所和合生成，故其本質就是陰陽二氣之組合，即所謂「萬物負陰抱陽」之謂。於是任何事物，總是由這兩氣不同消長組合所形成的最終一個形態，這個不斷消長組合的變動即是「沖氣」過程，亦正是「無有」不斷交併互現的虛玄過程，此正是道虛之本質。這個過程，每一達於某個均和狀態，則誕生一個事物樣態，是故，沖氣過程是在於調整兩氣而共和於一個均衡狀態，以長保該樣態之存在；這是「沖氣以為和」的意義所在，亦是大道法則之運作。

42 道生一

因此，老子說，道動則生「用無」法則（道生一）；用無法則必隨之伴生「有象」，而為無有「陰陽」二氣（一生二）；二氣併現交合而化生出個別物種（二生三），各類個別物種交合演化而生生不息演生萬物（三生萬物）。於是，萬物本質即是內部本有的無有陰陽二氣，是這對立二氣不斷消長變動以致和合相成的演化。

> 道生一，一生二，二生三，三生萬物。萬物負陰而抱陽，沖氣以為和。

陰陽二氣（或謂正負二元）本身對立而相成，是萬象萬物的基本組成元素，唯有兩者維持均衡，才能達致和諧之境。一方過盛即是偏於一執，則必須予以沖虛調和，以達均衡和諧，此為大道原理。是以，剛強陽氣過盛則當減陽，剛強陽氣不足則當增陽。例如，人們厭惡被他人說成是無德、寡德、或不善，則王公們就反而以此來謙稱自己，表示出高位權貴的謙虛與節制，此是沖氣為和的作法。相同的，在萬事萬物項目上，基於達到中和平衡，則過者抑之、不及者增之；有些項目需要減少施助才是助益，有些項目獲得增加施助反而是為害，必須謹慎辨別。

> 人之所惡，唯孤寡不穀，而王公以為稱。故物或損之而益，或益之而為損。

沖氣以為和，強調一切行為思想「守中(5)」，其針對人類利欲情感驅動的本性而言，最重要的就在於凡事必須「去甚、去奢、去泰(29)」、「勿矜、勿伐、勿驕、勿強(30)」、與「不爭(8,22)」，總而言之，就是堅守於謙斂靜柔與不爭。切記，凡是過度的行為，終是「物壯則老，不道早已(30)」的結果。用強或者剛暴，是一種過度的行為，是一種人類利欲本性的強烈追求，大大的違背了道法，必然早早就會敗無與滅失的。所以老子說，**別人把這些道理教給我，我也把它教給大家；剛暴者終是不得善終，我將以此做為座右銘。**

> 人之所教，我亦教人。強梁者，不得其死，吾將以為教父。

「強梁者不得其死」與「柔弱勝剛強(36)」意義類同，及至第 43 章言「天下之至柔，馳騁天下之至堅」與第 52 章談「守柔曰強」，老子都一再的強調「柔弱」是大道無為之妙用。柔弱，看似柔弱，卻是最強。我們往往看到，颱風來襲時大樹被橫腰摧折，小草卻是軟綿彈性的隨風搖曳而終得安然無缺。

道生一，一生二，二生三，三生萬物，這樣的論點，頗與德國哲學家黑格爾(Georg Wilhelm Friedrich Hegel, 1770-1831)

的三段式思想契合，他認為，人類歷史軌跡總是循著「正反合」的步驟前進。

　　一個先出現或是既存事物(或命題)，若設定其為原始點或「正題」，則必然會存在著「反」命題。任何既存的事物或命題，在社會中不可能百分之百為所有人接受，勢必受到一些不同意見或事物的質疑與批評，這些不同意見或事物，我們稱其為「反題」。於是任何當下顯著或主流論調者，可被視為「正題」，而反對或批評的論調即為「反題」。正題在受到反題的批評、攻擊、與挑戰時，過程中，反題的內涵會隨著時間而愈為豐富，同時，正題也會為了防禦批評與挑戰而漸漸充實改變自己的內涵。於是，正題與反題皆處於隨時間而質變的過程。最終，不論是反題挑戰成功而為多數所接受的流行價值，還是正題防禦成功而得以持續保有大數接受的主流位置，事實上，當下時點那一個普為大眾接受的現存命題，必然已經不同於早先正題或反題的內容了。於是當下這一個經過攻防後所形成的新社會既有命題或事物，我們稱其為「合題」。

　　這個合題，就是原先正題與反題互相攻防較勁卻產生交融淬礪的結果，我們可以視它為一個新的正題，新的起點；於是乎，另外的反對與批評力量就會慢慢再形出現，新一輪的正反攻防就會慢慢的開始蘊釀、生長、與展開。因此，再

次正反命題的攻防交融後，又將形成另一個新的合題；而這個合題，又成為另一個新的正題起點 ……。如此不斷的「正反合」辯證推進，演繹出了社會與歷史的發展軌跡。

＊＊＊

若攀附易學的發展，則「道生一」又被解讀成「無極生太極」，謂「一」者「太極」，而道體本身乃為「無極」。是以，太極分判二氣，清者上升為天、濁者下沉為地，天地始判，然後才有「第三者」受孕育而生，終而萬物並發。

43 天下之至柔

天下之至柔①，馳騁②天下之至堅②。無有入無間③，吾是以知無為之有益④，不言之教⑤。無為之益，天下希及之⑥。

---

①天下之至柔：指「虛無」、「用無」。

②馳騁：馬車的奔跑。 此處作為「駕馭」解。

③無有入無間：虛無可入沒有間隙之處。 無有：即「無」，譯為「虛無」。 無間：沒有間隙。

④無為：不採行人類法則的一切產物，包括行為思想、策令規制、與風俗禮節。 人類法則就是利欲情感驅動法則。同於第2章。

⑤不言之教：不倡言一切人類法則的思想主張與教化。同於第2章。 配合文意，此處之「教」可譯為「教化的力量」。

⑥希：少。

老子主張靜與柔，因此特別喜愛「水(8)」，同時，第36章也提到「柔弱勝剛強」。於本章，老子進一步說明天下至柔者乃「虛無」，它是天下最大力量的來源。

老子於第8章談「水」，無方無狀、曲折隨形，變化多端。天下之物，唯有水可以同時廣泛的固態、液態、氣態

同存，是為至柔之物。如此至柔之物，功能多端且力量無比，可凝冰如剛、化氣細入、成霧涵潤、鍊瀑斷木、滴水穿石、淵聚浮舟；可蝕腐鋼鐵、沖斷橋梁大樓、淹沒村莊。如此等等，駕馭著天下至堅之物。

　　然而在老子心目中，水並非天下至柔。第 10 章謂「專氣柔致」，專志潛修心性以達虛無靜定；虛無靜定才是天下至柔。虛無，渾沌迷離，「視之不見，聽之不聞，搏之不得，其上不皦，其下不昧，是謂無狀之狀，無物之象，是謂惚恍。迎之不見其首，隨之不見其後(14)。」是以無處不在、深入細微、甚至充斥於毫無間隙之所，這才是真正至柔。大道因也虛無，而生養天地萬物、高山巨礦、海嘯巨風、雷擊電毀、日月星辰、細胞原子…，因此，就算是天下宇宙最堅硬的東西，依舊是虛無所創生長養的駕馭著。

　　因此，老子說，虛無乃天下之至柔者，可駕馭著天下至堅之物，可存在於沒有間隙的空間。我於是知道無為的好處與不言的教化。無為的好處，天下事物沒有比得上它的。因

> 天下之至柔，馳騁天下之至堅，無有入無間。吾是以知無為之有益，不言之教。無為之益，天下希及之。

為，無為與不言正是大道虛無的具體展現，而虛無則是天下之至柔。

43 天下之至柔

歷史中，我們知道，一國命運掌握於皇帝，然而皇帝政策卻可能深受後宮后妃影響。從許多偉大的或失敗的君主，我們都看到了背後其所寵愛女人的影響痕跡。俗語亦說，成功的男人，其背後必有一個偉大的女性。這些都說明了，這個世界看似男人堅強的開疆闢土、發號施令、立功創業，但其背後女人靜柔伴隨卻產生了主導成敗的關鍵力量。於是，成功者莫忘了，至少一半的功勞來自於任勞任怨、低調靜柔的身旁女人。許多自然界案例，不勝枚舉，都足以再三說明柔弱的力量與堅強。例如，海水倒灌或暴雨瀑下，樹折屋倒、橋毀路斷，但小草卻可能殘喘得生；同時在此狀況下，細菌病毒蔓延，人類牛馬卻發病倒地。

關於柔弱的論述，出現的相關章次如下，可供參考：「上善若水(8)」、「柔弱勝剛強(36)」、「強梁者不得其死(42)」、「守柔曰強(52)」、「柔弱者生之徒(76)」、「弱之勝強、柔之勝剛(78)」等，讀者亦可參閱附錄的更多整理。。

44 名與身孰親

名與身孰親①？身與貨孰多②？得與亡孰病③？
甚愛必大費④，多藏必厚亡⑤。故知足不辱⑥，
知止不殆⑦，可以長久。

---

①親：珍愛。

②身與貨孰多：身命與財富，
　何者較貴重呢？ 貨：貨利
　財富。 多：貴重。

③得與亡孰病：得功名財富與
　失去身命，何者傷害較大呢？
　得：得功名與財富。 亡：
　亡失身命。 病：傷害、為
　禍。

④甚愛必大費：貪愛名利必然
　付出巨大代價。 甚愛：過
　分貪愛名利。 大費：高昂

代價。

⑤多藏必厚亡：貪歛財富必然
　導致重大損耗。 多藏：過
　度歛聚名利。 厚亡：沉重
　的損失。

⑥知足不辱：知足就不會有任
　何挫折辱敗的情緒。 足：
　滿足喜悅。辱：挫折辱敗。

⑦知止不殆：知止則不會有任
　何危險困頓的出現。 止：
　淡泊不爭。 殆：危險困頓。

本章與第9、32、33章所述者雷同，著墨於抑制與棄絕利欲
貪念，強調知足與知止的謙抑節制品性。

44 名與身孰親

老子問，功名與身命，何者較珍愛呢？身命與財富，何者較貴重呢？得功名財富與失去身命，何者傷害較大呢？這樣的比較，相當清楚，似乎是根本不用比的。但人類社會卻又似乎不盡然如此，總想不開、參不透，總在利欲貪念驅動之下，拼命捨身也要爭奪功名財富。

不斷的爭奪功名與斂聚財富，將為名利情欲所宰制與驅動，墮入盲目迷戀而加速沉溺於利欲追逐之中。在利欲強烈主導之下，得不到是痛苦、得而復失是痛苦；得到了，卻陷入恐失、不滿足與不安全的狀態，加劇了去競奪更多功名財富的心理。結果是，時刻的鬥爭競奪、分秒不得停歇；伴隨而至的敗無喪失之傷害與恐失不滿足的痛苦，也是分秒不得停歇。不論如何，利欲的驅動與推展，最終結果就是痛苦、傷害、或敗無。因此，老子說，貪愛名利必然付出巨大代價，貪欲財富必然導致重大損耗。

人類貪欲習性，具有加速深化的慣性；貪性一出，往往就會難以阻遏的持續變本加厲。知足者，無貪無求，必然不爭；凡事不爭，則可以無過無怨(8)，而得以滿足喜悅。知止者，謙抑節制，不為情緒利欲所支配，總有能力知所當止，

自然的遏阻了貪婪本性的加速深化慣性。於是，不會墮入「甚愛必大費、多藏必厚亡」的狀態。知足與知止，就是道法無為的具體實踐，是心志的虛無靜柔。

於是老子說，知足就不會有任何挫折辱敗的情緒，知止則不會有任何危險困頓的出現。如此修身即可樂命長久。

> 故知足不辱，知止不殆，可以長久。

本章之「知足不辱」與「知止不殆」，與第 32 章「知足可以不殆」、第 33 章「知足者富」，都是相同的意思。

45 大成若缺

大成若缺①，其用不弊②。大盈若沖③，其用不窮。大直若屈④，大巧若拙⑤，大辯若訥㐌⑥。靜勝躁⑦，寒勝熱⑧。清靜為天下正⑨。

---

①大成若缺：完美的成功，必看似虛懷匱缺的樣子。大：偉大、完美、亦可釋為「合於大道者」；老子書中之「大」都意涵「合於大道」，乃來自於「吾不知其名，強字之曰道，強為之名曰大(25)」；以下各處之「大」皆同解。成：成功、功業。

②其用不弊：其之作用不疲。弊：同「敝」、「疲」，是破舊、疲累、失敗的意思。

③大盈若沖：最完善的美滿，必看似謙克沖和的樣子。盈：美滿。沖：即「道沖而用之或不盈(4)」之沖，亦如「多言數窮，不如守中(5)」

之中，都是指涉「大道虛無」，意味著謙克沖和。

④大直若屈：偉大的剛正耿直，必若柔軟撓曲而委宛一般。直：剛正耿直。屈：同「曲」，作「柔軟撓曲」解。

⑤大巧若拙：最成功的巧技新法，必看似樸實拙誠一般。巧：奇技巧藝。

⑥大辯若訥㐌：完美的能言善辯，必看似內歛澀訥一般。辯：能言善辯。訥：不善於說話。

⑦靜勝躁：清澄寧定以駕馭外在感覺情緒的惑亂佻動。靜：靜默湛寂、清澄寧定的心田。勝：駕馭控制。躁：

浮動狂躁、情欲放任馳騁的心思。

⑧寒勝熱：清虛空靈以控制外在熙嚷情欲的激昂迷亂。
寒：清虛空靈、清澈明秀的心田。　熱：熙嚷繁鬧、情欲馳騁的心境。

⑨天下正：天下得治。　正：模範般的治理。

本章可視為第41章「上士聞道」之續篇，說明合道品性，其表現都反而是謙克沖和、虛軟柔靜、樸拙內斂，雖是光榮顯耀，但不會有光榮顯耀的亮麗。這是真正大道虛無的具體實踐。

第42章提到「道生一、一生二」，於是大道創生長養的萬事萬物，都是「負陰抱陽，沖氣為和(42)」，總是由陰陽二元同時的交併呈現演化。這其中，道動而生「用無」這一唯一法則，而「用無」後，基於「無有相生(2)」，必然隨時伴隨著「有象」，於是成為「無有」的時刻交合併現，從而決定了萬象萬物的最終樣態。此一過程，清晰的說明了「一生二」，亦即大道法則之「用無」演生了「無有陰陽」二氣之交併和合。而且，這過程再次說明與確認，唯有「用無」才能終至得「有」之原理。

「用無」之有益，如第11章所論「有之以為利，無之以為用」，亦即，任何事物之所以能具有利益，正因為「虛無」之作用。因此，一個人若想取得功名利益諸類「有欲」，反而

45 大成若缺

必須反向的持守於大道的虛無，亦即持守著「謙斂靜柔」的實踐。若不如此，而是持續緊抱人類法則「以有追有」的「過甚」，必然「自遺其咎(9)」、「大費、厚亡(44)」、或「民爭、民盜、民心亂(3)」，終究會「因有而無」的「敗之失之(29)」。

時刻持守虛無本質的謙斂靜柔，則「因無而有」使功名利祿隨之臨身。但處於「得有」之時，仍須隨時堅守虛無原則，而繼續持守謙斂靜柔的實踐，就像「無為」修行仍有缺憾與不足的樣子，以控制利欲加身後可能的浮滿。這樣持續的虛無心態，一者，正是大道法則的運行；二者，免於名利當頭而沖昏了心理，誘發了利欲心思；三者，就實際狀況而言，亦可不生他人的仇視對立與眼紅嫉妒，更利於做事。持續保持「虛無」本質的謙斂靜柔，才可持續保「有」。

不能持續保持「虛無」本質的謙斂靜柔，再怎麼好的美德都是枉然。例如，剛正耿直雖是一項美德，但往往容易讓人覺得受到刺傷屈辱或下不了台，而使事情不易圓融或完成。巧技新藝，雖有可能改善事物、增進便利，但往往與當下風俗慣念不和，讓人覺得難安而不易接受推行。能言善辯，雖可口若懸河、咄咄逼人致人無法回辯，卻往往不易真正折服對方、不易使人心悅誠服接納。這些剛強的品性與行為，必須以「虛無」本質的謙克沖和與虛懷渾樸為之，才能達成目的，亦正是「有之以為利，無之以為用(11)」的意義。

於是老子說，最完美的成功，必似虛懷匱缺的樣子，則其作用可以不疲。最完善的美滿，必似謙克沖和的樣子，則其作用可以不竭。

> 大成若缺，其用不弊。大盈若沖，其用不窮。

偉大的剛正耿直，必若是柔軟委婉一般；最成功的巧技新法，必若是樸實拙誠一般；而完美的能言善辯，必若是內斂澀訥的樣子。

> 大直若屈，大巧若拙，大辯若訥。

第 26 章言「重為輕根，靜為躁君。輕則失根，躁則失君」，本章提出相同的說法，謂「靜勝躁、寒勝熱」。「靜」則達致清澄寧定，「躁」則挑動感覺情欲；「寒」乃清虛空靈之心志，而「熱」為激昂迷亂之情欲。持守謹行道法者，以靜制躁、以寒抑熱；總而言之，「以無馭有」，這就是「用無」。因此老子說「靜勝躁，寒勝熱」，亦即，清澄寧定以駕馭外在感覺情緒的惑亂挑動，清虛空靈以控制外在熙嚷情欲的激昂迷亂。

> 靜勝躁，寒勝熱

靜與寒，基本上都是指心境的清靜空寧。奉持用無而致清靜空寧，則修己者得以人身合道長生，治理者得國家長治久安。是以老子最後總結說：**清靜空寧得天下長治。**

> 清靜為天下正。

45 大成若缺

━━━━━━━━━━

一個人的功成名就,「人和」因素來自於兩個方面:內有團隊的通力協助,外無樹大招風的敵視力量。而這樣完善的人和環境,完全來自於自己成功的營造,其中最大關鍵要素必須是自己「虛無謙斂、靜柔不爭」。這樣的品性,雖是虛無與不爭,卻是「天下莫能與之爭(22)」。因為,這樣的品性,團隊成員願意賣力、輿論傾向友善,內外人和具備。大道之所以剛健不息、恆古常存,亦正是「虛無」所致。

46 天下有道

天下有道，卻走馬以糞①。天下無道，戎馬生於郊②。

禍莫大於不知足③，咎莫大於欲得。故知足之足，常足矣。

---

①走馬以糞：以戰馬來播種田畝。 走馬：善走之馬，可作戰、可供競賽。 一說「策馬」，策為動詞，為「駕、策」之意。 糞：同「播」，或作「施糞」解，即播種田畝之意。

②戎馬生於郊：連豢養於郊外繁殖用的母馬也都被帶來充當戰馬。 生於郊：古時母馬都被圈養於郊區，專用來繁殖小馬。

③莫大於：莫過於。

本章與「知足者富(33)」及「知足不辱(44)」相互呼應著，是對「知足」進一步的闡述。

天下有道得治，戰馬都被下放去播種田畝；天下無道戰亂，豢養於郊外繁殖用的母馬也都被帶來充當戰馬。戰爭如此的勞民傷財、荒廢田耕，最為人民所痛恨。

> 天下有道，卻走馬以糞。天下無道，戎馬生於郊。

46 天下有道

　　但睽諸歷史，人類的利欲貪念，卻使戰爭一直不斷的上演。利欲貪念一旦起動，一則因欲得變大而致驕滿炫耀與放縱傲視，增易了招惹對立仇恨與嫉妒攻擊；二則，因利欲變大而致心境更難以滿足，誘生了更多的競奪爭鬥。於是，災禍、掠奪、甚或戰爭兵亂必然隨之而至。於是老子說，人類最大的禍害莫過於「不知足」，最大的罪殃莫過於「貪欲」。唯有知足不爭者，才有時刻的滿足。

> 禍莫大於不知足，咎莫大於欲得。故知足之足，常足矣。

47 不出戶知天下

不出戶，知天下①；不窺牖ㄧㄡˇ，見天道②。其出彌遠③，其知彌少。是以聖人不行而知④，不見而明⑤，不為而成⑥。

---

①不出戶，知天下：不走出戶外即可知悉天下。本文真義是在於「固守玄妙內心明鏡、棄絕外在感官知覺，即可洞察天下局勢演化。」

②不窺牖ㄧㄡˇ，見天道：不需探頭窗外即可看到天地自然運轉。本文真義與前面一句相同，在於「固守玄妙內心明鏡、棄絕外在感官知覺，即可體悟大道自然規律。」
窺牖ㄧㄡˇ：探頭至窗外窺看。

牖ㄧㄡˇ：窗。

③彌遠：愈遠。指離開心鏡明台愈遠，即是愈偏重於外在感官刺激。

④不行而知：不必出外遠行即可知悉天下演化。

⑤不見而明：不必透過觀察事項演變即可明見自然規律。

⑥不為而成：不必設定策令規制即可成功的長治久安。

第10章說到「專氣致柔。滌除玄覽」，第12章提及「聖人為腹不為目(12)」，這正是老子一貫的主張，體道修己的功夫，

47 不出戶知天下

唯有以深邃玄妙的內心深處去體悟一切知識道理。本章延續
這樣的概念，並進一步闡述。

玄妙內心深處，一如一部明鏡，是洞澈觀照道理的唯
一處所；修己者必須時刻勤於擦拭，使其無絲毫塵埃邪妄，
達致內心無念無欲，方可觀照大道至理，而不需假以他求，
如前一段提及，這樣的概念見諸於第 10 章與第 12 章，同時，
這也正是老子所說「常無，欲以觀其妙(1)」之奧義。

若不從心鏡明台著手，專志心性潛修，卻假以他求，那
則是靠著外在感官情緒知覺的刺激，內心必遭受蒙蔽而迷亂
於情欲外象，就無法省見大道至理；所以老子說「五色令人
目盲，五音令人耳聾，五味令人口爽，馳騁畋獵令人心發狂，
難得之貨令人行妨(12)」。

總而言之，修己者根本上要澄明心思、反觀內省，棄絕
外在五官刺激感覺，返樸歸真於清澈玄妙的內心明鏡，以此
隨時勤於觀照與實踐，則必見大道至理。既知大道至理，即
知天下演化與自然規律。因此老子說，
不出戶，可推知天下局勢演化；不
外望，亦可洞察大道自然規律。文
中的「出戶」或「窺牖」，都是意指透
過外在身體感官情欲的體驗、感受與刺激，是必須予以棄絕

> 不出戶，知天下；
> 不窺牖，見天道。

206

的。如果反向而為，愈依賴於「出戶」與「窺牖」，則愈將陷入情欲貪念的蒙蔽與糾葛，大道至理的體悟只會愈為難得。

因此老子又說，愈依賴於外在身體感官情欲以取得經驗知覺者，所得到的真知明見就愈少。

> 其出彌遠，
> 其知彌少。

是以，體道之人，專志於心性潛修，固守於心鏡明台的內省自觀，全不假諸於外在身體感官情欲的體驗與知覺，故不必出外遠行即可知悉天下演化，不必透過觀察事項演變即可明見自然規律，不必設定策令規制即可成功久治。

> 是以聖人不
> 行而知，不
> 見而明，不
> 為而成。

48 為學日益

為學日益，為道日損①。損之又損，以至於無為②。無為而無不為。

取天下常以無事③，及其有事④，不足以取天下。

---

① 損：減低利欲情感驅動。
② 無為：不採行人類法則的一切產物，包括行為思想、策令規制、與風俗禮節。人類法則即利欲情感驅動法則。
③ 取天下常以無事：治理教化天下須以「無事」。 無事：不推行人類法則諸項目事務。「無事」的意義與「無

為」類同，兩者很難分割清楚，老子多數時候也是以「無為」包含「無事」。若兩者同現而硬要有所區隔，則可視「無為」偏於行為思想，而「無事」偏於項目事務。 取：攝化、治理。
④ 有事：即「無事」的相反；亦即，人類法則支配了行為思想與策令規制等等。

本章強調「用無」之妙用。無為則無不為、無為則可取天下，如斯神妙。

> 為學日益，為道日損。損之又損，以至於無為。

我們知道，研習學問是精益求精，一天進步多過一天。但是，體道學道則是不斷減低利欲情感，一天所減多過一天；持續不輟的減低，終至於無。

208

此時，不再會有任何由利欲情感所驅動的行為思想，即是「無為」。

達到無為，則「因無而有、因常無而恒有」；故無為者，將無不可得的。「無為而無不為」首次出現於第 37 章，總結著「無為」之神妙。天道用無，故對萬物乃無差別待遇的「作焉而不辭」、無私無己的「生而不有」、「無慢無喜」的「為而不恃」、以及無欲無念的「功成弗居」；於是，宇宙萬物得以剛健不息的長存。「無為」的能量是積極且源源不絕的，如同「用之或不盈(4)」、「虛而不屈，動而愈出(5)」、「緜緜若存，用之不勤(6)」、「用之不足既(35)」的描述。「聖人用之，則為官長(28)」，「侯王若能守之，萬物將自化(37)」，百姓自然道化而「不知有之(17)」且「皆謂我自然(17)」。

> 無為而無不為。

因此，**教化治理天下當須「用無」**。治理者之用無，重點在於，不推行人類利欲情感驅動的一切項目事務、策令規制、或美德禮節，稱之為「無事」。統治者一旦「有事」，即一旦**推行了利欲情感驅動的策令事項**，則人類利欲貪念法則將再度回歸並驅動支配一切，於是競奪爭鬥與追逐終將愈演愈烈，離道愈來愈遠，**就愈難以教化與治理天下了**。「無事」屬「無為」之範疇，只是偏重強調於不推行人類法則所驅動的各種項目事務。

> 取天下常以無事，及其有事，不足以取天下。

209

48 為學日益

「有為」，泛指一切由人類利欲情感的驅動，包括行為思想、策令規制、與風俗禮節；無為，當然就是棄絕一切人類利欲情感所驅動的產物。「無事」的概念，與「無為」所指涉的意義相同，但若硬要分判，「無事」比較強調於當政者應該讓國家人民休養生息，讓生活與治理簡單化，避免撓動攪混人民生活；對個人的修己也是如此。另外，「不言」亦與前二者意義雷同，但其所專門強調的面向，在於思想主張的倡言、教育與教化。

總之，無為、無事、不言，這三者意義雷同，都是「有為」的對立面，都是「用無」的實踐；多數時候，老子也都僅以「無為」代表之。

第 63 章另有「無味」一詞，強調的面向則在於不受外在身體感官情緒刺激去紊亂迷惑了內心。外在身體感官情緒亦屬於人類利欲法則的部分，棄絕這一情欲，即是「無味」，當然也是「用無」的實踐。

49 聖人常無心

聖人無常心①，以百姓心為心。善者，吾善之②；
不善者，吾亦善之；德善③。信者，吾信之；
不信者，吾亦信之；德信④。
聖人在天下⑤，歙ㄒ歙焉⑥，為天下渾其心⑦，
百姓皆注其耳目⑧，聖人皆孩之⑨。

---

①聖人無常心：體道治國者總
　是不堅持自己的想法。 聖
　人：體道治國者。 常心：
　固定或堅持的想法。 一作
　「聖人常無心」，聖人總是
　無一己想法。

②吾善之：我以善良對待他。

③德善：得到善良風氣的形成。
　德：同「得」；以下同解。

④德信：得到守信重諾風氣的
　形成。

⑤在天下：治理天下。

⑥歙ㄒ歙焉：收斂謙謹己心。
　歙ㄒ：收斂、收藏。

⑦渾其心：使心思回歸渾厚樸
　質

⑧注其耳目：專心聽與看。 注：
　專心、凝神。

⑨孩之：如孩童一般的施予教
　化長養。

49 聖人常無心

本章講述體道治國者之「治術」，收斂謙抑己心而以民心為本，並且要無差別的對待人民；這樣的過程，亦是一種以大道法則之「用無」，潛移默化人民的過程。

> 聖人無常心，以百姓心為心。

老子說，體道治國者並不堅持自己的想法，而當以民心為依歸，以民為本。

> 善者，吾善之；不善者，吾亦善之；德善。

百性善良的，我以善良回饋他；不善良的，我還是以善良對待他。日久之後，社會自然會形成善良風氣。

> 信者，吾信之；不信者，吾亦信之；德信。

相同的，百姓守信重諾的，我以守信回饋他；不守信的，我還是以守信對待他。日久之後，社會自然會形成守信重諾的風氣。

> 聖人在天下，歙歙焉，為天下渾其心。

體道者治理天下，收斂謙謹己心，化育天下人民使其心思回歸渾厚樸質。此時的人民一如嬰兒初心，總是充滿好奇、專注、與真心，因此，任何教化的推動，最能吸引其聽講與學習。於是老子說到：當天下人心思回歸渾厚樸

質本心之後，百姓必如孩童一般，
專注好奇的看、聽、學，於是
體道者就可成功的對其教化與
長養。

> 百姓皆注其耳目，聖
> 人皆孩之。

執政者於國家治理中，一者須體察民意，知道人民需要什麼；
二者，還須肩負教化的責任。前者，滿足人民當下所欲所求；
後者，則引導人民逐步往正確的軌道上走，本篇的正確軌道
當然就是「道化」過程。完全只做前者，猶如只會以「民意
治國」，卻失去社會長遠發展的基本規劃與精神；若只偏重於
後者，卻可能無法因應當前民意，於民主政治下恐難保政權。
本章中「以百姓心為心」與「為天下渾其心」，即某種程度的
呼應了前述執政者的兩議題。老子學於當代治術，仍是貼切
適用。

50 出生入死

出生入死①。生之徒②，十有三③；死之徒，
十有三；人之生，動之於死地④，亦十有三。
夫何故？以其生生之厚⑤。
蓋聞善攝生者⑥，陸行不遇兕虎⑦，入軍不被
甲兵⑧；兕無所投其角⑨，虎無所用其爪，兵
無所容其刃⑩。夫何故？以其無死地。

---

① 出生入死：從出生到進入死亡。

② 徒：作「屬」字解。

③ 十有三：依韓非子解，意指人身肉體的四肢九竅，合計十三，用以代表人身肉體。九竅者，兩耳、兩鼻孔、兩眼、口、前陰尿道、後陰尿道、後陰肛門。

④ 動之於死地：動往死地。死地：死所、死去；因死必埋於地，故稱死為死地。

⑤ 生生之厚：企望熱切追求長生。生生：永生、追求長生。厚：珍貴、珍重；熱切企望。

⑥ 蓋聞善攝生者：曾聽說善攝生者。蓋聞：曾聞。善：善於。攝生：控制保養身心。

⑦ 兕：古代一種似牛的野獸。

⑧ 不被甲兵：不為兵器所傷。

⑨ 無所投其角：無處可擊用其角。

⑩ 無所容其刃：無處可使用其刃。容：作「用」字解。

214

人類愛惜生命，說穿了就是在愛惜那副肉體而已，對於心靈養護卻予以漠視。老子於本章特別說明心靈養護的重要性，同時再次呼應著第 10、12、47 章「勤拭心鏡明台、專志心性潛修」的一貫主張。

老子說，人從一出生，就注定往死路走去。生下來時，就是一副肉體而已；死去時，還是一副肉體而已。而從一出生起，開始往死地走去的動態過程中，都還是那一副肉體而已。

> 出生入死。生之徒，十有三；死之徒，十有三；人之生，動之於死地，亦十有三。

為什麼說「都還是這一副肉體而已」呢？因為人類從生至死，念茲在茲者，都只珍重愛惜著肉體生命而已。

> 夫何故？以其生生之厚。

然而，生命不該只是肉體而已，心靈更是重要，當代人類對此認知已是不再爭議的事實；而遠在數千年前，老子就已經注意到這點，並於本章特別提出了說明。

人類的痛苦率皆來自於利欲貪念的不滿足。假若汲營計較於外在光榮利祿或挫辱屈失，則不論是得是失都將構成心

50 出生入死

理上的驚憂苦痛,即「寵辱若驚,貴大患若身(13)」。唯有拋開一身利欲思想行為,才能淡定的無視於功利或挫辱之增減波動,即可不再驚憂苦痛,即是「吾所以有大患者,為吾有身,及吾無身,吾有何患?(13)」。

老子主張「心物二元對立相成」,尤重於「心」,強調堅守用無,則會因無而有、因恒無而恒有。唯有仿效道法、持守「靜虛用無」,方能無絲毫動念於外在功名利祿的加身、以及其得失增減波動。如此,即能回歸清靜、返樸歸真,澄明清澈心鏡明台(10),觀照己身、亦燭見大道至理,思想行為於是同於大道而剛健不息。這樣的人,棄絕了利欲情感的驅動,心理上不會有任何挫折辱敗感覺,也不會招惹眼紅或爭奪結冤而引起危險困頓,而得以常保喜悅與滿足。

這樣的人,與道同行、與道長存,其生命並不往死地走去;正是「不失其所者久,死而不亡者壽(33)」、「道乃久,沒身不殆(16)」、「知足不辱,知止不殆,可以長久(44)」等意義。這樣的人,將不再有任何驚憂苦痛,這是因為「夫唯不爭,故無尤(8)」、「知止可以不殆(32)」、「知足不辱,知止不殆 (44)」、「禍莫大於不知足,咎莫大於欲得(46)」。這個人,體道同道,沒身不殆,是天底下最善於攝生的人。這樣的人,已無死地,已無死亡的恐懼。

　　人與動物一樣，一旦面對威脅或面對完全陌生的對象種類，恐懼就會促使他起而蓄勢、準備防衛、或準備攻擊以為防衛，對方見此一姿態則亦將隨之起而蓄勢準備防衛甚或攻擊。於是雙方將各自看到對方的攻擊起勢，各自誤以為對方要攻擊，結果果真觸動一場互攻戰爭。假若一方沒有恐懼、則沒有防禦性動作，也就不會引起對方的防衛或攻擊。就一個體道行道者而言，已無死地、沒有恐懼，就算碰上牛虎猛獸，其無所恐懼的清平祥和心境，會讓對方猛獸跟著不生出面臨威脅的恐懼，也就不會產生攻擊起勢或動作。於是老子在本章中說到：曾聽說善攝生者，入山不怕遇到牛虎、軍陣不怕碰上鬥戰；就算碰上了，野牛無處可擊用其角、猛虎無處可施用其爪、兵陣無處可使用其刃。何以如此？

> 蓋聞善攝生者，陸行不遇兕虎，入軍不被甲兵；兕無所投其角，虎無所用其爪，兵無所容其刃。夫何故？以其無死地。

大概就是因為他沒有了死亡恐懼，所以對方也就沒有了遭受威脅恐懼所自然而生的防禦性攻擊。

━━━━━

這一章的最後一段，對作者而言，或許是老子通書中最難解釋的句段。本處作者的解釋說法，剛好可以與第 55 章「毒蟲

不螫,猛獸不據,攫鳥不搏」前後互應。讀者可請留意第 55
章的說明。這兩章同時說明著「不爭」本性之特色。唯有一
己不爭,則他人就不會感受威脅,也就不會來行鬥爭傷害。
當代職場往往依管理學設計成同僚間的競合組織,於是每一
人總是散發著「爭取競升」的想法與心性,於是鬥爭總是不
斷的發生在同僚之間。

51 道生之德畜之

道生之，德畜之①，物形之②，勢成之③。是
以萬物莫不尊道而貴德。道之尊，德之貴，夫
莫之命而常自然④。

故道生之，德畜之，長之育之，亭之毒之⑤，
養之覆之⑥。生而不有⑦，為而不恃⑧，長而
不宰⑨。是謂玄德⑩。

---

①德畜之：德長養之。 德：
　老子之「德」專指大道法則
　的具體實踐品性與行為。
　畜：同「蓄」，蓄積培養。

②物形之：萬物長成了各自的
　構造與樣貌。 形：構形、
　形態、結構形狀。

③勢成之：萬物形成了各種的
　族類群聚。 勢：種類群聚
　的現象趨勢。

④莫之命：沒有命令或干涉。

⑤亭之毒之：化育淬礪之。 亭：
　化育之使其高潔。 毒：淬
　礪之使其堅強。

⑥覆：保護。

⑦不有：不據為私有。

⑧不恃：不自矜得意。

⑨不宰：不掌控主宰。

⑩玄：虛玄奧妙，同於「大」，
　皆是指稱「道」。德是大道
　的具體體實踐行為，故曰玄
　德。

51 道生之德畜之

第38章首先提出了「德」的意義與分類，本章起則開始談論「德性」的表現與作用。

老子所謂之「德」，專指那些實踐大道法則的品性與行為。道之本質為虛，其用為無、其象為有，「用無」或「無為」的具體實踐方法，就是所謂的「德」。由於道之本質為虛，「道」常被替稱為「玄」、為「虛」、為「大」或為「上」，於是「德」也因此常被冠稱為「玄德」或「上德」。

道，創生萬象萬物，以德長養之。於是，萬物得以長成各自的構造與樣貌，得以形成各種的族類與群聚。是以，萬物無不尊道貴德。

> 道生之，德畜之，物形之，勢成之。是以萬物莫不尊道而貴德

道之所以被尊崇、德之所以被珍貴，是因他們創生長養萬物，而任其自然發展，並不給予命令或干涉。

> 道之尊，德之貴，夫莫之命而常自然。

可以說，道創生萬象萬物，而以德滋長培作、化育淬礪、涵養保護。德，生利萬物卻不據為私有，化育萬物卻不自矜得意，長養萬物卻不掌控主宰。這是奧妙虛玄之德。

> 故道生之，德畜之，長之育之，亭之毒之，養之覆之。生而不有，為而不恃，長而不宰。是謂玄德。

52 天下有始

天下有始①，以為天下母②。既得其母，以知其子③；既知其子，復守其母④，沒已身不殆⑤。塞其兌⑥，閉其門⑦，終身不勤⑧。開其兌，濟其事⑨，終身不救⑩。見小曰明⑪，守柔曰強⑫。用其光⑬，復歸其明⑭，無遺身殃⑮。是為襲常⑯。

---

① 始：開始、源頭，此處指「道」。

② 母：根源。亦指「道」。

③ 子：母所生者，指「天下萬物」

④ 復守：回歸持守。

⑤ 沒已身不殆：至死不渝。殆：危險、不安；疲乏、疲困。

⑥ 兌：嘴、口。此處指「言語說話」與外在世界互動之門徑。

⑦ 門：耳目。意指人身對外世界感覺的出入門徑，故亦廣稱為眼耳鼻舌身五官感覺；五官亦稱五門。

⑧ 不勤：不奔波忙碌於外在感官利欲情嗜諸事。

⑨ 濟其事：忙碌作為於外在感官利欲情嗜諸事。濟：忙碌、施作。事：利欲作為之事。

⑩ 不救：無法脫困。救：制止、阻止、援助、使其脫困。

⑪ 見小曰明：洞見似存若無之細微，臻於澄澈清明心鏡。

52 天下有始

第 14 章說「視之不見、聽之不聞、搏之不著」，第 34 章說「可名於小」，故「小」可說是「道」的另一個代名詞。

⑫守柔曰強：堅守虛無柔軟，此乃自勝強行之志。 柔：虛無柔軟。 強：戰勝利欲貪念，即第 33 章之「自勝者強」。

⑬用其光：使用其大德光輝。

用：使用、借用。 光：大德之光輝；此處之大德是指上文之「見小」與「守柔」。

⑭復歸其明：回歸於澄澈清明之心境。

⑮無遺：不招致。 遺：招致。

⑯襲常：一直以來所襲用的常態法則。 襲：一直以來所傳習的。 常：常態法則。

本章論述「言語口說」與「五官感情」等人類利欲貪念，對體道者內在心思的蒙蔽迷障，應該克制與戒絕之，才能邁往澄明清淨。

道，創生天下萬物，卻是看不見、聽不著、摸不到。卻窺知大道至理，唯透過清靜寧定的心性去觀照天下萬物不息的循環。老子說，天下萬物有其根源，這根源就是「道」，就是天下萬物之母。洞知此母（大道法則），則可推知天下萬物的演化，此即為其子。既知萬物演化，則可洞悉大道法則、然後回歸堅守大道法則，至死不渝。本

> 天下有始，以為天下母。既得其母，以知其子；既知其子，復守其母，沒身不殆。

句中,「母」者,大道,亦可解為大道法則;「子」者,即大道化生之天下萬物。

但知悉萬物演化終而洞知與回歸堅守大道法則的過程中,時常易為外在感官情感的知覺體驗勾起貪欲瞋念,而對心志產生蒙蔽迷障;一如第 12 章所論,「五色令人目盲,五音令人耳聾,五味令人口爽,馳騁畋獵令人心發狂,難得之貨令人行妨」。因此,老子「治學」強調體道仿道之學,是完全依賴澄明清淨的心思,以之洞見觀照玄深的大道至理,而不能依賴於外在感官情感知覺的體驗,亦即是「聖人為腹不為目(12)」之所謂。腹,作用於「內」,意指澄修玄妙內心明鏡;目,作用於外,則指外在感官的情感刺激所得。外在感覺來自於「眼耳鼻舌身」五官,是人身與外在世界溝通管道門徑,亦稱為「五門」,而以「目」為首為代表。

嚴格講,「嘴吧」不從五官之屬,但它的功能與意義卻特別之大。它,是人與人之間互動、溝通、謀略、競爭、賞罰…等等一切行為心思的總代理;其之背後所代表的真正心思,可能是有心的遂行計謀企圖、掩蓋內心真欲、蓄意報復洩怨、引導情緒心智、炫耀能力利欲,或者是無心的傷人刺人、引發糾紛、致人生死…等等。顯然的,言語說話,是一個人追求利欲的一個有用工具,可以像利劍般傷人刺人、糖蜜般誘人惑人、雲霧般矇人弄人;自古以來,高功巨賈都有著一口

伶俐的言語說話。言語說話，基本上代理著心思利欲的總盤算，這加速了人類愈為遠離「虛無」的大道本質。因此，在體道仿道而行「靜柔虛無」修己時，第一個要謙虛低調的功夫，當在於收攝「言語口說」。這正與佛教中有所謂之「閉口禪」的「止語」、「禁語」，同一真義。

本章的「兌」即「口」，「門」即「五門」，兩者意義一如前述。塞兌閉門，即是關閉外在感官相關的一切刺激與利欲，避免內在心思為貪欲瞋念所蒙蔽迷障，如此方能真正達致澄明清靜。

總結而言，老子認為體道修己者，首要之務，即在於由心思與行為上棄絕利欲諸念，因此他說，棄絕口語言說諸利欲心思，關閉感官外在諸利欲刺激，則將終身不奔波於利欲情緒諸事。一旦口語言說諸利欲心思，追求感官外在諸利欲刺激，則終身將為利欲驅動而難以脫困。

> 塞其兌，閉其門，終身不勤。開其兌，濟其事，終身不救。

塞兌閉門，於是外在諸利欲情緒皆被抑制戒絕，心境隨之清澄寧定而通幽洞微，由此明見大道至理。通幽洞微即是「見小」，「小」者乃大道之最細微

> 見小曰明。

展現，亦可視為大道本身，即如第 34 章所言「可名於小」。

　　外在諸利欲情緒的抑制戒絕消弭，是一種節制謙抑的功夫，亦是柔弱虛無的類型，可以如此自我節制者即是「自勝者(33)」。老子說「勝人者有力，自勝者強(33)」，勝人者是具有勇力或智力，但勝過自己者是具有持續自我克制利欲貪念的剛強心力。自勝者強，亦即，持守柔弱虛無者，才是真正的剛強。

> 守柔曰強。

　　「見小」者，通幽洞微；「守柔」者乃「自勝者」，故曰「強」。通幽洞微與自勝，都是利欲情嗜的抑制與戒絕，正是大道的具體實踐，即是「大德」。所以，以「見小與守柔」之大德光輝具體行道，必然「因無而有」得致光榮利祿的加身。然而體道修己者，當不受此等加身利欲所迷亂，仍須回歸持守澄明清澈之心境，堅守著靜柔虛無，而常與大道同行，如此一來，即不會招致災禍挫敗上身。這是一直以來所傳知的常態法則。

> 用其光，復歸其明，無遺身殃。是為襲常。

53 使我介然有知

使我介然有知①，行於大道，唯施是畏②。
大道甚夷③，而人好徑④。朝甚除⑤，田甚蕪，
倉甚虛。服文綵⑥，帶利劍，厭飲食⑦，財貨
有餘⑧。是謂盜夸⑨。非道也哉！

---

①介然：堅定不移的樣子。

②施：據不同版本考證，當作「迆」字解，即「斜行延伸」。

③夷：平坦順暢。

④徑：斜路偏徑。

⑤朝甚除：朝庭養了更多官員。朝：朝庭。 除：台階。 甚

除：很多台階；代表很多官員的意思。

⑥服文綵：穿著以綵文飾的衣服。綵：五彩的絲織品。

⑦厭：同「饜」，飽足的意思。

⑧有餘：「很多」的意思。

⑨盜夸：大盜。 夸：大。

悟道修己之路甚為坦蕩，奈何世人專走偏斜，此為本章主旨。

使我堅定不移的知行於悟道之途，最怕的是走偏了方向。老子認為，事實上，悟道修己之途甚為坦蕩平穩，但一般人卻專好走上斜路偏徑，偏愛追求利欲情嗜諸事，而偏離大道坦途。

使我介然有知，行於大道，唯施是畏。大道甚夷，而人好徑。

結果弄得：朝庭養了更多官員，田園更少人耕種，倉廩儲糧更為空虛；衣著綵服、配帶利劍、享受美食，炫耀財富。這樣的人，盡求誇耀、炫富、奢侈，完全不管天下百姓生活與痛苦，是真正人民的大盜。這樣做，根本不循大道法則。

朝甚除，田甚蕪，倉甚虛；服文綵，帶利劍，厭飲食，財貨有餘；是謂盜夸。非道也哉！

54 善建者不拔

善建者不拔①，善抱者不脫②，子孫以祭祀
不輟⟨彳ㄨㄛ⟩③。

修之於身，其德乃真④。修之於家，其德乃餘⑤。

修之於鄉，其德乃長⑥。修之於邦，其德乃豐⑦。

修之於天下，其德乃普⑧。

故以身觀身，以家觀家，以鄉觀鄉，以邦觀邦，
以天下觀天下。吾何以知天下然哉？以此。

---

①善建者不拔：偉大的功業項
　目不易被拔除。 善：偉大、
　精擅。 建：建設、建立的
　功業。

②善抱者不脫：偉大的理論思
　想不易被沖失。 抱：抱持、
　主張、提倡。

③輟⟨彳ㄨㄛ⟩：停止。

④真：與道同體謂之「真」，
　亦可指「完美」之意。

⑤餘：欣喜滿足。

⑥長：長久安定。

⑦豐：發展繁榮。

⑧普：大同安和。

修德者，其德之於個人，必須達致如呼吸般的內生慣性，即
「上德不德，是以有德(38)」之謂，如此之德才能「不拔不脫」。

如此之德用之家鄉邦國之治理，方能安和、繁榮、與長存。
此為本章論述主軸。

任何項目或事業，只要做到精純熟練，就能占有一席
之地，不易被替代；但要能夠世代永遠流傳、受到感念，就
必須具備足以振憾與打動人心的面向。偉大的建築能夠經歷
數世紀，除其本身工事堅固之外，具歷史事績的活化意義，
方能被重視而獲得保存。任何傳遞數千百年的思想主張，絕
非僅是文字堆砌的一場遊戲，而必是契合時代與緊扣人類問
題的理論。

人類建立的歷史功業，亦復如此。
唯有深植民心才能「不拔不脫」。老子
說，偉大的功業項目不易被拔除，
偉大的理論思想不易被沖失，都會
不斷流傳後代並受到尊崇。

> 善建者不拔，善
> 抱者不脫，子孫
> 以祭祀不輟。

偉大功業或思想能夠長存不失，那是因為「深植民心」，
成為人民心中內建的一個認知慣性與歷史記憶。這樣的概念
用於體道修己，亦相當貼切。亦即，具體實踐大道無為的各
種思想行為品性，皆必須日積月累並成為慣性，成為內建於
身心之中的一個內生品性，與一己身心合一，如此即能不脫
不拔；如此，則一己身心就是與道合一，故而長久不殆。

54 善建者不拔

修之於身，其德乃真。修之於家，其德乃餘。修之於鄉，其德乃長。修之於邦，其德乃豐。修之於天下，其德乃普。

故以身觀身，以家觀家，以鄉觀鄉，以邦觀邦，以天下觀天下。吾何以知天下然哉？以此。

所以老子說：以「不拔不脫」的原理用之於修身，則其德同於道；用於修家，則其德使人欣喜滿足；用於修鄉，則其德使鄉里長久安定；用於修邦，則其德使邦國繁榮發展；用於修天下，則其德使天下同享大同安和。

因此，觀人身是否真德，則知該人是否合道；觀一家是否欣平，則知該家是否合道；觀一鄉是否久安，則知該鄉是否合道；觀一邦是否豐富，則知該邦是否合道；觀天下是否大同安和，則知天下是否合道。我為什麼能夠瞭解天下呢？就是憑藉著這樣的道理。

55 合德之厚

含德之厚①，比於赤子②。毒蟲不螫③，猛獸
不據④，攫鳥不搏⑤。骨弱筋柔而握固⑥，未
知牝牡之合而朘作⑦，精之至也；終日號而
不嗄⑧，和之至也⑨。知和曰常⑩，知常曰明⑪。
益生曰祥⑫，心使氣曰強⑬；物壯則老，謂之
不道，不道早已⑭。

---

①厚：最大、極大。

②比於赤子：可比之於嬰兒。

③毒蟲不螫：毒蟲不刺傷。
毒蟲：如蜂、蠍、蛇、虺之
類。 螫：含有毒腺的蛇、
蟲、蜂等，用牙或針鉤刺人
畜。

④據：抓取。

⑤攫鳥不搏：鷹隼不撲擊。
攫鳥：性情凶猛的鳥，如鷹
隼之類。 搏：鳥獸用爪翼
撲擊而捕取獵物；撲取、奪
取。

⑥握固：握拳牢緊。

⑦未知牝牡之合而朘作：
不懂雌雄交合之事，但卻常
常生殖器舉起。 牝牡：分
指動物之雌性與雄性。 朘
作：嬰兒生殖器舉起。 朘：
小男孩的生殖器。

⑧終日號而不嗄：終天哭
號，卻是嗓子一點也不嘶
啞。 號：哭。 嗄：啞。

⑨和之至也：陰陽調和所致。
和：氣沖以為和(42)，即陰
陽之氣混沌調和。 至：所

55 合德之厚

致；或謂極至。
⑩常：必然常態。
⑪明：清澄明澈。
⑫益生曰祥：得利欲增益卻稱
　其為吉事。

⑬心使氣曰強：欲念驅使心性
　而動，卻稱其為強。　氣：浮
　動、躁動，引伸為「行動」。
⑭不道早已：不合道法者，早
　早就會消失滅亡。

老子認為，「嬰兒」是人類生命的第一起點，正是大道「由
無到有」的轉折點，故其身上必然飽含「大道虛無」的特徵；
可以說，它就是大道的具體化像。本章強調，柔弱是具體實
踐大道的方法。

睽 諸嬰兒行為，無意念的自然自主、渾然不覺、容易
知足、無爭常樂，此一「無意無念、柔靜樸真」即是「虛無」
的意義，正是大道本質。是以，大道本質具體化像於嬰兒，
但卻隨著嬰兒年齡漸長，社會化漸深，利欲心思漸增，於是
「人意、人力、人欲」主導力量漸強，本質愈被蒙蔽而愈潛
愈深。因此，老子總愛說「嬰兒」，認為他就是一個飽含大
道特徵的人身，而回歸嬰兒，即是回歸大道。回歸之法，不
外乎就是體道法而堅定慣性的「靜虛用無」。
於是老子說，**飽含大德之修己者，可比
之於嬰兒了**。這也是老子在第 28 章「常
德不離，復歸於嬰兒」之謂。

> 含德之厚，比
> 於赤子。

　　體道修己者，無為無念、心境澄明，與道同和、而登至德；如同嬰兒時期，沒有一點心機，純一樸真，就像創造萬物的大道一般。對於這樣與道同行之人(嬰兒)，**毒蟲不刺傷他、猛獸不抓據他、鷹隼不撲擊他。**

> **毒蟲不螫，猛獸不據，攫鳥不搏。**

　　一般而言，動物會採取攻擊，除了最基本的飢餓需求之外，不外乎來自於安全感受到威脅。尤其不生活在一塊的動物，沒有互信狀態下突然相見，可能因油然而生的恐懼、驚慌、與不安，而逃離或者採取防禦性攻擊。物種的長年經驗累積或是歷史記憶，會於其潛意識中，對於敵視或陌生物種具有敏銳的嗅覺與感應；於是突然碰著了這些物種時，就會立即採取了必要的求生與自衛行動，逃離、防禦、抑或攻擊。

　　一些陌生物種的相遇，不熟悉且無互信，往往在看對方提升了防備動作時，容易誤判其為準備攻擊，於是己方就迅速採行攻擊反制。攻擊於焉產生。相反的，例如狗，一直是人類歷史上的忠實朋友，物種歷史經驗記憶著與人類不互相傷害的互信，於是和平相處。在歐美世界的許多廣場上，時常可以看到鴿子與鳥類群聚，和平的、不懼怕的在地上分食著人類的餵食。而人類入山卻往往多為猛獸毒蟲攻擊所傷，那正是因為存在著彼此物種歷史傷害的經驗潛識、或對於陌生物種的不安感，於是意識敏感的嗅出，可能隨時被傷害的氣場訊息，從而做出了攻擊式的防衛。

55 合德之厚

　　在老子眼裏，體道修己者回歸原始本無樸真、沖虛明心，其身上，那些人類累世歷史物種利欲、貪婪、傷害的潛質氣場，已經完全被淨化殆盡，而與大道虛無同質。此時其所散發的氣場，不再是人類利欲意識，不再是動物所畏懼、防禦、與攻擊的那股累世潛識氣息；而動物敏銳感覺也明確嗅出這樣的不同氣息，也就不會因為防禦而採取攻擊。體道真無之人，即如同嬰兒。嬰兒，如前所述，那是大道由虛無進入真有的一個起點，飽含著大道虛無本質；因此，老子才會做了這一段的敘述，認為毒蟲鳥梟猛獸不會攻擊嬰兒，亦即不會攻擊與道同體之修己者。這與第 50 章所論的「善攝生者」一樣。

　　再進一步從嬰兒特徵，看看他是如何的契合體現大道本質。嬰兒，筋骨柔弱綿軟，但是手掌握起來時卻是緊而有力；那是元氣無微不入、週遍全身之故，如同大道法則之「守柔而強」。不懂雌雄交合之事，但卻常常生殖器舉起，那是柔弱混沌中的一點真靈元氣，如同大道「其中有精、其精甚真(21)」一般。雖或終天哭號，卻是嗓子一點也不嘶啞，那是陰陽沖和所致，即是「沖氣以為和(42)」之意，故能如同大道一般，長久不失。

> 骨弱筋柔而握固；未知牝牡之合而朘作，精之至也；終日號而不嗄，和之至也。

　　嬰兒具有的特徵，守柔而強(10)、精元甚真(21)、陰陽沖和(42)，正是大道特徵。一個體道修己者，具如上特徵則如同回歸嬰兒(即回歸大道)，而與道同德，因此，「毒蟲不螫，猛獸不據，攫鳥不搏」。

　　「和之至」即「陰陽沖和」，正是大道本質的「混沌玄一」，合道者必然具有如此形態。所以老子說，了解「陰陽沖和之混沌玄一」乃大道本質常態，而能體悟這一常態，則內心即已清澈澄明。

> 知和曰常，知常曰明。

　　不幸的是，人類專做一些相反的行為，得利欲增益，而稱其為吉事；欲念驅使心動，卻稱其為強；其實「益生」與「心使氣」都是利欲貪念的驅動與不滿足，是背道而馳的行為。

> 益生曰祥，心使氣曰強。

　　須知，萬物成長過程，必由嬰幼、年輕、強壯、衰弱、年老，以至死亡；「強壯」之前，是成長上升階段，「強壯」之後，則是必然步入衰弱老化以至死亡的下跌階段。是以，合道者常守嬰兒、柔弱、謙虛，即常留於「強壯」之前的階段，不會面對衰弱老化死亡的必然，故可與道同行的剛健不息、長存不殆。相反的，若一味持續不斷的「以有追有」，不斷的「用強」「益生」「心使氣」的累積財富與滿足，則就

像把一己置於物種的強壯時期，必然步入此期之後的衰弱老化死亡階段，是以，必敗必失；此非合道行為。

所以老子說，「益生」與「心使氣」之「貪欲與用強」，置一己於如同事物強壯時期，而面對著步入衰老死亡的必然，這是不合道法的，因為不合道法故必會趨向滅亡與消失。

> 物壯則老，謂之不道，不道早已。

「物壯則老，謂之不道，不道早已」，相同的這一句話，相同的意義，亦出現於第 30 章，強調「不以取強」。

56 知者不言

知者不言①，言者不知。

塞其兌②，閉其門③，挫其銳④，解其紛⑤，和其光⑥，同其塵⑦，是謂玄同⑧。

故不可得而親⑨，不可得而疏，不可得而利，不可得而害，不可得而貴⑩，不可得而賤。故為天下貴。

---

①知者不言：知大道者，不會倡言人類法則的一切產物。知者：知大道者。 不言：不倡言人類法則的一切產物，包含行為思想、策令規制、與風俗禮節；同第 2 章的「不言之教」。人類法則即利欲情感驅動法則。

②兌：嘴、口。此處專指「言語說話」與外在世界互動之門徑。同第 52 章。

③門：耳目。意指人身對外在世界感覺的出入門徑，故亦廣稱為「眼耳鼻舌身」五官感覺；五官亦稱五門。同第 52 章。

④挫其銳：抑制銳意盛氣而謙虛平和。 挫：壓抑、抑制。

⑤解其紛：消解紛華雜緒而回歸樸實。 紛：紛華靡麗，盛多而雜亂。

⑥和其光：沖和榮顯鋒芒而內斂無爭。 和：沖和。 光：榮顯鋒芒。

⑦同其塵：混同流俗塵世而不標新立異。 同：混同。 塵：

56 知者不言

流俗塵世。

⑧玄同：與玄一大道同行。

⑨不可得而親：無法得以如對

一般人般的親近。以下各句類似解構。

⑩貴：尊貴。

本章說明體道行道的實踐方法：不言、靜心、謙虛、樸實、無爭、混同。

基於「有無相生(2)」，是以「反者道之動(40)」；站到人為法一切產物的對立面去，就是「用無」的開端。用無的實踐，第一要棄絕人類法則利欲驅動的諸產物，這些產物主要體現於人類社會所標舉倡導的仁義禮節、風俗規範、與法政策令，這些項目加劇了心志的利欲貪念。第二，要堅守無念無意的淨虛澄明內心，從思想上摒棄利欲意念，使內心明鏡一塵不染、一思不掛，由此洞澈至理。

知者不言，言者不知。

因此，老子說，**知大道者，不會倡言利欲情感諸行為思想；而會倡言這類項目的，都是不知大道的人**。這是第一步驟。

　　第二步驟就是往內心深處追求淨虛澄明、無念無意之境。

老子說，棄絕言語口說諸利欲心思，
關閉感官外在諸利欲激刺，抑制
銳意盛氣而謙虛平和，消解紛華
雜緒而回歸樸實，沖和榮顯鋒芒
而內斂無爭，混同流俗塵世而不
標新立異。這樣的人，不言、靜心、

> 塞其兌，閉其門，
> 挫其銳，解其紛，
> 和其光，同其塵，
> 是謂玄同。

謙虛、樸實、無爭、混同，已是與虛玄大道同行同體了，
是謂「玄同」。「塞其兌、閉其門」已出現在第52章，在那
兒，我們做過了詳細的論述，故不再於此重複。

　　達到「玄同」之人，已身與道同體，一如大道之混沌玄
樸、靜柔虛無、窈冥惚恍，「迎之不見其首，隨之不見其後(14)」。
如此之人，按行著大道法則，無欲無念、無己心、無差別心，
已完全沒有人類世俗的利欲心念。是
故，這樣的人與一般人不同；這樣
的人，無法親近、無法疏遠、無
法施利、無法加害、無法重視珍
貴、亦無法鄙夷輕賤。這樣的人，
功名利祿與褒貶毀譽等等利欲名象，
皆已泯滅，本心一念不生的澄澈清明，
是全天下最尊最貴之人。

> 故不可得而親，不
> 可得而疏；不可得
> 而利，不可得而
> 害；不可得而貴，
> 不可得而賤。故為
> 天下貴。

57 以正治國

以正治國①，以奇用兵②，以無事取天下③。
吾何以知其然哉？

以此：天下多忌諱④，而民彌貧⑤；朝多利器，
國家滋昏⑥；人多伎ㄐ巧⑦，奇物滋起⑧；法令
滋彰⑨，盜賊多有。

故聖人云：我無為⑩，而民自化⑪。我好靜⑫，
而民自正⑬。我無事，而民自富⑭。我無欲⑮，
而民自樸⑯。

---

①正：透明公正的政策法令。

②奇：謀略奇策、機巧詭詐。

③無事：不推行人類法則驅動
　之諸項目事務。人類法則即
　利欲情感驅動法則。「無
　事」的意義與「無為」類同，
　兩者很難分割清楚，老子多
　數時候也是以「無為」包含
　「無事」。若兩者同現而硬
　要有所區隔，則可視「無為」

偏於行為思想，而「無事」
偏於項目事務。

④忌諱：原意是顧忌或忌憚，
　此處為「禁令、規制」。

⑤彌：更加。

⑥滋昏：愈加陷於昏亂。滋：
　增益、愈加。

⑦伎ㄐ：通「技」。

⑧奇物：假冒偽劣或奇譎詭怪
　的產品事物。

⑨彰:彰顯、顯著,此處為「更顯多用」之意。

⑩無為:不採行人類法則的一切產物,包括行為思想、策令規制、與風俗禮節。

⑪自化:自然化育;譯為「自然達到最適性發展」。

⑫靜:靜默虛無。

⑬自正:自然端正;譯為「自然洞見正理知識」。

⑭自富:自然富有;譯為「自然達致知足而富」。

⑮無欲:無利欲貪念。

⑯自樸:自然樸實;譯為「自然達致樸真自然」。

老子由實際觀察體悟,凡愈是「有為」,則國家人民愈陷昏亂巧技。本章提出這些實際觀察,並由此反證「無為」「無事」「無欲」與「靜虛」,才是真正治理國家人民而得以長治久安的方法。

老子所處的戰國時代,群雄並起,爭鬥競奪,戰亂不止。於是當時的統治者,在治國上,無不勵精圖治,想借由公開透明的制度政策,擢才舉能並團結人民,以求強壯國家;而在用兵作戰上,則無不借由奇略詭策以求取勝。

> 以正治國,以奇用兵。

然而,這樣的作為,雖可能獲得作戰上的勝利,卻無法讓各國人民歸服而取得天下。真正足以收服天下人民、使之

57 以正治國

歸從的**統治者**,不該讓人民處於利欲競奪交征的環境,不該推行那些人類法則事項,須讓人民充分休養生息,方可成功攝化治理天下。我為什麼知道這個道理呢?

> 以無事取天下。吾何以知其然哉?

因為我觀察到了:愈多的管制限禁,人民生活卻愈形貧乏;愈多人民擁有利器,社會國家卻益形昏亂;愈多的人心奸詐機巧,則假冒偽劣或奇謔詭怪產品更加出現;愈多的政策法令施用,盜賊卻會反而跟著更多。

> 以此:天下多忌諱,而民彌貧;人多利器,國家滋昏;人多伎巧,奇物滋起;法令滋彰,盜賊多有。

政府為了方便管理與掌握人民,往往會施予人民更多的限制與束縛,於是,人民動輒得咎,導致營生機會與空間愈被壓縮,生機銳減。而愈是營生艱困的社會,人民為博得生機必然更是鑽營與走險,更多的政府策令管制必然隨之愈多。愈多的管制限禁與愈困苦的人民生活,形成惡性循環,是以「天下多忌諱,而民彌貧」。

一個國家中,若官署公務員愈是無能或愈是沒有效率,則愈無法提供社會安全與發展所需的保障,於是人民為了自保或生活發展需求,只能自擁武器、自尋門徑以求多福,結

果社會更加動亂與不安。是以,「人多利器,國家滋昏」。

如若統治權貴階層多好巧物珍寶,則奇藝巧技將蔚為社會功名利祿的管道,更多挖空心思與機巧詭詐隨之而起,將使社會出現更多假冒偽劣或奇譎詭怪的產品。這即是「人多伎巧,奇物滋起」。

相同的,如若統治權貴階層,借更多的法令以標準化人民的行為思想,企圖方便管理放牧,其結果,將塑造人民既定明確的功名利祿渠道,讓人民更激烈而堅定的趨於利欲爭奪,勢必引出更多的犯罪與動亂。是謂「法令滋彰,盜賊多有。」

因此,體道治國者認為:我棄絕利欲情感諸產物,在仿道法而無為的環境中,人民自會最適性的發展化育。我堅持靜柔虛無,摒棄外在刺激情欲諸事,澄明清澈內心並觀照洞燭大道至理,則人民自會發展化育而洞見知識正理。我不倡導利欲情感諸事項,不誘發社會爭執於利欲貪求,人心自然趨於平靜不爭之知足而富(33)。我不自私利欲,而常守靜柔虛無,人民自會受到默化而趨於樸真自然。

> 故聖人云:
> 我無為,而民自化;我好靜,而民自正;我無事,而民自富;我無欲,而民自樸。

58 其政悶悶

其政悶悶①，其民淳淳②；其政察察③，其民
缺缺④。

禍兮福之所倚⑤，福兮禍之所伏⑥，孰知其極⑦？
其無正⑧，正復為奇⑨，善復為妖⑩。人之迷⑪，
其日固久⑫。

是以聖人方而不割⑬，廉而不劌⑭，直而不肆⑮，
光而不耀⑯。

---

①悶悶：昏濁不清。比喻施政
　上的寬容鬆弛，看似渾沌不
　清的樣子。

②淳淳：同「淳淳」，淳厚
　樸實。比喻人民生活從容簡
　單。

③察察：清晰可見。比喻施政
　上的嚴苛辨究、仔細清查。

④缺缺：澆薄、缺少人情。

⑤倚：肇因。

⑥伏：隱藏。

⑦其極：這種窮盡的道理。

⑧其無正：它們並無一定清晰
　可究的名相。 正奇為兩個
　相對立的名相，「無正」並
　非指「奇」，而是指「無一
　定名相」。

⑨正復：正的反面。 復：反、
　返。

⑩善復：善的反面。

⑪人之迷：人之迷失正理。

⑫固久：已經是很久了。

⑬方而不割：公正無私卻不傷人。 方：公正無私。 割：傷害、損害。

⑭廉而不劌：廉潔持正而不輕人傷人。 劌：傷、割。

⑮直而不肆：剛正耿直卻不剛愎肆性。 肆：放縱、恣意。

⑯光而不耀：光榮顯祿加身卻不炫耀擺露。

凡事總是正負兩面的衡平，故「無有相生(2)」、「萬物負陰而抱陽，沖氣以為和(42)」、「禍兮福之所倚，福兮禍之所伏(58)」，洞悉這樣的規律，則可於施政上掌握住政策寬嚴、可以修己上拿捏出行為樣態；此為本章之所論。基本上，本章所論者依舊是「對立二元相成」的實踐。

二元對立的生活實例，俯拾皆是。例如，衍生性金融商品雖然獲利很高，但必然伴隨著較高的風險；銀行定存雖然獲利較低，卻必然伴隨著相對很低的倒閉風險。擴建核四廠雖可因此確保台灣電力的供給，卻伴隨著台灣風險曝露的增加。嚴厲威權家庭所教養的孩子，容易服從與管理，卻伴隨著相對較高的創意與思考能力抹殺；相反的，自由彈性家庭所教養的孩子，較易具有創意與想法，卻必定伴隨著相對較難的教導與管理。

經濟學原理亦是如此，當某一廠商面對突如其來的需求大增，短期內為了應付更多的生產以增加更大的收益，於是投

58 其政悶悶

入更多的人力與物料；其結果，雖然收益增加，但其生產單位成本卻是隨著產量愈多而愈加速的遞增，導致最終利潤未必能夠增加。這是經濟學決策中所必然面對的兩個力量：收益增加往往伴隨著單位成本的幾何加速遞增。

相同的原理，當然也會發生於治國方策之上，假若施政寬容鬆弛、渾沌不嚴，雖說紀律法治較難彰顯，但人民就較易養成淳厚樸實的性格與生活。若施政總是清查細密、嚴苛辨究，雖說容易管制與掌握社會，但人民就較易養成澆薄無情的性格與生活。極權國家強調控制人民，故屬後者，如北韓；民主國家強調民間社會風氣的自發生成，故較傾向於前者。

> 其政悶悶，其民淳淳；其政察察，其民缺缺。

以上這些實際案例說明著，任何決策都必是正反兩面力量的衝平與拿捏，任何事物項目都必是正反力量衝平與調和的結果。這兩個相反力量，總是時刻相隨交併而相成，即「負陰而抱陽(42)」之謂，而且孤陰不生、獨陽不長。是以，正與負、陰與陽、福與禍、得與失、好與壞，必然總是互相含抱呈現。老子說，禍殃往往肇基於福祐，福祐總有禍殃潛藏。因此，當下得福，其背後必潛藏著禍端，不可因此放縱欣悅，否則會失去對潛藏禍因的留心與警覺；當

> 禍兮福之所倚，福兮禍之所伏，

下出現災禍，其背後必然潛藏著福因，不可因此縱溺傷心失志，否則會失去對福因契機的緊盯與掌握。

此等得失福禍循環性的相倚相生之理，有誰能夠究竟窮盡呢？事實上，所有事物現象並無清晰可究的名相，正面必潛藏著反面，善則必潛藏著惡。世間道理總是在「正奇」「善惡」「陰陽」對立二元中，相互涵容、互為表裏、反來覆去，永遠無法把它究竟窮盡。世人多無法參透此中道理，總是迷蒙偏執一方，這已是由來已久的現象。

> 孰知其極？其無正。正復為奇，善復為妖。人之迷，其日固久。

一個人的性格行為亦是如此。例如，方正無私之節操，容易流於傷人無情；廉潔持正的性格，則容易鄙視輕人；剛正耿直者，很容易變成剛愎肆性；光榮顯富加身，一不小心就陷入炫耀擺露。這些世俗「美德」，都潛藏著傷人自傷的禍端，這都是「陰陽」二元對立相生、反來覆去的必然道理。凡事一旦過度，這些潛藏的反面力量必然隨之變大、終而突出逆轉。體道修己者深知這樣的道理，凡事不會過度，凡事守中，才是符合大道正理，一如前面幾章所言「不如守中(5)」、「沖氣以為和(42)」、「大盈若沖(45)」等等，亦如「去甚、去奢、去泰(29)」與「知止(32、44)」之義。

58 其政悶悶

於是老子說：是以，體道修己者，方正無私卻不無情傷人，廉潔持正卻不鄙視輕人，剛正耿直卻不剛愎肆性，光榮顯祿卻不炫耀擺露。

> 是以聖人方而不割，廉而不劌，直而不肆，光而不耀。

───────

得福不縱樂，招禍不消沉，這是本章所欲傳遞的主旨。人處順境，仍必須謙抑與節制，不炫耀擺露，才不會自滿鬆散、失去警戒，才不會給予潛藏逆向力量的成長甚或反撲。人若正處逆境，仍必須抑止與節制，不能消極自棄而任由心情沉落，反該積極調整心態去裝備自己，隨時等待潛勢正向機會的出現，並予以掌握而翻身。

老天是公平的，它在你失意時，會同時給你一個正向的契機，端賴你能否振作一己去抓住它；而在你得意時，也會給你一個逆向潛勢，若你自滿意得而忽視這一潛藏危機，終究還是要失敗。

個人如此，公司亦然、國家亦是如此。

59 治人事天莫若嗇

治人事天①，莫若嗇ㄙㄜˋ②。夫唯嗇③，是以早服④。
早服，謂之重ㄔㄨㄥˊ積德⑤。重積德，則無不克⑥。
無不克，則莫知其極⑦。莫知其極，可以有國⑧。
有國之母⑨，可以長久。是謂深根固柢ㄉㄧˇ⑩，長
生久視之道⑪。

---

①治人事天：修己與體道。 治
人：修己。 事天：體道。

②嗇ㄙㄜˋ：節省。意指「謙抑節
制、儉約歛縮」，是道法的
具體實踐。道法的實踐，老
子謂之「德」。

③夫唯嗇：堅持守嗇。 夫ㄈㄨˊ：
發語詞。 唯：唯一；「堅守」
之意。

④早服：提早開始守嗇。

⑤重ㄔㄨㄥˊ積德：持續不斷持守
「嗇」。 重積：持續不斷累
積。 持續守「嗇」就是不
斷的積德。

⑥無不克：沒有任何利欲貪念
之行為心思是不可被克服
的。

⑦莫知其極：不知其能量極
限。

⑧可以有國：可以統治一個國
家。 有國：統治國家。

⑨有國之母：統治國家者的思
想行為具有道法根本。 有
國：有國者、統治者。 母：
即根本，此處指「道」。

⑩深根固柢ㄉㄧˇ：基礎堅實，牢
不可拔。 柢ㄉㄧˇ：木根；本源、
基礎。

59 治人事天莫若嗇

⑪長生久視：同行於道而不死，且洞澈觀見大道。 久視：長久注視而目不瞬；另一指「長生不老」，或指「洞澈觀見」。

本章專論「謙抑節制」的重要性。類似於這樣心性的說明，前面章次中亦曾多次提及，例如「不如守中(5)」、「沖氣以為和(42)」、「大盈若沖(45)」、「去甚、去奢、去泰(29)」、「知止(32、44)」等等。本章中，老子則專門析論這一心性的養成與其無窮的能量，展現出老子對此的高度重視。

嗇，就是「謙抑節制」，是人類生活中可具體操作的大道實踐方法，是體道近道的關鍵方法。由此開始，日積月累終至於內生化，變成自我本性，則幾於道矣。

人是慣性動物，長期固定的行為，會形成制式反應動作，於是遇事即反射反應而不再經過大腦思索。長期固定的大腦思考想法，也會形成僵化制式，於是遇事反應必固定於這個僵滯的模式中思考，無法逃離既有框架。人心，短短幾個小時的處於興奮，往往就會收不回心思以安靜處理文案、或者因此而輾轉難以入眠；短短幾小時的悲傷，也往往會導致持續遞延而難以抑止。更何況較長期的置於某些環境，更易讓心境僵滯與慣性。於是，處順境而常欣喜洋溢，心境即會籠罩於興奮浮動的慣性，以致無法清澄寧定；處逆境而常挫折沮喪，心境亦會籠罩於悲傷淪沉的慣性，無法拉拔出籠、無

法寧定。心不能靜、則不能「無」，則無法清澄明見，則決策與行為必然多為情緒所支配，失誤必多、敗亡必增，於是諸七情六欲之得失榮枯，如影相隨。唯有獲致清靜寧定的心境，才是免除人類法則七情六欲的纏繞，而關鍵的實踐方法，即在於抑止人性利欲貪念慣性的形成，才可進一步淨除利欲貪念。

為此，老子提出，凡事均得「嗇」。嗇，就是節制謙抑、儉約斂縮，意即，儉約收斂外在興奮昂揚或悲憂淪沉的內心波動。不論喜悲，務必力求心境波動愈小，才能不因興奮昂揚而越線悖禮、怠忽潛藏危機，不因悲憂淪沉而懷憂喪志、怠忽潛藏復起機會。這就像許多股市專家對股民的建議：「手中有股票、心中無股價」，投資者須無視於外在股票價格起伏波動，方能安靜寧定的睡個好覺。

於是，老子說，修己體道，莫過於儉約斂縮。堅持守嗇，必須盡早開始，這樣才能盡早養成一種內生慣性。

> 治人事天，莫若嗇。夫唯嗇，是以早服。

養成心境的節制謙抑、儉約斂縮，是道法具體實踐的一種行為，是為「德」。因此提早開始守嗇，是提早開始實踐道法，即是開啟持續不斷的累積修德。在醫療上，

> 早服，謂之重積德。

59 治人事天莫若嗇

「早服」即提前服用，如施打疫苗一般，意在防止未來的疾病的發生。本文的「早服」，亦具有相同意義，不僅可如前段所述，預防災禍與驚懼的發生；而且，持續不斷的累積修德，即可近於大道，就無任何利欲貪念行為思想是不可被克制與棄絕的。

> 重積德，則無不克。

無何利欲貪念不可被克制，即已是進入「靜虛用無」大道法則的境地，已是同於大道，其能量必然玄大無窮。具玄大無窮能量者，可以把國家交給他治理。統治者遵循大道法則，可以說，這個國家就是受大道統治，故可以長治久安。

> 無不克，則莫知其極。莫知其極，可以有國。有國之母，可以長久。

對修己者而言，如此不斷的持守「嗇」，則根基就會非常紮實，由此即可和同於「靜柔虛無」之大道，而與大道長存並洞徹觀見大道至理。

> 是謂深根固柢，長生久視之道。

不管君主或一般人，凡體道修己者，沒有比節制謙抑、儉約知止還更重要的了。事實上，嗇的概念用之於人類生活行為，也可以是一個重要的競爭手段。

　　人的心性情緒易放難收，一逢昂揚，往往持續上揚而易過度意氣風發，渾然不知危機已伴隨而至。相反的，人心情緒一逢挫折，往往持續低迷而易過度失意頹喪，渾然不覺許多生機已然出現。是以，人逢高處必須居高思危，緊記高點後必然回檔的自法循環法則。時刻惕勵堅守於「嗇」，讓昂揚心性壓低持平，一者可以避開伴隨而來的災禍，二者可以保持心性清澈而洞見機先，三者可以儲備積蓄能量而為下一波機會待發。

　　人若不幸遭逢挫折逆境，亦須堅守於「嗇」，蓋低谷之後必有反彈，這是自然的循環法則。逆境處低時，節制斂收失敗沮喪情緒，樂觀的持平與拉升當下心性，一者，避免持續沮喪而一蹶不振，二者可以活化想法、洞見機會、即刻掌握，三者可積極準備能量，等待下一波復出機會，隨時出擊。若持續沮喪而不知預作準備，就算下一波機會出現，以原先失敗的量能水平，亦無法成功的去掌握住它。

　　嗇的同義概念，如「去甚、去奢、去泰(29)」、「知止(32、44)」、「儉(67)」。強調凡事要力守平衡，不過度、不耽溺，要謙抑節制、要收斂低調。因為，心性具加速深化的慣性，一旦欲念一起，就會加速的變本加厲甚至失控，終而引起爭鬥、傷人、受嫉、災禍、驚懼、紛亂、戰爭…等等痛苦深淵。因此，不論治國或修己者，欲體道而行道，其第一關鍵功夫，就是要制止此一慣性，也就是「守嗇」。

253

60 治大國若烹小鮮

治大國若烹小鮮①。以道莅^{ㄌ一ˋ}天下②，其鬼不神③。
非其鬼不神④，其神不傷人⑤；非其神不傷人，
聖人亦不傷人⑥。夫兩不相傷⑦，故德交歸焉⑧。

---

①小鮮：小魚。

②莅^{ㄌ一ˋ}：同「蒞」，蒞臨之意。

③其鬼不神：鬼靈不作祟擾動
人民。 鬼：鬼靈，亦可代
表「地」。 不神：不驗、
不作祟。

④非：不僅、不但

⑤其神不傷人：神明不侵越擾
動人民。 神：神靈，亦可

代表「天」。 不傷人：不侵
越人。

⑥聖人：體道之統治者。

⑦兩不相傷：「天地」與「統
治者」都不侵越人民。

⑧德交歸焉：自然大道德性都
回歸人民身上了。 交：俱、
皆。

輕政簡稅，以「無為」治國，則天地和泰、人民自化，國家
人民皆成為大自然剛健不息的一員。此為本章論述要點，亦
呼應著第 17 章「百姓皆謂我自然」。

老子說，治理一個國家，道理就像烹調小魚一般。烹煮小魚是不去腸、不去鱗的，因為撓鱗去腸會把小魚給弄得糜爛。一樣的，治理國家時，若政令規制

> 治大國若烹小鮮。

繁複多變，即是時常對人民撓動攪混，只會增加人民負擔、攪得人民昏亂難安。因此，持道人君，當求靜虛空無，不可輕做政策變更。

　　自然法則(道法)出發以「無」，雖然生養了天地萬物，卻從不生絲毫私據為有、矜滿欣喜、或居功炫耀的想法念頭(2;34)，正因如此，方使得各類分子得到「最適性長養」，終至剛健不息(恒存的體系均衡)。人類乃天地萬物一員，卻唯獨不遵行道法，常以一己利欲貪念驅動，終至動亂與不安。這端賴於統治者仿行大道法則，予以教化治理，**一如大道之臨蒞天下**，「無念無己無差別」對待形形色色

> 以道蒞²天下

人民，使人人皆得最適性發展，皆得化育而歸趨於素樸如真與靜默虛無，終於同於其它萬物一般，完全容入天地萬物和鳴協奏、共演剛健不息的自然體系之中。

　　人民既已化育而同於道，則代表地的鬼、代表天的神、以及作為統治者的聖人，都不會再有侵越擾動人民的情事發生。此一國家即是道法統治、大道臨蒞的國家，是「天神地

其鬼不神。非其鬼不神，其神不傷人。非其神不傷人，聖人亦不傷人。

夫兩不相傷，故德交歸焉。

鬼與人」共和的國家。於是鬼靈不作祟擾動人民；不僅鬼靈不作祟，神明也不侵越擾動人民；不僅神明不侵越，統治者也不侵越擾動人民了。

於是「天地(神鬼)」與「聖人(統治者)」兩者，都不再傷害侵擾人民，且原本利欲貪念驅動的人類，也跟著化育而樸真無為，已和同於大道自然之中，等於是，大道一切美德回歸於人類身上。

「功成事遂，百姓皆謂我自然(17)」，此亦意含著「聖人亦不傷人」的意義。聖人採用大道無為法則化育人民，人民完全溶入道法之後，則根本渾然不覺統治者的存在，渾然不覺自己是為統治者所化育的了，所以「聖人亦不傷人」了。

61 大國者下流

大國者下流①，天下之交②，天下之牝ㄆㄧㄣˋ③。牝ㄆㄧㄣˋ
常以靜勝牡ㄇㄨˇ④，以靜為下。

故大國以下小國⑤，則取小國⑥；小國以下大
國，則取大國⑦。故或下以取，或下而取⑧。

大國不過欲兼畜ㄒㄩˋ人⑨，小國不過欲入事人⑩。

夫兩者各得所欲，大者宜為下⑪。

---

①下流：處於下位或下游。意
指「如同大海般的容納匯聚
多元」，亦即指「人性上的
謙虛靜柔、廣納包容」。

②天下之交：天下一切多元之
匯聚。 天下：各國與子民。
交：匯聚、容納。

③牝ㄆㄧㄣˋ：雌(陰)性、雌性動物或
器官。老子常以此代表「創
造者、生養者」。

④牡ㄇㄨˇ：雄(陽)性、雄性動物或
器官。老子常以此代表「剛
強炫耀」。

⑤以靜為下：以「靜」做為「下
流」，亦即，以靜柔謙虛來
包容廣納多元。 下：即前
述「下流」的意義，也就是
「謙虛的寬容廣納」。

⑥以下小國：以謙虛寬容對待
小國。

⑦取小國：取得小國誠心歸服
信仰。

⑧取大國：取得大國平等對待
與保護。

⑨或下以取、或下而取：或以
謙虛寬容以取得小國誠心

61 大國者下流

歸服，或以謙虛寬容而取得
大國平等對待與保護。

⑩欲兼畜人：想要統治管理
他國人民。 畜：統治管
理。

⑪欲入事人：想要得以服侍並

招呼好大國人君，以求保護
容納。 入：有管道得以…。
事：服侍。

⑫宜為下：最須為下。 下：
謙虛寬容。

治國方略上，第 57 章講「無為無事」、第 59 章講「謙抑節
制」、第 60 章講「輕政簡稅」，本章則講「謙虛寬容」。國君
以謙虛寬容對待他國，則小國誠心歸服大國、大國真心保護
小國，於是國際和平無事。此為本章主旨。

老子於第 59 章講「嗇」、本章講「下」。嗇，謙抑節
制；下，謙虛寬容。修己者必須謙虛寬容、廣納多元，如大
江大海一般，靜默容納百千川谷流水，而成就其壯闊偉大。
「譬道之在天下，猶川谷之與江海(32)」與本章之「大國者
下流，天下之交」都說明著，統治者唯實踐「靜柔虛無」，
方能使天下百姓自然歸順服從。

大江、大海或溪谷，必然位居低處，方能匯聚眾多江溪
河川支流，而成其博大玄蘊。這樣的匯聚功能，包容廣納了
天下多元形色，相互激盪相生而孕育更多元生機。取像於此，

體道治國者，須低身謙虛、包容廣納，才能吸引匯聚天下英才與各形色人物融於一爐，創造更偉大壯闊的生機。於是老子說，**大國當如下游的大海溪谷一般，包容廣納天下多元形色，於是孕育涵養天下多元生機。**

> 大國者下流，天下之交，天下之牝(ㄆㄧㄣ)。

　　老子體道修己的實踐方法中，相當強調「靜與柔」，認為這些心性作為，正是進入「虛無」境界的重要作法。因為，大道「虛無」本質，就是玄秘寧謐、無方無狀，故於人類身上的對應品性，就是靜與柔。而在人類社會中，靜與柔這樣的特性，又只兼具於「母性」，故老子常以「雌」、「牝(ㄆㄧㄣ)」這樣的文字，描述著人類本性中靜柔的「母性」特質。另一方面，自然界中的雌性物類，肩負著生養綿延的責任與本能，總是對其所生養的下一代能夠無私無偏的付出與養護，凡此種種特質，都非常貼近了「道無」本質。因此，老子就時常用「雌」與「牝(ㄆㄧㄣ)」來比喻「道」，借此說明「道」乃是萬物萬類的偉大創造者。基於如此，老子認為，母性總是勝過父性(牡ㄇㄨ)的，他說：**母性(牝)總是以「靜」而勝過父性(牡)，總是靜柔謙虛而廣納包容著萬物萬象。**

> 牝(ㄆㄧㄣ)常以靜勝牡(ㄇㄨ)，以靜為下。

61 大國者下流

　　常清靜、常柔軟，方能沉澱心志而清澄洞見大道至理(37)。統治者持守之，風行草偃，人民效法而持靜內觀，由此而自我洞見知識正理，終使天下得治(57)。「靜柔」之描述已多，「不欲以靜，天下將自定(37)」、「天下之至柔，馳騁天下之至堅(43)」、「清靜為天下正(45)」、「我好靜，而民自正(57)」等等都是。

　　老子也常用「嬰兒」來比喻大道，因為，大道那種「無念無欲」的空靈柔淨，於人類生命歷程中，唯獨展現於嬰兒那短暫的日子，故「嬰兒」很大程度的描繪了「道」的特質。不論是「母」是「嬰」，都是老子為了說明「不可道之道」，挖空心思所舉出以貼近大道本質的生活案例。這其中，「靜」作為「動燥」的對立面，通常又被解讀成同時包含著「柔」的特性，「靜」於是成為老子所最強調者；而「母性」也就比「嬰兒」更常為老子所引例。

　　治國者謙虛靜柔而廣納包容，即可「執大象，天下往(36)」。老子說，大國謙虛寬容小國，即可取得小國誠心歸服信仰；小國謙虛寬容大國，則可取得大國平等對待與誠心保護。是以，或可「謙虛寬容」以取得小國信仰歸服，或可「謙虛寬容」而取得大國平等對待。也就

> 故大國以下小國，則取小國；小國以下大國，則取大國。故或下以取，或下而取。

是說，大國放下身段去照顧小國，小國就願意真誠歸附；小國體識時務去服侍大國，大國就會主動確保小國安全。大國所要的，不過就是統治管理他國人民，而小國所要的，不過就是得以服侍大國以求保護與生存；這兩者都各遂所欲了。其中，大國具有侵略他人的優勢武力，必須「不以取強(30)」；所以，

> 大國不過欲兼畜人，小國不過欲入事人。夫兩者各得所欲，大者宜為下。

最要緊的，還是大國必須率先謙虛寬容，天下各國始可相安無事、長治久安。

　　老子一書直接間接講到了「靜」、「柔弱」、與「江海」相關概念的文句，已整理羅列於附錄，方便於讀者翻閱對照閱讀。

62 道者萬物之奧

道者萬物之奧①，善人之寶②，不善人之所保③。
美言可以市尊④，美行可以加人⑤。人之不善⑥，
何棄之有⑦？故立天子⑧，置三公⑨，雖有拱
璧以先駟馬⑩，不如坐進此道⑪。
古之所以貴此道者何⑫？不曰⑬：求以得⑭，
有罪以免邪⑮？故為天下貴。

---

①道者萬物之奧：道乃萬物奧
　妙之本源。 奧：主、容藏、
　深源。

②善人：持道守道之人。

③不善人之所保：不持道者之
　所依恃而自保者。 所保：
　所依恃而得到保護者。

④美言可以市尊：持道者言語
　可以取得尊敬。 美言：持
　道者所講的話。 市：交換、
　取得。

⑤美行可以加人：持道者行為
　可以榮勝過人。 美行：持

道者之行為。 加：高過、
勝過。

⑥人之不善：人之不懂大道至
理。

⑦何棄之有：那會拋棄他呢？

⑧立：逐位。

⑨置三公：位列三公。 置：
位列。 三公：太師、太傅、
太保三個爵位。

⑩拱璧以先駟馬：得合抱璧玉
於先、坐駟馬車輛於後；得
到厚祿顯貴之意。 拱璧：
兩手合抱的大塊璧玉，比喻

非常高貴的寶物。 駟馬：四匹馬拖行的車輛，代表尊貴顯耀。

⑪坐進此道：合行大道。 坐進：乘行、合行、持守之意。

⑫貴：珍貴、重視。

⑬不曰：還不就是說…；還不是常言說的…。

⑭求以得：持道者因此獲得世俗功名利欲。 求：指人類追求的那些功名利欲項目。

⑮有罪以免：持道者因此消除貪欲所帶來之不幸與罪罰。 罪：泛指貪欲所帶來的一切不幸。

老子提倡大家實踐大道，但「道」到底是怎麼樣的一個明確事物，卻是一個很難講清的概念，以致於世人難窺其全貌、亦不易描繪它到底是什麼。這也導致老子這一本書，迄今仍受誤解為「道」是一種單純的修行法門，純粹內心脾性的修養，而主張年輕人不宜早讀老子。本章對此有很詳細的闡述。

事實上，持續實踐道法「用無」，內心寧靜而超脫世俗功名利欲的牽絆縈纏，同時，基於「因無而有」，也會獲得世俗的功名利欲。於是，有功名利欲之實象，但內心卻寧靜的超脫物外。持續的持道用無，則心志愈是清澄寧定與超脫利欲，而外象功名利欲卻也不斷的愈加累積。這是老子用於現世上，一個非常積極且又可超脫物外的人生態度，其中，重中之重的心境，乃在於「雖有榮觀，燕處超然(26)」。是以，老子說「重為輕根(26)」，認為仿效道法而無為無念，才是體道者重中之重的根本關鍵，而功名利欲之「有」，只是隨附而生的枝末輕微附帶品，不可本末倒置。

62 道者萬物之奧

> 道者萬物之奧。善人之寶，不善人之所保。

本章，老子再進一步說明「持道守道」對一個人內在外在的好處。他首先說，道乃萬物奧妙之本源，是持道者修己養命的至寶，亦是沒有持道者求得自保的依賴。

沒有持守大道之人，何以能夠依賴它而取得自保呢？體道修道者，最終在於使內心無念，雖然身外之物來去附加，但亦不動內心之靜無澄明，這是最終所要達到的境界。其達成步驟，先是節制抑止人性貪念，斬斷其加速蔓延的慣性，然後再進一步徹底除去此一貪念心性。於是，老子指出由「謙抑自嗇(59)」著手，即可預先消除可能伴隨利欲而來的不幸、災禍與驚懼；因此，不善之人任何時刻只要節制抑止著利欲貪念，即可即時保護自己免於災禍。

同時，任何人只要持守大道至理，就是近道之人，其言即為美言、其行即為美行。美言可以獲得他人敬佩而尊榮，美行可以獲得他人欽仰而高貴。不善之人，一旦開始節制利欲、抑止貪念，即開始啟動持道用無的實踐，開啟近道求道之途。不善之人轉而向道是如此之易，因此，一個人雖說現在不善(不持道)，但也不該被遺棄的。

> 美言可以市尊，美行可以加人。人之不善，何棄之有？

　　無奈的，人類社會總是迷戀於權力利欲的時刻競奪中，豁命博鬥角力而逐位天子、上列三公，雖因此獲取盈璧厚祿與榮耀顯貴，但是，結果都還是不如合行「大道」。

　　為什麼說「還不如合行大道」呢？老子繼續說著，古聖為何所以如此的重視此「大道」？還不是因為，它可讓人獲得功名利貴之欲求，也可讓人免除功名利欲所挾帶而來的災禍。因此，「道」當然是天下最尊最貴者的了。

> 故立天子，置三公，雖有拱璧以先駟馬，不如坐進此道。

> 古之所以貴此道者何？不曰：求以得，有罪以免邪？故為天下貴。

───────

　　這一章的「道」，與基督教用語頗有異曲同工之妙：守道信道者，即可「求以得、罪以免」，這也難怪在道教中，「道」被昇華為一個擬神化的天王，同時，道德經一書也成了道教的首要宗教經典。本章本意當然在於闡明「道」的玄妙與無窮能量，讓一般人產生堅強信念去守道持道，因為它不僅讓人可以擁有一般世俗利欲功名，亦可讓人免去世俗的一切不安與懲罰。

63 為無為

為無為①，事無事②，味無味③。
大小多少④，報怨以德。圖難於其易⑤，為大
於其細⑥。天下難事，必作於易⑦；天下大事，
必作於細。是以聖人終不為大⑧，故能成其大⑨。
夫輕諾必寡信，多易必多難⑩。是以聖人猶難
之⑪，故終無難矣。

---

①無為：不採行人類法則的一
切產物，包括行為思想、策
令規制、與風俗禮節。　人
類法則即利欲驅動法則。

②無事：不推用人類法則的一
切項目，包括策令規制措施
與風俗禮節；強調統治者不
宜巧設繁多名目的法令規
制。「無事」的意義與「無
為」類同，兩者很難分割清
楚，老子多數時候也是以
「無為」包含「無事」。若
兩者同現而硬要有所區隔，

則可視「無為」偏於行為思
想，而「無事」偏於項目事
務。

③無味：不體驗人類法則的一
切外在刺激；強調不受外在
身體感官情緒刺激對內心
的紊亂迷惑。

④大小多少：雖擁有的小，但
滿足的認為夠大了；雖擁有
的少，但滿足的認為夠多了。
大：做大。　小：認為所擁
有的小。　多：增多。　少：
認為所擁有的少。

⑤圖難於其易：勝任困難大事的能力，是由平常的簡易事項訓練起。 難：艱繁項目。 易：簡易項目。

⑥為大於其細：成就大事業的能力，是由平常的細小事項培養起。 大：大功偉業。 細：微小項目。

⑦必作於易：必然由簡易事項中學習訓練而做出來的。

⑧終不為大：不自滿的認為自己能力已夠做成大事業，故

總是不斷的認真對待每一細小簡易項目。

⑨成其大：成就其大功偉業。

⑩多易必多難：若總是輕率對待簡易事項，則無法養成能力，就會時時碰到無法解決的困難。 易：輕率或不認真的對待簡易事項。

⑪猶難之：平時總是像對待困難事項一般，認真的對待處理每一簡易事務。 難之：如面臨難事般的嚴肅對待。

本章把「用無」發展於日常生活，認為不好高騖遠、不幻想鴻鵠將至，而認真積極於當下生活中各種簡易細雜項目，才可不斷淬礪磨練出成就大功大業的能力。這種老實於當下工作的態度，不以取巧鑽營利欲，正是「用無」之展現。

老子之「無為」，就是要棄絕人類法則之一切行為，「無事」是要棄絕人類法則之一切情事；這兩者所指涉的，其實幾乎相同意義，只不過「無事」比較強調於當政者應該讓國家人民休養生息，應該「治大國若烹小鮮(60)」一般，簡單化政令規制，不要時常去撓動攪混人民。至於「無味」，前幾章

63 為無為

雖未見這詞，但卻已見其要義。味，泛指一切外在感官所感應感覺的情緒挑動惑亂，亦即包含了第12章所舉的「色音味、情緒與寶貨」的挑動。因此，「無味」，就是要棄絕一切外在感官情緒對心志的挑動惑亂。老子認為一切道理的認識，唯有藉著清澈澄明的玄深內心來觀照洞燭(10)，那是來自於內心觀照，而非外在感觸，因此唯有「無味」方能入道。

> 為無為，事無事，味無味。

用無，就是「為無為」、「事無事」、「味無味」。也就是，不採行人類法則的一切行為、不推用人類法則的一切項目、不體驗人類法則的一切外在刺激。

人類法則是以不斷追求利欲為中心，總是貪得無厭。雖已擁有夠大夠多，卻總是覺得仍然不夠大不夠多；基於利欲計算，故會以利益回報他人對我的好、以怨恨回報他人對我的不好。持道守道者則不然，因「反有去有」，故總能覺得當下擁有已是夠大、夠滿足，而且對於他人的任何施為，心境

> 大小多少，報怨以德。

總能不受撩撥而無差別的予以對待。因此老子說，體道者，雖擁有的小，卻總是認為夠大了，雖擁有的少，卻總是認為夠多了；亦即，總是能時時刻刻的維持自我心境的滿足。雖然他人對我可能不友善，卻總是依舊無私無念的回報以友善。

　　體道者，不會被利欲驅策著，去盼望幻想上天降下大任給他來完成，求取瞬間拔地竄起、圖得聲名；反而會樸拙踏實的在生活中，時刻不斷實做著那些被認為簡易與細小事務，借此不斷累積自己的知識與能力。於是，偉大項目與任務的機會一旦出現，便能具有實力與能量去確實抓住與完成。因此，老子說，體道者，為了養成解決困難的能力，總是持續由簡易事項中訓練起；為了培養成就大事業的量能，總是持續由細小事務中磨起。事實上，天下大難事的解決本領，必來自於簡易事項的磨練培養；天下大偉業的成就基礎，必來自於雜細事務的學習累積。

> 圖難於其易，為大於其細。天下難事，必作於易；天下大事，必作於細。

　　於是，體道修己之人，既不會妄想著一下子就做大事成大業，也不會自滿的認為自己能力已足夠做成大事業，故總是不斷的謙卑踏實於簡易雜細事項中磨練與淬礪，累積出不凡的能量之後，**而終能成就其不凡大業**。

> 是以聖人終不為大，故能成其大。

　　舉凡能力見識的養成訓練，必是由小而大、由易而難、由基礎而至應用；於是，平時生活中諸多能力品性的訓練與

63 為無為

培養，搯塑了一個人未來慣性、特質、能力、與器識。比如，時常不能信守已應允他人的諸多小事，就必然養成不重信用的慣性；時常不能嚴肅認真的對待與處置諸多簡易細雜事務，則解決事情的能力就永遠不能養成，就必然會面對許多無能力處理的困難與折磨，僅管事情本身可能並不真的困難。

> 夫輕諾必寡信，多易必多難。

是以，體道修己者，於生活中總是猶如面臨困難般的嚴肅對待所有事項，透過日積月累的不斷實作、磨練、淬礪，終而具有各式強大能力而可以解決各種難事。偉功大業，就是必須如此的養成過程，絕無僥倖。

> 是以聖人猶難之，故終無難矣。

老子認為，當所有人都汲汲營營於尋找或盼望功成名就的機會時，體道修己「用無」，反而棄絕這樣的人類利欲行為與想法，穩紮樸實的由生活中諸多小事易事裏，去不斷的實作學習與累積經驗能力。這個穩紮樸實的養成過程中，內心靜默、不為外惑，就只是如同生活般的把當中所有事情項目認真的做好。樸實靜默謙抑，這正是「無」的展現，正是持道守道的行為。

　　因此，老子之「道」，並非如同一般人的誤解，認為是一種宗教般的修行，認為不宜正值積極奮發的年輕人來讀；相反的，持道用無的思想與行為，更是一種紮實養成與積極踏實的制勝之道，以此做為人生態度，更具力量。

　　為了方便讀者閱讀與釐清，本書特別把老子(直接或間接)提及「無為」、「無事」、與「無味」之相關句段，摘取整理於附錄。

64 其安易持

其安易持①，其未兆易謀②，其脆易泮ㄆㄢˋ③，其微易散④。為之於未有⑤，治之於未亂。合抱之木，生於毫末⑥；九層之臺，起於累ㄌㄟˊ土⑦；千里之行，始於足下。

為者敗之⑧，執者失之⑨。是以聖人無為故無敗，無執故無失。民之從事，常於幾ㄐ成而敗之⑩。慎終如始⑪，則無敗事。

是以聖人，欲不欲⑫，不貴難得之貨；學不學⑬，復眾人之所過⑭。以輔萬物之自然⑮，而不敢為⑯。

---

①其安易持：安定形勢容易維持。 持：持守、把握

②其未兆易謀：災殃未現之前，容易謀劃化解。 未兆：未現徵兆之前。 謀：謀劃

③泮ㄆㄢˋ：融解、消解。

④微：微小細末。

⑤未有：未出現、未存在。

⑥毫末：秋毫之末；形容細小。此處指細小的萌芽。

⑦累ㄌㄟˊ土：堆積之土。

⑧為者敗之：以人類利欲法則出發的一切策略去想有作為，必將敗無。 此句首現

於第 29 章。 「為」即「有為」，意指一切利欲情感驅動的行為，包括行為思想、策令規制、與風俗禮節。

⑨執者失之：以人類利欲法則出發的一切策略去執有與治理，必將亡失。 執：治理、保有。 此句首現於第29 章。

⑩幾ㄐ：幾乎，差不多。

⑪慎終：到了事情的後段，仍謹慎從事。 終：末段。

⑫欲不欲：養成「不欲」。 欲：養成、具有。 不欲：少私寡欲(19)。

⑬學不學：學習「不學」。 不學：不要養成社會一般流行的巧智機詐各種能力。不學之「學」同於「絕學無憂(19)」之「學」。

⑭復眾人之所過：恢復眾人所錯失的。 所過：所錯失的，指「道」。

⑮以輔萬物之自然：以合行於萬物所遵行之自然法則。 輔：輔行、遵行。

⑯不敢為：不敢「有為」，即「無為」之意。

任何時刻總是「無有」或「正負」的交併呈現，因此，心境不放任於當下已現之「有」，而能謀劃於未來未現之「無」，即是一種「用無」心態。本章所欲講述的主旨，即在於此。

如前幾章次所提及的，順境中不因昂揚而迷失，隨時警覺剔勵以防患未然；逆境中不因消沉而頹廢，隨時武裝自己以備未來時機。這樣的態度，處於實質當下，但心境卻不放任於當下，是時刻用心警覺的預為潛在一面做足準備。「當下」已現，是為「有」，「未來」未現，是為「無」，因此這樣的態度正是「去有反有」的「用無」。所謂「居安思危、未雨

64 其安易持

綢繆、防患未然」或近代口號之「預防重於治療」等等，就是這樣的生活態度。

老子說，若平時用心警覺預防於可能的破壞因素，則**安定形勢即可容易維持**；若平時用心警覺謀劃於可能禍因，則**災殃未現徵兆之前，即可容易化解**。這都是「用無」概念的生活哲理與策略。

> 其安易持，其未兆易謀。

雖說，安定承平時期預作防治破壞因子的成形，最能夠獲得維持安定與謀平動亂的效果；但是，安定承平時期，人心卻也是最易安逸鬆散與舒緩懶惰，更難啟動時刻提喚一己的警覺剔勵，這正是防患未然與居安思危很難以實踐與持續的主因。老子認知此理，因此極力勸導人民說：於承平時期防患未然，要像對待**明顯脆弱的物項**一般，因其**易碎**，所以會時刻警覺小心以防止其碰撞。要像對待微小細末的物品一般，因其**易散**，所以會時刻警覺小心以防止其飄失。這樣的時刻警覺慣性，**行之於事發之先，治之於亂起之前**，即能有效維持安穩並平息可能潛患。

> 其脆易泮，其微易散。為之於未有，治之於未亂。

任何大功大業的成就，其過程都必是充滿艱困折磨與千錘百鍊的長期淬勵，絕非一朝一夕或瞬間所可成就；唯有踏

實無念、樸質無華、與苦幹實幹者，才能心甘情願的接受這樣的過程，此亦正是「用無」心態的具體實踐。這就像是數人合抱的大樹，必由細小萌芽開始奮力長成；聳立九層的高臺，必由一堆堆泥土累積逐漸疊砌而成；而欲行走千里之遠，也必須由雙腳一步一腳印的積漸所致。這樣的道理，與「天下難事，必作於易；天下大事，必作於細(63)」如出一轍。

> 合抱之木，生於毫末；九層之臺，起於累土；千里之行，始於足下。

許多人看到別人成功，總是去琢磨著他的策略或經營手法，然後費盡心力刻意的去複製模仿其策略，總以為他人的成功盡在於這些策略與手法，卻完全忽略其一開始即孜孜不倦的樸實無念與踏實苦幹之養成過程。缺少這一「用無」的養成過程，卻淨是企圖算計著爭奪功成名就，那就像，不始於萌芽卻又幻想著快速長成大木、不老實的一劀一堆砂土疊砌卻又幻想著成為高丘、不勤於走路卻又幻想著來到千里之外。這樣的人，始終「用有」駕馭著一切策略思考，而完全忽略不斷「用無」才可累積能力與見識。

因此老子說，若凡事總是出發以利欲算計爭奪，終將敗無；凡事總是出發以利欲去執有與治理，必將亡失。「用

> 為者敗之，執者失之。

64 其安易持

無」的心態，強調凡事樸質無念的去做，亦是呼應前面章次之大道無為，必可「因無而有、因恒無而恒有」。體道人君若能持續用無，不僅能夠攘取天下，還能持續不斷的擁有與治理天下。**是以，體道人君，無私無利欲，故攘取天下而不敗；無私無利欲，故執有治理天下而不亡失。**

> 是以聖人，無為故無敗；無執故無失。

可惜的是，許多人僅管了解道理，知道凡事總得由一步一腳印的付出心力開始，然後透過不斷的樸實無念苦幹，藉著磨練學習中逐漸累積能力與茁壯；但這過程可能過於漫長，以至於一般人常常因焦急於獲得成功，而無法堅守至最後一刻。我們看到，**一般人做事**，不少是一開始抱著樸實無念的苦幹心思，但在一陣子過後，眼看利欲遲遲不現，就沒了耐心而放棄；這相當可惜，因為都已經苦幹付出了一陣時日，也很可能就已經快接近成功的地步了，**卻就在快接近成功之時放棄了、失敗了。**這種類型的人，心志不堅、毅力決心不足，因而前功盡棄，於我們生活週遭時常可見；這也是決定成功或失敗的主因。一個人唯有**能夠謹守初衷直到最終，就不致失敗。**

> 民之從事，常於幾成而敗之。慎終如始，則無敗事。

　　要能夠養成由始至終的堅持守無，最重要的，就是要先養成不去企盼想望那些功成名就的利欲，也就是，要先養成「見素抱樸，少私寡欲(19)」。人若能養成如此心性，則「不欲以靜，天下將自定(37)」。老子身處戰亂頻仍之世，認為禍亂源自於人類橫流的利欲想望，遂致當世盛行的一切學問或情操，率皆以服務滿足人類利欲為目的，而成為一種爭奪利欲的機巧詭智之學。是以，體道治國者，要養成少私寡欲，不去珍貴那些難得財貨；要養成不巧智機詐，以恢復那個被錯失遺忘的大道。如此一來，人民即同萬物一般的遵行自然法則運行，而不會「有為」。

> 是以聖人，欲不欲，不貴難得之貨；學不學，復眾人之所過。以輔萬物之自然，而不敢為。

每一「當下」，串聯出「未來」，累積出生命。頻於抱怨者，心思必多費於忿懟嗟怨，而少用於勤作創想，必然無法完全獲取當下所能訓練的技藝、能力、與創意。既少有長進，將愈不能契合當下而更抱怨，於是更無長進，卻更多抱怨。不長進與多抱怨由此而惡性循環相生，難有出期。落後的當下，串聯出落後的未來，累積出落後的人生；習於抱怨者，往往已注定了落後的當下。

64 其安易持

　　當下每一時刻，即如「合抱之木的初生毫末」、「九層之臺的起始累土」、「千里之行的先前一步」；唯有當下是什麼職務、就認真做什麼職務，才能每一時刻都能有外在與內在的飽滿訓練。當下是逆境，接受了，才能豁達認真的由中去體驗、淬礪、與奮起；當下是順境，認清了，才能戒慎恐懼的由中去把持內心與精進。這樣的每一當下，是逆是順，都正向的變成人生踏高的墊腳石。

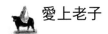
65 古之善為道者

古之善為道者，非以明民①，將以愚之②。民
之難治，以其智多③。故以智治國，國之賊④；
不以智治國，國之福。知此兩者亦稽式⑤。常
知稽式⑥，是謂玄德⑦。玄德深矣遠矣，與物
反矣⑧，然後乃至大順⑨。

---

①明民：讓人民知曉如何機詐
　巧智。
②愚之：使人民不會機詐巧
　智。
③智：機巧詭智之學。
④賊：禍害。
⑤稽式：法則、楷式；效法。
⑥常知：隨時隨刻的知與行。
⑦玄德：具體實踐大道的心性
　行為；亦可代表「道」。

⑧玄德深矣遠矣，與物反矣：
　「道」為大、為深、為遠、
　為反(25)。道之「大」，際線
　框域消逝於幽「深」，如同
　位於玄「遠」的不見之處，
　但卻又與萬物同「返」運行
　於人類週遭的自然界之中。
　玄德即大道。
⑨大順：和諧均衡之自然界。

戰國時代，戰鬥混亂的環境，使得許多攫取功名之雞鳴狗盜
與機巧詭詐學問，成為當下社會主流。於是，老子書中所謂

65 古之善為道者

的「學」或「智」，率皆指這類學問與知能，而與大道法則相反，故本章主張「去學」、「去智」。本章以「古之善為道者」破題，與第 15 章相同，該章主要描述近道者在言行思想上所具有的特性。

前面章次中提到，「常使民無知無欲，使夫智者不敢為也(3)」、「絕聖棄智、絕學無憂(19)」、「學不學(64)」等，其中的「知」、「智」與「學」，是指戰國爭亂當世，因之而盛行的學問或智能，其之功用不外乎是追求功名利祿的一切機巧詭智。老子看不慣這些機巧詭智之學，認為這是本末倒置的花樣技巧，並非解決戰亂與治國的根本大道，於是主張聖人治國，必須讓人民遠離這樣的機巧之學，否則社會終將機巧詭詐成

> 古之善為道者，非以明民，將以愚之。

風而為禍於整個國家。所以老子說，古時善於體道者，不是要讓人民去知曉當時機巧詭智之學，反而是要讓他們不知曉，要讓人民不受機巧詭詐之學的教習。

> 民之難治，以其智多。故以智治國，國之賊；不以智治國，國之福。

老子認為，人民會難以治理，只因其多能機巧詭智。相同的，若人君以機巧詭智之學治理國家，只會誘惑驅導人民更加機巧詭詐以爭奪利欲，終將為禍整個國家社會；反之，不以機巧詭智之學治國，則是國家社會之福。

前述「以智治國，國之賊；不以智治國，國之福」這兩者，是體道治國的兩條標準式。時刻奉行這兩條治理標準式，就是道法用無的具體實踐，因此就是玄德。玄德，就是大道無為的具體實踐，其實也就是代表著大道。

> 知此兩者亦稽式。常知稽式，是謂玄德。

大道玄深，無形無緒無聲、混沌成一、惚恍窈冥，無邊無際；或可說，其際線框域乃消逝於玄深幽遠的不可見之處。雖然如此玄虛深遠而模糊難辨，卻又那麼親近的返回，與萬物一同展現於我們週遭可及之處。一如第25章所述「吾不知其名，強字之曰道，強為之名曰大。大曰逝，逝曰遠，遠曰反」。故玄德曰深、曰遠，但仍與萬物一同返回運行於人類週遭的自然界之中，然後共同促成自然界的和諧均衡。

> 玄德深矣，遠矣，與物反矣，然後乃至大順。

世人多以此章而說老子主張「愚民」，但本章真義並非如此，而是主張在教育上，不當讓人民去學習了那些不正當亦不合大道的機巧手段。留意的是，老子一書中的「知」，其意義依本文旨意而有所不同。一者意義同於「智」，乃機智巧詐之謂，是人性貪欲的表現；另一者則指涉著「知曉道理」。

66 江海之所以能為百谷王

江海之所以能為百谷王者①，以其善下之②，故能為百谷王。

是以聖人欲上民③，必以言下之④；欲先民⑤，必以身後之⑥。是以聖人處上而民不重⑦，處前而民不害⑧。

是以天下樂推而不厭⑨。以其不爭，故天下莫能與之爭。

---

①百谷王：百川所歸往之所。

②善下之：善處於百川之下位。之：指「百川」。下：動詞，為「處下、謙下」之意；與第62章所言同義。

③上民：處於人民之上位，即統治管理者之位。上：動詞，即「統治管理」之意。

④言下之：言辭謙虛低調(如居下位般)的對待之。

⑤先民：處於人民之先位，即領導創造者之位。

⑥身後之：把一己身名利欲置於人民之後。

⑦民不重：人民不會承受重擔。

⑧民不害：人民不會遭受傷害。

⑨天下樂推而不厭：天下人民樂於推戴而不會覺得厭棄。

本章可視為第 61 章「大國者下流」的續篇，繼續推論「處下」的特徵與重要性，並說明「處下」其實就是「不爭」的一個概念。

大海的特徵，廣大靜默、謙下低位、聚納寬容。大江大海之所以能成為百谷之王，正是因為它善處下位，謙虛容納百川萬水，所以成就其為百谷之王。為人或治國，要能夠吸引友朋或人民歸心誠服，亦必須如江海般的廣大靜默、謙下低位、聚納寬容。

> 江海之所以能為百谷王者，以其善下之，故能為百谷王。

老子說，治國人君想要能夠得到人民嚮往與歸服，必須言辭謙虛且寬容的對待人民；要能夠領導人民、獲得追隨，必須把己身所欲讓位於人民之後。前者靜柔謙斂、後者無私不爭。

> 是以聖人欲上民，必以言下之；欲先民，必以身後之。

如此人君處上位統治人民，人民不會承受重擔壓力；處前位領導人民，人民不會遭受傷害。因此，天下人民都樂於推舉愛戴這樣的人君，不會厭棄。謙虛無私，簡單講，就是「不爭」。

> 是以聖人處上而民不重，處前而民不害。是以天下樂推而不厭。

66 江海之所以能為百谷王

　　靜虛謙斂而不爭、廣納多元而無私，如大江大海一般，於是「萬物作焉而不辭(2)」，但卻「功成而弗居(2)」的無私不爭。**正因不爭**，故「夫唯弗居，是以不去(2)」，故「不自見故明，不自是故彰，不自伐故有功，不自矜故長(22)」，於是，**天下人就無能與之競爭**。「以其不爭，故天下莫能與之爭。」這句話亦於第22章中提到過，意義與此相同。

> 以其不爭，故天下莫能與之爭。

　　謙虛自抑，老子最喜歡用的比喻即是江海之納百川。相同的譬喻不斷的出現，例如「為天下谿，常德不離，復歸於嬰兒(28)」、「譬道之在天下，猶川谷之與江海(32)」、「大國者下流，天下之交，天下之牝(61)」等等。

　　謙虛自抑，相同的概念亦多處提及，如「持而盈之，不如其已(9)」、「不自見故明，不自是故彰，不自伐故有功，不自矜故長。夫唯不爭，故天下莫能與之爭(22)」、「果而勿矜，果而勿伐，果而勿驕，果而不得已，果而勿強(30)」、「大盈若沖，其用不窮(45)」、「挫其銳(56)」、「治人事天，莫若嗇(59)」、「大國者下流(61)」等等，讀者可以參考附錄的整理。

　　關於無私，相關的說法亦出現於第 7 章，「是以聖人後其身而身先，外其身而身存。非以其無私邪？故能成其私」。

以「無私無念無己」的思想行為模式，把自己想法利益擺在一旁而以大眾為先，結果往往自己的想法利益反而會得到償願；把自己身名聲望置之度外而以大眾為慮，其結果往往自己的身名聲望反而會得到長存。「無私無己」的行為，結果反而得到了私己的長期成就。這個「私己的成就」，正是其「無私」所致。

67 天下皆謂我道大

天下皆謂我道大①，似不肖②。夫唯大，故似不肖；若肖，久矣其細也夫③。

我有三寶，持而保之。一曰慈④，二曰儉⑤，三曰不敢為天下先⑥。慈故能勇，儉故能廣，不敢為天下先，故能成器長光⑦。今舍慈且勇，舍儉且廣，舍後且先，死矣！

夫慈，以戰則勝，以守則固。天將救之⑧，以慈衛之。

---

①我道大：我(老子)說的道很玄大。

②似不肖：似乎都不像任何具體可驗的事項。 肖：像。

③久矣其細也夫：久了就變得可以細微分判其內容了。

④慈：愛憐。 父母對子女的愛稱為「慈」；即深篤的愛。

⑤儉：節省、樸實；謙和節制。

⑥不敢為天下先：不敢把自己的想法利益擺在人民大眾之先。同於第7章「後其身而身先」的意義，其結果，往往是自己的想法利益反而會得到償願。

⑦成器長光：成為萬物眾器之長；就社會而言，即是成為眾人的領導官長。

⑧天將救之：上天將要救一個國家。

大道虛玄，看不見、抓不得、聽不著，一般人該如何體道行
道呢？為此，老子提出三個體道的具體生活化品性，稱其為
體道的三個法寶，即「慈、儉、不敢為天下先」。本章專論這
三者。

老子自己說，天下人都說我講的
「道」太過玄大，虛無縹緲，似乎都不
像任何具體可驗的事物。是的，正因
為它的玄大，才會虛無得不像任何具
體可驗事項。假若它真像某些具體事
物，那麼日久之後，就必然能被大家
透澈的細微解剖，它也就不再那麼奧秘
重要了。這正如前面章次所言，大道的本

> 天下皆謂我
> 道大，似不
> 肖。夫唯大，
> 故似不肖；若
> 肖，久矣其細
> 也夫。

質就是虛玄，於是，視之不見、聽之不聞、搏之不得(14)，恍
惚窈冥(21)，寂寥逝遠(25)，渾樸無名(32)。

道，既是如此虛玄縹緲，看不見、聽
不著、抓不得，那麼一般人又該如何認識
與實踐它？該如何「坐進此道(62)」呢？
為此，老子特別提供了三個簡易法門。他
說，我有三個法寶，可以用來確實掌握
住大道，就是「慈、儉、不敢為天下
先」這三個品性。「慈」是「無念」、「儉」

> 我有三寶，持
> 而保之。一曰
> 慈，二曰儉，
> 三曰不敢為
> 天下先。

則「謙樸」、而「不敢為天下先」則是「無私」，這三個生活態度品性，就是大道的具體實踐方法。

老子認為，仁義禮智等社會風氣所關注的「美德」，都是人類基於利欲計算所驅動演化而出產物，藉此建構與追逐利欲的一些準則。這些產物愈是盛行，即意味著大道愈是沉淪，是「大道廢，有仁義(18)」之謂。不過，在一般社會習俗德性中，老子唯獨對於「慈愛」的品性予以肯定，在他看來，「慈」的中心精神就在於「無念」。

慈，是父母對子女的深篤之愛。我們時常看到，在天崩地摧、心驚膽裂的災禍瞬間，父母總是不假思索的擎起肉體為盾，犧牲一己抵擋災禍以保護子女。那瞬間的至性，完全沒有生死懸念、沒有畏懼思掛、沒有欲利盤算，是「無思無念」的僅基於護子本性所為之直接反應。所以，老子認為，「慈」是人類行為中，最能體現「大道用無」的一個品性，體道修道者若從生活思想行為中去實踐「慈」，就可確實驗認並具體掌握了「道」。具體說，慈愛，這一種「無念」的心性，讓一個人變得勇敢無懼。

慈 故 能 勇

儉，即「儉約斂縮」，也是「謙抑節制」的意思，其義同於第59章之「嗇」。儉與慈不同。「慈」是人性中最近於大道的一抹光輝，是人類本性中所潛藏元素，有待我們去發揚光

大;而「儉」則是外在修鍊功夫,藉以抑制人類貪欲心性的蔓延與加速。不論是一己本心的易放難收,抑或統治者基於便利所設計的刑賞規治,都會誘使人類利欲貪念不斷的加速深化擴大,使一己隨之加劇的墮入得失恐懼,也使社會國家隨之加劇的鬥爭或戰亂。所以體道修己或治國,第一步功夫當是遏阻此等貪念慣性的發展,簡單方法,就是從日常生活的思想行為中,去儉約謙抑自己的心性,最終達致於不隨外在事物波動的靜柔虛無。

就直覺字面意義而言,儉約節省之人當然儲存更多,故生活就能不虞匱乏;而就心性而言,儉約謙抑之人,心境收斂得不隨外在事物波動,當然最能海闊天空。因此,**儉嗇**,不僅「夫唯嗇,是以早服(59)」,可以及早幫助防止未來災禍與驚懼的發生,**還可以使得一己心境寬廣得如海闊天空。**

> 儉 故 能 廣

第三個法寶,「不敢為天下先」,就是「處下不爭」,亦是「無私」之意。這個特性已於第 7 章及第 66 章詳論過,新讀者可先行閱讀這兩章。不敢為天下先者,凡事把一己利欲置於人民(或他人)之後,透過如此修為,即可以降低爭奪心理,終至於不爭與寡欲,而貼近「大道用無」之本質。此時雖是不爭,但世間諸多功名利祿卻會隨之附加而來,一如前面章

67 天下皆謂我道大

次之所論述者，茲摘錄於后：「欲先民，必以身後之。是以聖人處上而民不重，處前而民不害。是以天下樂推而不厭。以其不爭，故天下莫能與之爭(66)」；「聖人後其身而身先；外其身而身存。非以其無私邪？故能成其私(7)」。

「**不敢為天下先**」這樣的持性，凡事優先考慮與照顧他人利益，就容易獲得他人的信任與追隨，追隨者基本上會

> 不 敢 為 天 下
> 先 ， 故 能 成 器
> 長。

受到善待與保護，不會受到傷害，因此，**人民自然樂意推戴他為大家的官長領導**。這樣的不爭性格，讓人民如水之就江海一般，自然的歸往順服，莫之能禦，天下就再也沒有能夠與他競爭的人了(66)。

然而，老子觀察到當下的社會，人類卻總是背道而馳。

> 今舍慈且勇，舍
> 儉且廣，舍後且
> 先，死矣。

他說，如今人民捨卻「**慈而勇**」、「**儉而廣**」、「**後而先**」這樣的道理，其結果，就只有死路一條了。因為，不慈則天下人民不仁不勇，不儉則逐欲爭利終是恐懼難安、爭鬥不止；而凡事爭奪先於他人，必然與民爭鬥、難以獲得景從。想當然耳，這樣的人心，必然爭鬥不止、惶恐難安；這樣的人，必為人民所恨、所懼、所唾棄；而這樣的國度，必然爭鬥紛亂不已。故，無異於窮途末路。

事實上，在這三個法寶中，老子更為重視「慈」，列為三者之首。他說，若能養成人民「慈愛」，則為了保家衛國必然會勇敢無懼，出戰必勝、守城必堅。若上天有意救衛一個國家人民，就會讓人民普具慈愛品性，隨之生出勇敢無懼而護衛國家。

夫慈以戰則勝，以守則固。天將救之，以慈衛之。

68 善為士者不武

善為士者不武①，善戰者不怒②，善勝敵者不
與③，善用人者為之下④。是謂不爭之德，是
謂用人之力⑤，是謂配天⑥，古之極也⑦。

---

①善為士者不武：善為將帥武
　士者，總是意氣自若，從不
　刻意表現勇猛威武。 士：
　武士、將帥。 不武：不刻
　意表現勇猛威武。

②不怒：不輕易被激動氣。

③不與：不與之正面交戰。

④為之下：謙虛待下。

⑤用人之力：讓人自動的景從
　效力。

⑥配天：合乎大道之運行。

⑦古之極：自古以來的恒存道
　理。 極：極致無邊，意指
　「恒存」。

本章從各方面說明「靜默不爭」與「謙虛處下」的處世原則。

善為士者不武，
善戰者不怒，善
勝敵者不與，善
用人者為之下。

善為三軍將帥者，總是意氣
自若，從不刻意表現勇猛威武；善
於率兵作戰者，總是冷靜沉穩，從
不輕易就被激動氣；善於戰勝敵人
者，總是不與之正面交戰，就可折服敵人；而善於用人
者，總是謙虛待下，如江海廣納多元。

前三者「不武、不怒、不與」正是「靜默不爭」之德，後一者「為之下」則是謙虛待下讓人景從效力。這兩者特質都是合乎大道運行的行為，故能獲得勝利與追隨，這是自古以來恒存的道理。

是謂不爭之德，是謂用人之力，是謂配天，古之極也。

69 用兵有言

用兵有言：吾不敢為主而為客①，不敢進寸而退尺②。是謂行_T無行_₺③，攘_ㄖ無臂④，扔_ㄖ無敵⑤，執無兵⑥。

禍莫大於輕敵⑦，輕敵幾喪吾寶⑧。故抗兵相加⑨，哀者勝矣⑩。

---

①不敢為主而為客：不可先行挑起戰爭，而願被動回應。古論中，兩軍馳赴戰場，先至而待者為主，而後至者代表不情願的應戰，故為客；本句取其意而謂「不可先挑起戰爭」。

②不敢進寸而退尺：不可推進攻擊，而願堅守陣地。 進寸：主動推進向前攻擊。 退尺：被動回防退守待機。

③行_₺無行_₺：軍隊已開拔前進但仍未擺出攻擊陣式。 行_₺：作戰的行_₺陣列式。

④攘_ㄖ無臂：將士已捋起袖子但仍未揮出拳臂。 攘_ㄖ：捲袖露出手臂的動作。

⑤扔_ㄖ無敵：士兵已準備揮戟擲砍但仍未開戰應敵。 扔_ㄖ：投、擲。

⑥執無兵：將領統率軍隊準備應戰但仍未號令出兵。 執：管理、執有。

⑦輕敵：輕啟戰爭。 此處之「敵」為敵對行為，指戰端。

⑧吾寶：國之神器命祚。

⑨抗兵相加：兩軍對壘抗擷、

相互交戰。
⑩哀者勝矣：能持以哀矜無喜

者，必得戰爭勝利。　哀：
哀矜態度。

本章是繼第 30 與 31 章後，進一步的說明演繹其反戰主張。

第 30 章說「善有果而已，不以取強。果而勿矜，果而勿伐，果而勿驕，果而不得已，果而勿強」。就是說，若國際爭鬥不能免除，則必須善用外交謀略取得結果，而非盡以兵力強取豪奪；在取得勝果後，也不能自滿、自誇、自傲，須謙虛低調讓天下人知道不得已而為、且非武力強取。第 31 章則說「兵者不祥之器，非君子之器。不得已而用之，恬淡為上，勝而不美」。與兵作戰既是不得已，必懷哀矜勿喜心態，心地仁慈而輕淡施為；就算是勝仗，也不以此為美為樂。

基於用兵戰爭乃是不得已的，故需哀矜無喜。因此老子對於用兵，不主動挑起戰爭、不欣喜於戰勝，不依兵強而豪取。其論點仍然回歸於「靜」與「守」，主張謙抑節制於強兵之用，僅不得已的被動應戰，故多防禦而少攻擊。

古老兵書中，一件事項的相對兩造，靜者為主、動者為客，或曰被動者為主、主動者為客。當兩軍立陣對峙，先吶喊開射者為客、後動者為主；攻城時，攻擊者為客、防守者為主。當兩人相鬥時，先動手者為客、後動者為主。當兩軍

69 用兵有言

馳赴戰場交戰，先至而等待為主、後至者為客。此一主客之分，依前述老子主張，用兵作戰寧是哀矜毋喜的，是不得已而被動應戰的，故於開拔發軍馳赴沙場時，必是不情願的慢到後至，而成為「客」方，此正是本文「不敢為主而為客」的意義。

同時，老子一貫主張，謂用兵者，不願憑藉兵強而專好攻擊強取，寧願多點靜守陣地以進行交涉，「善有果而已」；此即本文「不敢進寸而退尺」之謂。通常兵事戰爭中，攻擊推進難且慢、撤退回守易且快，故「進寸」代表攻擊推進，而「退尺」則代表退守防衛。

於是老子在本章破題即說，古前兵家談用兵曾說：「我不主動挑起戰爭，而寧可被動的不得已應戰；我不以軍力攻擊強取，而寧願堅守陣地等待交涉。」這是強兵者的謙抑與節制，呼應著第 30 章與 31 章的論點，亦是體道修道於用兵上的實踐。

> 用兵有言：吾不敢為主而為客，不敢進寸而退尺。

如此謙抑節制的用兵之道，並不鬆懈於整軍備戰，只是視戰爭為最後不得已的手段。故於緊張時期，雖礪戈秣馬、弓上弦、刀出鞘，已充分備戰，就待一聲令下即可開戰強取，但卻仍不放棄等待外交折衝，冀望免於一戰。此時盤馬彎弓

的備戰狀態，就像是：軍隊已行軍開出但仍未擺開攻擊陣式，將士已捋起袖子但仍未揮出拳臂，士兵已準備揮戟擲砍但仍未開始攻敵，將領統率軍隊就位備戰但仍未號令出兵。

是謂行無行，攘無臂，扔無敵，執無兵。

　　上述的狀態有兩個意義：準備充份而只待令下即可隨時應戰，但卻不輕易開啟戰爭，寧可多等待以得不戰而果。老子雖是反戰，但反的是處處鋒火的隨意啟戰。不盡最大努力去追求外交途徑上尋得解決以避免戰爭，卻一味的好戰而輕率的開啟戰爭，原可避免的凶年飢饉隨之而來，這樣的行為，甚至可以葬送國家命運。於是老子說：國家最大禍患，莫過於輕啟戰端；輕啟戰爭者，幾乎就可以斷送國家命運的了。

禍莫大於輕敵，輕敵幾喪吾寶。

　　避免輕啟戰爭，但有時候戰爭是不得已而得應戰的。不得已而用兵，是被動的回應、是哀矜勿喜的，因此必須是「恬淡為上，勝而不美(31)」。就算是打勝仗，也不該以此為美為樂，否則將無法獲得天下人心歸服的(31)。因此兩軍抗擷交戰，能持以哀矜無喜者，表示那是不得已而為之的，必得人心順服而獲得戰爭勝利。

故抗兵相加，哀者勝矣。

297

69 用兵有言

兵學與陰陽學上，相對的兩方，都大抵以靜者為主、動者為客。然而，主客是一事項之對立相成的二元面向(2)，隨著陰陽不斷的消長變化，主客定位會隨之變化不定。於是，一事件由開始至結束，在兩造出招接招應接不暇的動態過程中，可能忽而為客又忽而為主，必須時刻審慎明辨，才能洞澈敵我情勢。

主客變幻不定，端視現場敵我局勢演變，用兵作戰者最需明辨。看似靜為主，此靜卻是包藏奪取的意圖，卻該論為客；看似先動為客，此動卻是撤守的釋放和平信息，卻又該論為主。用兵戰事中，兵疲馬困者必多偃旗息鼓，為「靜」故為主，但強兵者意欲奪取某標的而刻意以弱勢欺詐，反而是「動」而為客。撤兵退守者是為主，但若佯裝敗退欲擊以伏兵者，則反而為客。堅守城池而不出戰者為主，但若借由堅守用以拖住對方主力，然後暗地派出奇兵繞道背後夾擊，則又為客。

在三國演義空城計一案中，諸葛亮手上只剩 2500 兵守城，司馬懿則率 10 萬兵馬已將逼臨城下，此時，前者為主而後者為客。諸葛亮面對滅亡時刻，決定計行險招。他深知司馬懿生性多疑，乃大開四門，令兵將喬扮庶民於街道城門、低頭灑掃、傍若無人，自己則披鶴氅戴綸巾，於城上笑容可

掬、焚香操琴,此等主動出擊行為即轉主而為客。司馬懿來到城下一看,盡是滿城昇平,軍民不慌不懼,哪是只剩 2500 守軍的樣子?於是不禁懷疑起自己的情資確實性,而在攻城或退兵兩個行動中,被動的拿捏策略,是為主。最後,他因確信諸葛亮是一個行事謹慎、不行無端冒險之人,因此認定眼前所見為真,亦即認定城內蜀國完整軍隊仍然駐紮,而決定退兵。

＊＊＊

老子一書中,解釋版本最多、最紛歧、最無一致看法的,就是這一章。尤其「是謂行無行,攘無臂,扔無敵,執無兵」的解釋最亂,不僅在本段文字意義的解釋,還在於上下文起承轉合邏輯的難以貫通。本書並未於此呈現各家紛歧說法,而直接採用個人研究心得,最能承接老子對戰爭「不得已而用之」的一貫看法,亦使本章每句前後邏輯得以貫穿。

70 吾言甚易知甚易行

吾言甚易知，甚易行。天下莫能知，莫能行。
言有宗①，事有君②。夫唯無知，是以不我知③。
知我者希④，則我者貴⑤。是以聖人被ㄆ褐而懷
玉⑥。

---

①言有宗：言論主張皆源自大
　道自然法則。 宗：本源(即
　大道自然法則)。

②事有君：策令作為皆遵行大
　道自然法則。 君：遵行(大
　道自然法則)。

③不我知：不知我所講的。

④希：少。

⑤則我者貴：仿效我的人很少。
　則：仿效、跟隨。 貴：極
　為稀少。

⑥被ㄆ褐而懷玉：身上穿着粗
　布衣，懷裏揣著真寶玉。說
　明聖人往往不易被認知。
　被：同「披」。 褐：粗布衣。

本章可視為第 67 章之續篇。因道虛用無本質，玄深難狀，故
一般人認為「天下皆謂我道大，似不肖(67)」之難以理解老子
理論，但老子自認為，其所講之道，其實是易知易行的。

　　事實上，老子列舉了許多人世可觀察與理解的實際現
象或品性，做為描述大道或介紹大道的方法，亦由此而提供

人民持道守無的一個簡易起點。例如第 67 章，他點出了世俗
之人向道求道的三個簡易實踐法寶，就是「慈、儉、不敢為
天下先」，亦可化約為「無念」、「謙下」、與「無私」三個名
目；觀察與掌握這些現象與品性，是可及而且可行的。而這
些現象與品性正是「道虛用無」的具體展現，由此著手，則
理解與實踐大道法則就變得相對的容易了。難怪老子說，我
所講的道，是易知易行的。無奈的
是，人類總是以追求利欲為終身目的，
心思總為利欲貪念矇蔽，於是天下人
之於道，總是無法知、無法行。

> 吾言甚易知，甚
> 易行。天下莫能
> 知，莫能行。

道，視之不見、聽之不聞、搏之不得(14)，恍惚窈冥(21)，
寂寥逝遠(25)，渾樸無名(32)；是以，其本質就是沖和、混沌、
靜柔、無念、玄深。是以，老子所提倡主張的無念無私與謙
抑柔靜，正都是演生於如此的本質之上。但人類社會法則，
卻是凡事本於利欲貪有之計算，所有行為皆為利欲貪念所驅
動，剛好與大道反向而去，於是一般世人必然難以體認大道
原理。老子感慨的說，我之言論主
張皆源自大道自然法則，行事作為
皆遵行大道自然法則。只不過，世
人無知，昧於利欲貪念的追逐於
「有」而走向道虛用無的完全反向，
於是完全無法認知大道本質，也就完全難知我所講的了。

> 言有宗，事有
> 君。夫唯無知，
> 是以不我知。

301

70 吾言甚易知甚易行

在這樣的利欲法則社會中，必然的，懂我所講的，很少；懂而且遵行的，更少。因此，體道行道者，在這個社會上雖具有一身內涵、能力與道識，但因其外表渾樸謙虛、靜默低調，總是不易為外人所察覺與認知，就總是被輕易的視而不見，**好像一個穿著粗布衣而揣懷著真寶玉的人**，根本沒有人會正視他。

> 知我者希，則我者貴。是以聖人被²褐而懷玉。

71 知不知

知不知①，尚矣②；不知知③，病也④。聖人不
病，以其病病⑤。夫唯病病，是以不病。

---

①知不知：知道但卻不刻意展
　現自己知道。
②尚：同「上」；近於道的行
　為。
③不知知：不知道但卻說的像
　知道一樣。

④病：缺陷、弊病、錯誤。
⑤以其病病：因為他惱恨這樣
　的缺點。第一個「病」，惱
　恨、厭惡。第二個「病」，
　缺陷、弊病、錯誤。

人類時常是喜歡「不知硬要裝知」，本章說明這是離道行為。

凡事謙抑知止，就是遏阻「利欲貪念」慣性的第一步
驟實踐方法。人類常犯一個毛病，就是喜歡裝作自己很懂，
藉以炫耀與博取名氣，這樣的行為亦是「利欲貪念」所驅動
的一個類型，體道者必須戒除之。於是
老子說，知道，卻不刻意展現而看若
不知，這是高上而近於道的行為；不
知道，卻說的吹的好像知道，這是一
種缺陷病態了。

> 知不知，尚
> 矣；不知
> 知，病也。

71 知不知

老子一書的「知」，作為名詞時，依本文旨意的不同，一者意義同於「智」，乃機智巧詐之謂，是人性貪欲的表現；另一者則指涉著「知曉道理」；本章即為後者。知曉道理而不好現，這是謙抑知止的行為。知曉道理卻炫耀愛現、甚或不知道理卻仍大吹大擂，這都不是謙抑知止的行徑，是不合大道法則的，當然是一種病態。持道者是不會犯下如此毛病的，因為他痛恨這樣毛病。正因痛恨著這樣的毛病，是以不會犯下這個毛病。

聖人不病，以其病病。夫唯病病，是以不病。

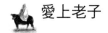

72 民不畏威則大威至

民不畏威①，則大威至②。

無狎ㄒㄧㄚ其所居③，無厭其所生④。夫唯不厭，是以不厭。

是以聖人自知不自見⑤，自愛不自貴⑥。故去彼取此⑦。

---

①威：鎮壓與威懾。

②大威：指「群起反抗的威勢」。

③狎ㄒㄧㄚ其所居：欺侮逼迫使其無法安居。 狎：輕慢、戲弄之意；又一說為「狹」的假借字，有狹迫、逼迫之意。

④厭其所生：壓迫厭惡使其無法樂生。 厭：憎惡、嫌棄；一說同「壓」，壓迫之意。

⑤自知不自見：自己知曉大道至理，但卻不執著己念己見。

自知：自己知曉大道至理。
自見：執著己念己見(故無法博采多議)。

⑥自愛不自貴：自己珍愛大道至理，但卻不認為一己可以更貴重於人民。 自愛：自己珍愛大道至理。 自貴：堅持一己珍貴於他人(人民)。

⑦去彼取此：去前者而取後者。「彼」指「狎其所居，厭其所生」，「此」則指「自知不自見，自愛不自貴」。

72 民不畏威則大威至

一般的統治者，若搞得讓人民不畏懼其威權時，那就是國家大災難的來臨了。老子於本章闡述著「最不可欲的政權」。

老子說，當人民無所畏懼於統治者的威嚴與鎮懾時，必是人民已經來到忍無可忍、退無可退的地步了。來到這地步，即是一個警訊，因為人民起而反抗的巨大力量將隨之爆發而至。歷史各朝各代的更迭與動亂，莫不皆是走到了這一田地所致；莫不皆是導因於人民生命受到巨大威脅，促其不得已而走險所致。

> 民不畏威，則大威至。

避免走到如此失敗的田地，當政者最豈碼的底線是：不能欺侮輕狎人民以致其無法安居，不能壓迫厭棄人民以致其無法樂生。唯有政府不壓迫厭棄人民，於是人民才不會厭棄政府。

> 無狎其所居，無厭其所生。夫唯不厭，是以不厭。

會走到「大威至」這樣的田地，歷史經驗告訴我們，都是統治者剛愎專橫與自私自肥的結果。所以，體道治國者，雖然自己知曉大道至理，但卻不可執著於己念己見。因為道的本質是虛無，知「道」者若還執著堅持己見己念，就不算是知「道」持「道」了。況且，知道至理的統治者，堅

> 是以聖人自知不自見。

持自己的至理，就很容易墮入一己意志專制的獨裁統治，那已是回復人性利欲情念的驅導，不再是體道守道者了。前幾章所謂的「不自見故明(22)」與「自見者不明(24)」，都與此處具相同意義。

另外，持守「道虛」的真義，還在於少私寡欲、謙抑自止，故愛道持道者，凡事必「以身後之(66)」、「不敢為天下先(67)」，以人民為優先，也就自然獲得愛戴與追隨。因此，體道治國者，自己珍愛大道至理，但卻不認為一己可以更貴重於人民。

> 自愛不自貴

統治者「狎其所居，厭其所生」，終將為人民所反抗與唾棄；而「自知不自見，自愛不自貴」，則將為人民所愛戴與追隨。因此，體道治國者應當去前者而取後者。

> 故去彼取此

307

73 勇於敢則殺

勇於敢則殺①，勇於不敢則活②。此兩者，或利或害③。天之所惡④，孰知其故？是以聖人猶難之⑤。

天之道，不爭而善勝⑥，不言而善應⑦，不召而自來⑧，繟然而善謀⑨。天網恢恢⑩，疏而不失⑪。

---

①勇於敢則殺：凡事總是習於堅持積極冒險者，容易招致敗無與滅頂。 敢：有膽量、不畏懼。 勇於敢：凡事總是膽敢冒險。 殺：陷於死地。

②勇於不敢則活：凡事總是習於堅持保守退縮者，容易保全一己。 勇於不敢：凡事總是不敢與退縮。 活：保住全身。

③或利或害：或者利或者是害；可能是利益、也可能是禍害。

④天之所惡：上天所厭惡者。

⑤聖人猶難之：連上位者都難以辯證理解的。

⑥不爭而善勝：不爭利欲，反而容易取得勝利。 不爭：不爭奪；即不採行一切利欲驅動之作為。 善勝：容易的取得勝利。

⑦不言而善應：不倡言利欲，反而容易獲得回應推崇。 不言：不倡言；即不倡言一切利欲驅動之主張。 善應：

容易的獲得回報。

⑧不召而自來：不以利欲號召，反而更多人自動來歸服景從。

⑨繟然而善謀：少政令規制，反而容易安治國家。 繟：寬鬆的；原意為「寬鬆的帶子」。 繟然：坦然自在、不用心機；亦即不行利欲驅動之策令規制，而清淨寬鬆

的對待人民。 善謀：善於謀劃；最佳策略；本文指「容易謀劃以得國家安治」。

⑩天網恢恢：天道寬廣無際。天網：天道、自然法則。 恢恢：寬闊廣大、無邊無際的樣子。

⑪疏而不失：網目寬疏卻不會漏篩。

前面許多章次中，老子列舉了人類社會行為品性，藉以說明「去有」與「貪有」在實踐上的辯證。「反有去有」乃在於切斷利欲貪有的念頭與行事，基本上圍繞在諸如「無為」、「不言」、「不爭」、「謙下」、「柔弱」、「知止」等品性上。本章，老子提出一般社會所稱讚的「勇氣」概念，再一次進行「用無」與「貪有」的辯證。非常精彩！

　　勇氣有兩種，「勇於敢」及「勇於不敢」。前者，總是堅持於積極冒險，後者則總是固守於消極退卻。前者容易開局創新，但卻得冒更大風險，更易招致敗無或滅亡；後者沒有風險，易於守局固盤，卻也容易習於呆板與僵滯，而無法應變。這兩種堅持力量，各有利弊得失，各因此各有成功與失敗的案例，所以無法定論何者為優。

73 勇於敢則殺

> 勇於敢則殺，勇於不敢則活。此兩者，或利或害。天之所惡，孰知其故？是以聖人猶難之。

老子說，凡事總是習於堅持積極冒險者，容易招致敗無與滅頂；凡事總是習於堅持保守退縮者，容易保全一己。乍看之下，似乎前者不利、而後者有利。然而，這兩種勇氣行為，實質上如前段所述，可能是利益、也可能是禍害，無法定論。上天對其之好惡評判，有誰知道它的標準到底為何呢？這個辯證連聖人都很難以論斷解析，何況一般的凡人呢？

事實上，「萬物負陰而抱陽，沖氣以為和(42)」，孤陰不生、獨陽不長，前述「勇於敢」與「勇於不敢」正是兩個對立的元素，假若單單偏於某一者，就非是「沖氣為和」，就非是合道行為。也就是，「勇於敢」者，若少了些許「不敢」的勇氣，則遇事必然總是慣性的被剛強血氣與魯莽膽敢所驅策，就容易遭遇敗無甚或滅亡。這裏所謂「不敢」的勇氣，就是正值遇事的浪頭上，猶能勒住翻湧的剛強氣血，頓息三思的冷靜因應。另一方面，若總是「勇於不敢」，而少了些許「勇敢」的血氣，則遇事每每遷思迴慮而柔懦寡斷，最終一事無成而只能保全苟活；這裏所謂「勇敢」的血氣，就是積極進取的冒險精神與意志。於是「勇於敢」之中交併著「勇於不

敢」，「勇於不敢」之下交併著「勇於敢」，這才是符合道虛之無有交併本質，上天所喜好與眷顧的類型，正是此等合道行為。

單獨的「勇於敢」或單獨的「勇於不敢」，如前所述，非是「沖氣為和」的合道行為；同時，是一種「過甚」態度，而違反「去甚、去奢、去泰(29)」，也是一種不懂「謙抑制節」的行為，而違反「治人事天，莫若嗇(59)」。若慣性的「勇於敢」，則「勇於敢」是當下「有象」，有能力於當下採用對立面的「勇於不敢」，即是「反有」，可謂之「用無」；反之，打破慣性之「勇於不敢」亦然。如此實踐，正是兩種勇氣的交併柔和，正是天道「虛無」之本質。

天道，因無而有，因此體道行道者，對於人類社會功名利欲之「有象」，時刻採行無為無事、不言不爭，則這些功名利欲卻反而會自然的隨附而來，即如「夫唯弗居，是以不去(2)」之所謂。天道法則，不爭利欲反而容易取得勝利，不倡言利欲反而容易獲得回應推崇，不誘惑以利欲反而更多人自動歸服景從，少政令規制反而容易安治國家。

> 天之道，不爭而善勝，不言而善應，不召而自來，繟然而善謀。

這樣的大道至理，雖然僅是簡單易懂的大綱原則，但卻總是

73 勇於敢則殺

天網恢恢，疏
而不失。

應現不爽。雖然大道是渾虛無狀、無邊無際，像是一張寬闊鬆散的大網，網目雖極為寬疏，但卻從不漏篩。不論符不符合大道法則，總能被篩檢出來而給予該有的報償回應。

勇氣並非一定是一種美德。剛強爭勝，衝動好鬥，血氣上來了，就不假思索的去做，這只是有勇無謀、暴虎馮河。這種勇氣與膽量，只會招致亡失與敗無。當血氣意念翻騰上來之際，硬是能夠頓息暫止、冷靜三思，而不一味被情緒衝激牽引著走的人，硬壓住脾性，這才是最不容易的勇氣與膽識。

類似於這樣的說法，亞里斯多德(Aristotle，前 384-322)在《尼各馬科倫理學(The Nicomachean Ethics)》中主張，所有的美德都是一種「不過甚」行為的維持，也就是一種介於過甚的兩個對立二元(或謂過度與貧乏)之間的平衡行為。例如，真正稱得上美德的「勇敢」，是「魯莽躁進」與「怯懦退縮」之間的平衡點；而「節制」則是「任性放縱」與「拘謹冷漠」之間的平衡點。這樣的平衡點，介於兩個對立極端之中間點，也被稱為黃金中點(Golden Mean)。亞里斯多德認為，能找出並維持於這樣的平衡點行為，才是幸福的關鍵。

74 民不畏死

民不畏死，奈何以死懼之？若使民常畏死，而
為奇者①，吾得執而殺之，孰_{ㄕㄨˊ}敢②？
常有司殺者殺③。夫代司殺者殺④，是謂代大
匠斲_{ㄓㄨㄛˊ}⑤。夫代大匠斲_{ㄓㄨㄛˊ}者，希有不傷其手矣⑥。

---

①奇：邪、巧詐。意為邪詐犯
　法之行為。

②孰_{ㄕㄨˊ}敢：還有誰敢呢？

③常有司殺者殺：天道法則掌
　萬物生殺之權。 常：天常、
　天道。 司殺者：掌生殺之
　權者，此處為「天道」。 第
　二個「殺」：生殺大權。

④代司殺者殺：代替「司殺者」
　來行生殺大權。 司殺者：
　天道法則。

⑤代大匠斲_{ㄓㄨㄛˊ}：代替工藝大師
　砍削木頭。 大匠：工藝大
　匠師。 斲_{ㄓㄨㄛˊ}：砍、削。

⑥希：少。

本章「民不畏死，奈何以死懼之」，正呼應著「民不畏威，則
大威至(72)」的說法。第 72 章說，當人民不再畏懼於統治者
的威嚴與鎮懾時，人民必然起而挑戰與反抗政府；這一章講，
當人民不再畏懼於死亡時，雖有嚴峻法規，人民仍然會起而
挑戰律令。徒有刑法並不足以禁絕犯罪違法，藉以警戒好以
刑殺為手段的統治者。

74 民不畏死

老子說，當人民都不怕死了，為何還以刑殺來嚇阻呢？這是不會有效果的。人民會來到不怕死的地步，是因政繁刑重，而來到了無法安居樂生的地步，為求得生存，只好鋌而走險了；此時，再多的嚴刑威嚇已經不足以產生效果了。有鑑於此，統治者應該善待人民，唯有使其安居樂生，每個人就會因珍重既有生活而不敢輕易犯法，也就是，變得怕死了。於是，老子又說，**假若能使得人民常怕死，則對那些犯法者予以逮捕而殺，這樣才足以產生有效的嚇阻作用，如此一來，誰還敢犯罪違法呢？**

即便如此，犯罪違法行為仍然會存在的。人民雖因珍重安居樂生而不敢輕易犯法，但是，安居樂生之後，隨之而起的便是人性中那不斷加速的貪婪，於是為了取得更大利欲而不惜犯法。刑法與規制再怎麼嚴厲，總是抵擋不住人類貪婪的加速堆疊；況且，刑法規制本身即正是加劇與促成人性利欲貪念的主要機制。於是依據刑法規制，對那些汲營於利欲而以身試法者，「得執而殺之」，不僅無助於制止繼續犯罪，同時也是執政者最大的不仁。

> 民不畏死，奈何以死懼之？

> 若使民常畏死，而為奇者，吾得執而殺之，孰敢？

　　天道運行，多元萬物獲得各自最適性發展，何時該上該下舞台、該靜該動、該停該起、該緩該速，自有道法定律，於是，大道得以均衡和鳴。對於萬物起落，**天道運行自有其掌管生死的法則**，不該是由人類所決定。無奈的是，各國執政者推動的刑法規制，美其名為管控治理，卻借此「得執而殺之」的決定了人民生死，是由**政治威權私自瓜代了天道對人（萬物）的生殺之權**，這種現象踐踏道法，其後果，社會只會愈加紛亂、愈加的不斷犯罪違法。這就好像是，一個不懂工藝的人瓜代工藝匠師去砍削木頭。不懂工藝卻瓜代工藝匠師去砍削木頭的人，少有不傷及自己的手的！

> 常有司殺者殺

> 夫代司殺者殺，是謂代大匠斲ㄓㄨㄛˊ。夫代大匠斲ㄓㄨㄛˊ者，希有不傷其手矣。

　　因此「使民常畏死，而為奇者，吾得執而殺之，孰敢？」，只是老子治國的階段性策略，最終的境界不該僅僅停留於此，因為在這個境界中，統治者以人類法則瓜代了天道法則去定人生死，自然不會長治的久安樂生。更進一步的，當是如第19章所稱「⋯此三者以為文，不足。故令有所屬：見素抱樸，少私寡欲，絕學無憂」；唯人民心境至此，國度方如同大道之境。這是老子的理想國度。

75 民之饑

民之饑①，以其上食稅之多②，是以饑。民之
難治，以其上之有為③，是以難治。民之輕死④，
以其上求生之厚⑤，是以輕死。夫唯無以生為
者⑥，是賢於貴生⑦。

---

①饑：同「飢」。

②其上食稅之多：上頭統治者
　課稅太多。　其上：統治者。

③有為：政令規制繁多(以至擾
　民)。

④輕死：不怕死。

⑤求生之厚：追求利欲情嗜的
　奢侈豐厚。　生：指「利欲

情嗜」的滿足。　厚：奢侈
豐厚。

⑥無以生為者：不耽溺於前述
的「求生」與「有為」者。

⑦賢於貴生：比重視「求生」
者還要賢明。　賢於：好過、
更賢明。　貴生：重視「求
生」，即重視利欲情嗜。

前章「民不畏威(72)」、「民不畏死(74)」，本章則論「民之饑」，
這三章的論述，都著墨於統治者要避免人民群起反抗的基本
要件。

權力不論大小，人一旦擁有，就會抵抗不了誘惑而濫
權逞圖私欲。組織不論大小，或大到如國家、或小到二人團

隊，但凡具有權力者，就必定會有迷失初衷與濫權作祟的傾向。有權力者必然腐敗，足為警世箴言，亦為人性本質。

　　不論是統治者或一家公司組織主管而言，最易犯的兩個問題，不外乎是好發策令與貪聚利欲。前者即是「有為」，是採行利欲驅動的策令規制；而後者則是「求生(75)」，追求利欲情嗜。前者，我有權，所以我說了，不論可行或不可行、效率不效率，底下部屬就得照做，造成部屬行政上極大的困擾，也容易形成外行領導內行，導致組織運作沒有效率。後者，我有權，上下其手或者貢品輸送相當便利，財富只在舉手之間，不心動者少。權力愈大，則這兩個誘惑就會愈強，也就愈難抵禦。一國之統治者握著至高無上的生殺權力，「有為」與「求生」誘惑自然最大，迷失於玩權逞欲幾乎命定。於是，目不暇給的繁令苛政，堆疊厚高的物質榮祿，加速成長；而經常忘卻照顧人民生活必需，使人民難以安居樂生，益加嚴重。持續的結果，就是引爆動亂。

　　老子說，人民之所以饑餓，是因當政者課稅過重，是以糧食不足而挨餓。人民之所以難治，是因當政者政令規制繁苛，是以民怨四起而難治。人民之所以不怕死，是因當政者肆奢聚欲，是以民窮財盡以致鋌而走險。

> 民之饑，以其上食稅之多，是以饑。
> 民之難治，以其上之有為，是以難治。
> 民之輕死，以其上求生之厚，是以輕死。

75 民之饑

「有為」指政令規制繁苛，「求生」則指聚斂豪奢。「其上有為」故民難治，「其上求生之厚」故民輕死，人民難治且輕死，則國哪有不亂不敗？因此，欲維持國家不亂，統治者必須「不有為」與「不求生」，亦即，不推利欲驅動的諸策令規制、不行利欲情嗜之追逐競奪，正即是體道法「用無」的實踐。老子說，只要不肆奢聚斂(不求生)或不政令規制煩苛(不有為)，這樣的統治者都比重視求生者要賢明的多了。

> 夫唯無以生為者，是賢於貴生。

既「不求生」亦「不有為」，這樣的要求看似簡單，但就一個擁有至高無上權威的皇君而言，要不肆奢聚斂與不政令繁苛，卻是相當的困難，因為這兩項都是展現權威的表徵。

權力使人腐化，絕對權力絕對使人腐化。

人性，總是追求著一己利欲情嗜可以更大，而權力剛好正是追求利欲情嗜的最佳工具，具有權力者往往輕而易舉就可擁有更大的利欲情嗜滿足；於是，擁有權力者，很難明擺著權力不用而任由奪取利欲情嗜的機會溜走。權力是對人性的最大考驗。在權力有所制衡時，濫權玩法以攫取利欲者，都已是屢見不鮮，何況在權力無所制衡之時？勢必將是更為自私、濫權與貪婪。

　　歷史經驗化育出了當代的西方民主政治，其國家內部權力不僅進行分割，不總縮於一人之手，而且還讓各部權力「相制而平衡(check and balance)」，就是為了避免偏重於一方而獨大，形成濫權失控。美國行政立法司法三權分立，被喻為一個三腳板凳，必須三權力量大小相當，才能支撐板凳(國家)穩定而堅固。英國內閣制，皇帝只具象徵意義，國會多數黨黨魁出任首相組成內閣執政(即中央部會政府)。內閣行政施策皆須出於國會商議之制衡，此一制衡力量緣於國會中各政黨的折衝與牽制，形成內閣行政與國會立法二權之間負責又相制的均衡，再加上鼎足於外的司法權，達到了權力均衡穩定的體系。

76 人之生也柔弱

人之生也柔弱，其死也堅強。萬物草木之生也
柔脆，其死也枯槁①。故堅強者死之徒②，柔
弱者生之徒。是以兵強則不勝，木強則折。強
大處下③，柔弱處上④。

---

①槁：乾瘠枯瘦。

②徒：類、屬。

③強大處下：炫耀強大者，將
　開始趨向下坡與滅亡。　處

下：往下趨勢。

④柔弱處上：常持柔弱者，將
　永遠處於上升與成長。　處
　上：往上趨勢。

本章專論「柔弱」之大用、「堅強」之死訊。

具生命之萬物，其活著時候總是柔軟、死的時候總是
僵硬；其愈為年輕的時候總是愈為柔
軟，愈為年長時候總是愈形堅硬；更
老，就更動不了了；死了，則是完全
僵硬了。例如，人活著時，身體四
肢百骸都是柔軟的，死了時，就都
變得僵硬；萬物草木活著時，形質

> 人之生也柔弱，其
> 死也堅強。萬物草
> 木之生也柔脆，其
> 死也枯槁。

柔軟脆弱，死了時，都變得僵硬枯槁。

老子喜以「嬰兒」比喻大道。嬰兒,是人類生命第一起點,是大道「由無到有」的轉化點,必然最飽含而最具像化「大道虛無」特徵。其身,筋絡百竅柔軟綿靜;其心,自然無念、知足樸真、渾然靜謐。但隨著年齡漸長,是愈往死地走去,其筋絡漸形僵硬、思想愈為固執、意欲愈形強烈,這是一個必然的現象。萬物凡愈具生命力者,其形質愈是柔弱;愈近於老死者,其形質愈是堅硬。所以,**堅強者必更近於老死之類;而柔弱者則是生命活力的象徵。**

> 故堅強者死之徒,柔弱者生之徒。

這就像「物壯則老,是謂不道,不道早已(30)」。所有萬物都歷經著生命循環,初生、柔弱、苗長、強壯、衰退、老邁、死去,其中,「強壯」是生命高點,由此開始即面對著下坡趨勢,而逐漸老化終至死亡。推及持身處世道理上,則凡事「堅強」、「物壯」、「用強」、「處強」的作為或態度,必然是開始趨近於消失、滅亡、敗無,此與大道剛健不息,顯然相互違背。而柔弱,還遠在強壯的生命高點之前,其所面對的卻是不斷的上坡成長趨勢;只要持續保持柔弱,則永遠維持於上升成長坡段,不老化、不趨亡,一如大道之剛健不息,故與道和合。

76 人之生也柔弱

　　持身處世不斷的柔軟謙虛，就是等同於把自己處置於「物壯」之前的年輕成長階段，其所面臨的，是永遠的上升與不滅，符合大道法則，而與道同行。尤其，強大卻更謙下卑讓，更是難得，一如第 30 章言「善有果而已，不以取強。果而勿矜，果而勿伐，果而勿驕，果而不得已，果而勿強」。其意在於，面臨必然的國際爭鬥，不該憑恃兵力強取豪奪，而應要透過外交謀略，追求一個不戰而勝的結果；在取得如此勝果之後，不能自滿、自誇、自傲，仍需謙虛低調、讓天下人知道，我是不得已而為之、我非由武力而強取。第 42 章亦說「負陰抱陽(42)」，萬事萬物總是陰陽內外合抱混一，無法獨陽、亦難孤陰，二者比例成分虛實不定的變動調和，是「沖氣以為和(42)」。強大而不驕、強大而謙下，正是「負陰抱陽」、「沖氣為和」的道虛本質。相反的，強大而不謙下、強大而恃強，即是所謂不道，「不道早已(30)」。

> 是 以 兵 強
> 則 不 勝 ，木
> 強 則 折 。

　　所以，仗恃兵力強大者，若不知柔軟謙虛，最易恃強而驕，因此易散易惰、易招致嫉恨敵對，結果打勝仗的難度反而變得愈高。就像是，樹木高壯者，拔地頂天、轟然而立，則易遭暴雨雷電霹打、易為人類砍削為用，結果枝幹摧折的可能性反而變得愈大。

　　強大者，往往容易驕滿，因此最需以謙虛卑讓、沖氣為和進行節制抑止。唯有心不驕、氣不渙，他人更難掌握虛實，就可持續維持強大。須知，強壯是萬物生命高點，由此起便是下坡、老化與死亡；而柔弱還遠在生命高點之前，由此起面對著則是上升與成長，永不趨向老化死亡，故符合道法。所以老子說，展露炫耀強大者，將開始趨向下坡與敗無；常持柔弱者，將永遠處於上升與成長。

> 強大處下，
> 柔弱處上。

台灣央行總裁彭淮南於 2005 年 3 月講到「柳樹理論」，認為應該繼續維持有彈性的匯率。2010 年，當美國聯準會推出六千億美元規模的第二輪量化寬鬆(QE2)時，亞洲各國多採資本管制以抑制熱錢流入，而台灣央行即採行「柳樹理論」以為因應。

　　具有彈性的匯率就像具有柔軟性的柳樹，強風來襲時就會隨之擺動而不會折斷，且隨著風勢愈大，其來回擺動就會愈大；然後等待風停，再度回復原來水平位置。這裏的風勢就是外資熱錢，而擺動就是匯率波動。假設外資熱錢襲擊，若先行放手讓匯市自行供需調整，允許匯率波動幅度隨之愈為擴大，則台幣將愈為升值而使得外資匯入的成本愈為變大，

76 人之生也柔弱

由此而逐漸減輕了外資繼續匯入的力道。此時央行再進場干預就相對容易且有效。反之，若堅守於一個固定匯率、或堅持只允許一個小幅震盪，則亟欲匯入的熱錢雖見愈多、卻不見成本愈漲，其獲利不減弱的情況，只會吸引更多熱錢(投機客)不斷的匯入炒作，然後套利再行匯出，面對此等巨大美元匯入匯出(賣出買入)力道，央行干預就不易有效，甚至完全失效而導致金融或經濟上的危機。這就像細柳若不能隨強風擺動以消除攻擊力，則必為之摧折一般。這就是被指稱的「柳樹理論」。

77 天之道其猶張弓與

天之道，其猶張弓與①？高者抑之②，下者舉
之③；有餘者損之④，不足者補之。天之道，
損有餘而補不足。人之道，則不然，損不足以
奉有餘⑤。

孰能有餘以奉天下⑥，唯有道者。是以聖人為
而不恃⑦，功成而不處⑧，其不欲見賢⑨。

---

① 與：同「歟」，意思是
「吧！」。

②高者抑之：射得太高了，就
把弓箭壓低一些。 抑：壓
低。

③下者舉之：射得太低了，就
把弓箭舉高一些。 舉：舉
高。

④有餘者損之：夠多的就把它
減少些。 有餘：夠多。 損：

減少。

⑤奉：奉養。

⑥孰：誰。

⑦為而不恃：生養國家人民卻
不自恃自滿。

⑧功成而不處：成功發展國家
人民卻不欣喜居功。

⑨不欲見賢：不會有炫耀宣傳
一己才幹與成就的念頭。

天道是「截長補短」的平衡，而人道卻是相反，總是「截短
添長」的失衡。本章專論此一特徵。

77 天之道其猶張弓與

天之道，其猶張弓與？高者抑之，下者舉之；有餘者損之，不足者補之。天之道，損有餘而補不足。人之道，則不然，損不足以奉有餘。

天道運行，就像是張弓射箭吧！對著目標，射得太高了，就把弓箭壓低些；射得太低了，就把弓箭舉高些。射得太遠了就減少些，射得太近了就增加些。天道總是減過多的而來補不足的。人道則不然，總是減不足的來奉養已過多的。

人類以自我利欲中心畫分出人事物關聯，演繹出「我好我惡」或「利我損我」的親疏、遠近、友敵等黨異派系群體，同我者黨、異我者伐，不斷地計算與追求一己最大利欲情嗜。於是，家庭團體社會國家內部，充斥拉幫結派與黨同伐異的不斷鬥爭、生滅或戰亂。勝者取得了社會規制(法令規章、道德懿行、習俗風尚)的制定權與話語權，而其所訂定的規制與道德，必定更加鞏固自己已處強勢的既得權利，於是更剝削了弱者、更堆疊了自己的利欲，形成弱肉強食的「損不足奉有餘」。

相反的，自然法則是無私無己、無念無欲的。其之「虛無」生養天地萬物，但卻絕不自私據有、自滿欣喜、自居功勞，於是天地萬物各類分子都能獲得最適性長養與發展，終

至大道恒存均衡(剛健不息)。所以老子說，誰能減讓有餘來奉養天下呢？當然只有體道行道者了。是以，聖人體道行道治理國家人民，生養發展卻不自恃矜滿，成功運轉卻不欣喜居功，因為行道者不會有傳播炫耀一己才幹與成就的任何念頭。

> 孰能有餘以奉天下，唯有道者。是以聖人為而不恃，功成而不處，其不欲見賢。

最後一句「其不欲見賢」，不欲傳播一己才幹與成就，即是謙虛沖和的概念，亦有「不爭」的精神，都是道虛用無的具體實踐。

老子之天道，因用無而得以剛健不息(恒常均衡)，其中各份子都在「無私無差別」對待之下獲得「最適性長養」。

最適性長養發展，是一個很重要的基礎。以交響樂團為例，每一個樂器，不論大小輕重，皆各自扮演其最適性的角色，於是團體才能達到精美演出。每一個份子都不可或缺，但也不可爭著搏取焦點而突出一己，就算是個別樂手是當今樂壇第一把手，也必須節制自己的演出，否則就會破壞整體和諧而無法臻於完美的團隊演出。

　　相同的，天道自然法則之下的個別份子發展，達致的最適性並非達到一己利欲貪有之最大，反而是減讓(節制)自己利欲貪有，處處與社會成員們協調和諧，共同協奏出社會和鳴均衡，促成社會總體之最大完美。一己利欲之減讓，就是謙抑節制、就是用無；唯有如此心性思想，恒常均衡才得以存在，即老子「因無而有」之謂。

　　謙抑，是天道用無的一個展現，是剛健不息的重要一環。本章之「損有餘而補不足」、「孰能有餘以奉天下」與「為而不恃，功成而不處，其不欲見賢」等，都是減讓謙抑自己利欲的概念，都是持道用無的實踐。

＊＊＊

當代經濟學已經再三證明群體中合作的困境，這也是賽局理論中「囚犯困境(prisnoner's delimma)」的一種形式，其形成主因是源於一己自私與貪有的算計，終而導致「大家都更好」的合作結果無法出現或無法穩定維持。這個理論道盡了人類法則社會下的角力與欺瞞。

　　可以說，人類法則中的組織團體，往往都存在著一個眾所周知的團體最大利益目標，卻往往總是無法達到。組織或團體之主旨，在於透過個別分子合作性的節制己欲，以謀得團體之最大福利，然後每一份子再行分配總福利，其之所得

將會獲得比各自盡情爭奪之不合作所得還大。然而，合作局面總是內建著自我破壞因子，此破壞力量來自於個體的自我理性算計。趁著談妥合作而他人遵守協約採行節制謙抑之時，我若背信而偷偷的盡情突顯與巧取，則我將透過踩踏盟友而壓榨出更高於合作所得的利欲功名；此時，忠實合作而行節制謙抑者，反而成為被欺騙壓榨的受害者。於是，在合作的局面中，若沒有機制對背信者給予強烈懲處，則人人的理性計算總是導向背信欺騙之更大利益，團體合作局面就總是會受到破壞、甚或難以成局。

78 天下莫柔弱於水

天下莫柔弱於水，而攻堅強者莫之能勝，以其無以易之①。弱之勝強，柔之勝剛，天下莫不知，莫能行。

是以聖人云：受國之垢②，是謂社稷主③；受國不祥④，是為天下王。正言若反⑤。

---

①無以易之：無法取代。

②受國之垢：替國家人民承擔屈辱。 垢：屈辱。

③社稷主：國家領導人。 社稷：本指土神和穀神。因社稷為帝王所祭拜，後來被借用泛稱國家。

④受國不祥：替國家人民承受災難。 不祥：災難、禍患。

⑤正言若反：符合天道至理的言論思想，與俗世想法正好想反。 此言與「反者，道之動；弱者，道之用(40)」類同。

本章繼第 8 章「上善若水」，再論水之柔弱的大用，而主張體道者當以水為師。

水的本質就是「無己」，無定態、無形式、曲折隨形、變化多端，而且每種變化都飽含積極而重要能量。寒冷惡凍

而凝冰，堅硬比之於鋼。化氣化霧飄散，細入微塵，傳輸水分滋養萬物。無方無狀，無所不在，遍地可居；或處髒惡或處芳芬，仍是能屈能伸、不忘本職。積聚瀑沖，斷巨石、震山野。水，總是無時無地的無己無私，盡職扮演各種形式角色，供給潤養著大地萬物萬象，但卻總是默默付出自己的能量，而從不惦念自己的功勞。

準此而言，若論柔弱，天下最柔弱的東西莫過於水；論攻堅摧強，天下最能勝任的東西亦莫過於水。因為，水的這些特質是無可取代。

> 天下莫柔弱於水，而攻堅強者莫之能勝，以其無以易之。

真正大道至理就像水的特質一般，弱可以勝強、柔可以勝剛，這樣的道理雖天下無人不知，但卻沒有幾個人可以真正去實踐它。能夠以水為師而去實踐水的特性，就是實踐大道至理，因為「水善利萬物而不爭，處眾人之所惡，故幾於道(8)」。

> 弱之勝強，柔之勝剛，天下莫不知，莫能行。

若說柔弱，天道尤比水更百倍柔弱；因為天道「視之不見，聽之不聞，搏之不得(14)」，渾虛玄博、無形無狀，是柔靜之極致，謂之「無」。於是「用無」之利益，將又百倍於水之用；天地萬物乃由此而剛健不息的生成與發展。所謂「無」

78 天下莫柔弱於水

者，簡單言之，就是無私無己、無念無差別；而真實世界中，最與此貼近的實物，莫過於水了。故體道行道者「用無」之實踐，當以水為師。

水善利萬物而不爭，處眾人之所惡，故幾於道。體道治國者，以水為師，亦當率先身處國家眾人之所惡，才足以成為奉道的治理者。所以聖人說，能夠替國家人民承擔屈辱者，才夠資格作為國家領導人；能夠替國家人民承受災難者，才夠資格作為天下的君王。這樣的說法與第 7 章「後其身而身先，外其身而身存。非以其無私邪？故能成其私」前後呼應著。

> 是以聖人云：受國之垢，是謂社稷主；受國不祥，是為天下王。

人類法則出於利欲追有，凡事一切都是利欲追有的產物，與天道凡事出於質虛用無反向。因此，推動體道行道的言論，必然與當下社會思想相反，此即「正言若反」的意義：凡符合天道至理的言論思想，往往都與俗世想法正好想反。「正言若反」的說法，亦與第 40 章「反者，道之動；弱者，道之用」的意義前後呼應著。

> 正言若反。

79 和大怨必有餘怨

和大怨①，必有餘怨，安可以為善②？是以聖人執左契③，而不責於人④。有德司契⑤，無德司徹⑥。

天道無親⑦，常與善人⑧。

---

①和：化解、平息。

②安可以為善：怎麼可以說是一個良善的方法呢？

③左契：債權人所持之契券。 契：契券，即現在的合同、契約。古時財物糧米或其它物品之借貸，常取竹木刻一橫畫，復於此橫畫兩側刻記相同文字，記載借貸名稱與數量等等，然後予以剖半為二，分執於借貸雙方。左半(左契)由債權人保存，刻有債務人姓名，如今日之借據存根(債權憑證)；右半(右契)由債務人保存，刻有債權人

姓名。債權人持左契向債務人索討所欠資財時，以兩契相合做為憑證。

④責：責求償還。

⑤司契：執握債權憑證。 契：借據存根。

⑥司徹：執掌賦稅。 徹：周代的稅法。

⑦無親：沒有偏愛，即「無私」。

⑧常與善人：常降福於持道的有德之人。 與：降於、降給。 善人：持道者。

「民不畏威(72)」、「民不畏死(74)」、「民之饑(75)」，以至本章「和大怨」，基本上都是談論，統治者應當自我警惕於權力濫用的易發難收，應該時刻奉行「去有反有」的節制權力，方不致於激起民怨。

如果施政上產生了民怨，不論大小，就意味著措施有了不當。尤其，大怨的產生，其背後必然存在著重大的原因。一旦人民產生了大怨，就算最終予以平息化解，但心中已經種下芥蒂，受害人民必然仍有餘怒，這是無法一時消解的。因此，平時不能精心治理、防患未然，卻等待民怨已生再求平息化解，這怎可說是一個良善的治理呢？一個大怨產生就算已被弭平，若不能刨解原由、從根解決，則還會不斷的發生其它大怨，每次的餘怨就不斷的累積擴大，終至釀出不可收拾的局面。

> 和大怨，必有餘怨，安可以為善？

良善的治理，不在事發後謀求補救，該在事發前防患未然，使怨恨不可能有機會產生。依老子說法，統治者治理國家，要讓民怨沒有機會產生，就必須謙虛沖和；不可自視為權威者，就對人民責求喝令、強征暴斂。擁有權力者，對權力進行自我節制，是一種違反人類利欲心性的作為，非常之難；但是反人類法則的思想行為，正是「去有反有」，即是「用無」之始，是持守道法的具體實踐。

79 和大怨必有餘怨

就像，握有債權憑證(即左契)的一方，自我節制而不去催討索求債務(即右契)，如此之謙抑自制，違法人類常法，卻是道法之實踐。老子即以此例，勸告統治者對權力行使必須節制知止：體道行道的治理者，必須像是執握債權憑證（左契），卻自我節制而不去催討索求債務（右契）。有德的人，就是如此的執握債權憑證，而無德之人，就只會強征橫課賦稅了。

> 是以聖人執左契，而不責於人。有德司契，無德司徹。

治理者，如執左契而不責於人，雖有權力但卻不以此去追討壓迫人民，而總是寬容謙沖以對，這正是道法的實踐。如此實踐，則人民自然景從追隨，自然無怨可起，這才是最良善的治理。相反的，治理者若如司徹者，專是計算國庫收入而強徵課稅，致民飢餓則怨怒必起，於是撲滅一樁又接著一樁，餘怒難了而持續累積，必是難治。

> 天道無親，常與善人。

須知，天道是無私的，必然降福於那些持道之人。持道行道之治理，必得國家安治，反之，則必然人民難治、國家難安。

80 小國寡民

小國寡民。使有什伯之器而不用①，使民重死而不遠徙②。雖有舟輿③，無所乘之；雖有甲兵④，無所陳之⑤；使民復結繩而用之⑥。甘其食，美其服，安其居，樂其俗⑦。鄰國相望，雞犬之聲相聞，民至老死，不相往來⑧。

---

①什伯之器：眾多器物。 什伯：十百；眾多、豐富的意思。

②重死：重視生命。

③舟輿：船與車。

④甲兵：盔甲與兵器。

⑤陳之：陳列它、陣列它。

⑥民復結繩而用之：人民再度使用繩子打作各式結狀，用以記載錄事。 復：再。 用之：用來記載。

⑦俗：風俗習慣。

⑧不相往來：不會有任何交集往來。 古代無貿易，兩國之間唯有戰爭才會產生交集往來，故此處之「不相往來」，意指沒有戰爭的意思。

統治者持道修己，用「無」治理國家，風行草偃，人民也跟著學道修己，這就是天道在世間實踐的國家，自然迥異於人道治理下的紛亂與爭戰。老子通書主張持守天道的重要與好

80 小國寡民

處，因此特於文末之際描繪說明，天道所治理的世間「理想國」，會是怎麼樣的一個景況。

「**為**無為，則無不治(3)」，統治者無為則「萬物作焉而不辭，生而不有，為而不恃，功成而弗居，夫唯弗居，是以不去(2)」，全民因此受到誘導而自然演進至「虛心實腹、弱志強骨、無知無欲(3)」、至「見素抱樸，少私寡欲，絕學無憂(19)」；此時「太上，不知有之(17)」，百姓生活已與大自然融為一體，而謂「我自然(17)」。此為真正的老子理想國度。在這個國度中，基於天道「用無而有」與「恆無則恆有」的基本原則，必然和平安足，不假外求卻什麼都有的富庶，但人心依舊秉持著見素抱樸、少私寡欲的無為無欲。

> 小國寡民。使有什伯之器而不用，使民重死而不遠徙。

在這樣的境界之下，就算只是小國寡民，也會擁有豐富的各式器物與收藏，但卻不會去享樂的使用它，因為守道用無之故。人民安居樂業、富足飽滿，珍重生命而不會冒險遠行圖謀。

老子哲學之修己功夫，強調以深邃玄妙的內心深處去體悟一切知識道理，內心深處如同一面觀照己身洞澈道理的明鏡，由此即可認識一切道理，不須假借外求。行道者需「滌除玄覽，能無疵乎？(10)」，「其出彌遠，其知彌少。是以聖人

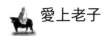

不行而知，不見而明，不為而成(47)」。
完全內求洞澈明見，不須行走遠方他求
見識，故雖有舟船，卻沒有使用的機
會。

> 雖有舟輿，
> 無所乘之；

這樣的國度，人人謙虛卑讓，「為無為、事無事、味無味
(63)」，當然不會有任何爭鬥違法與戰亂，
因此，雖有盔甲武器，卻不會有機會
可以展示使用。人人知止知足，因此富
足安和、純樸平靜，無鬥爭紛亂與詭詐
罪行，因此人民平常生活根本沒有什麼
繁雜事物項目需要記載，根本不需使用
怎麼複雜的簿記，只要用個像古代一樣
簡潔的結繩來記錄一下就可以了。

> 雖有甲兵，
> 無所陳之；

> 使民復結繩
> 而用之。

這樣國度裏的人，「知足之足，常足
矣(46)」、「知足者富(33)」、「知足不辱、
知止不殆(44)」，因此總是時刻感覺滿足
於食物的甘甜、衣物的美麗、住所的
安適、社會風俗習慣的融洽愉悅。

> 甘其食，美
> 其服，安其
> 居，樂其俗

80 小國寡民

> 鄰國相望，雞犬之聲相聞，民至老死，不相往來。

幾個這樣天道治理的國家，一定會和平相處，絕無競爭口角、更不會有戰爭，就算交界緊鄰互望，近到連彼此的雞鳴狗吠都聽得到，但兩國人民從出生至老死，也都不會有任何競奪爭鬥的交集往來。

「民至老死、不相往來」，指的是人民一輩子也碰不到戰爭。就古時國際社會而言，城邦與城邦之間並無當今的貿易行業，因此人民於平時，完全不會有任何交集牽涉。假若一旦兩國人民之間有了關聯交集，那必然就只有在戰爭發生的時期了。於是，「民至老死、不相往來」，即說明著，在人民的一輩子生活中，完全沒有戰事的發生，這是一幅太平景象。而這景象在戰國時期，是多麼令人渴望啊！

81 信言不美

信言不美①，美言不信②。善者不辯③，辯者
不善。知者不博④，博者不知。

聖人不積⑤，既以為人，己愈有⑥，既以與人，
己愈多⑦。

天之道，利而不害；聖人之道，為而不爭⑧。

---

①信言不美：誠實真話不會華
麗動聽。 信言：誠實的話。
美：漂亮、華麗。

②美言不信：華麗動聽的言詞
不會真實。 美言：華麗漂
亮的言談。 信：誠實可靠。

③善者不辯：有德者不會花言
巧語辯解。 善者：有德者；
類同於第27章的「善人者」。
辯：巧辯。

④知者不博：徹悟大道至理的
人，不會自認見聞廣博。 知
者：徹悟大道至理的人。

⑤積：積聚、私藏。

⑥既以為人：盡力以其所有
為人。 既：盡力、盡量。 以：
以其所有。 為人：幫助
人。

⑦與人：給人、支助人。

⑧為而不爭：「為人」及「與
人」，卻不爭奪利欲名望。
此處的「為」泛指一切之
「為人」及「與人」。

凡事「負陰抱陽」、「無有相生」，因此，美麗的背後必有醜陋，醜陋的背後必有美麗，世間從來就是二元對立相成的交併互現。本章仍是「對立二元相生相同」的論述。

所以，誠實真話不會華麗動聽，華麗動聽的言詞不會真實。有德者不會花言巧語辯解，花言巧語辯解者不會是有德者。徹悟大道至理的人，不會自認見聞廣博；自認見聞廣博者，不會是洞徹大道至理的人。 此處的「知」，指的是「知曉大道至理」，而非如一些章次的「智巧機詐」意含。

> 信言不美，美言不信。善者不辯，辯者不善。知者不博，博者不知。

體道之人，以「用無」具體實踐大道至理，對於一切功名利欲，不追逐、不欣喜、不居藏，其結果，世間功名卻總是隨身不斷，因為「用無而有」，而持續用無則能持續得有。所以，聖人從不會私心積聚財物利欲，而盡力以其所有來助人，結果自己反而愈有；盡力以其所有給人，結果自己反而愈多。

> 聖人不積，既以為人，己愈有，既以與人，己愈多。

81 信言不美

天之道，利而不害；聖人之道，為ㄟ而不爭。

天道，無私利物而不害物；聖人之道，就是「為ㄟ人及與人」但卻不爭逐利欲。此處「為ㄟ而不爭」的「為ㄟ」，讀二聲，是一切「為ㄟ人及與人」的施助行為，指的是，雖盡力去施助人民，但卻不以此圖取任何利欲情嗜。

國家統治者，凡事「後其身、外其身(7)」以善治人民，即本章「為ㄟ人及與人」的意義。而第 2 章說到，「聖人處無為ㄟ之事，行不言之教。萬物作焉而不辭，生而不有，為ㄟ而不恃，功成而弗居。夫唯弗居，是以不去。」這是以「無為不言」出發，卻反而是「無不為(37)」的達到了人類法則所追求的一切功名利祿。然處此「無不為」狀態，心境猶須時刻處於無欲無念與無爭，方能「因恒無而恒有」而致剛健不息之境，此正是本章「聖人之道，為ㄟ而不爭」的本義。「不爭而有」的概念，前面許多章次亦多有提及，讀者可以參考附錄的彙整。

附錄 概念的句段彙整

在這個附錄裏，筆者盡可能把老子本文中，一些持續出現的概念，予以分門別類的彙整。共分五大類：

(一)「因無而有」的句段整理

(二)「因有而無」的句段整理

(三)關於「大道具體實踐」的句段整理

　　　　大道的具體實踐，就是德性，計分為：無為、不爭、不言、虛心、無味、無欲、無私、無差別對待、最適性發展、柔弱、清靜、謙下、節制、無事。

(四)關於「大道本質」的句段整理

　　　　大道本質，即書中那些企圖講述「何謂道」的句段。

(五)關於其它概念的句段整理

　　　　包含有：無為而無不為、無之有用、二元相成、谷海的比喻、母性與嬰兒的比喻。

有些概念的畫分，意義上並沒有非常與它者獨立，因此，同一句段可能會同時出現在多個概念的彙編上。在選取時，筆者盡可能以明顯相關的才納入該概念項目，需要遠推才得到，就不列入了。

附錄

(一)關於「因無而有」

章次	去有反有(即用無)	得有
2	作焉而不辭,生而不有,為而不恃,功成而弗居	夫唯弗居,是以不去
3	虛心弱志,無知無欲	虛其心,實其腹,弱其志,強其骨。常使民無知無欲,使夫智者不敢為也。
3	無為	為無為,則無不治。
5	守中	多言數窮,不如守中。
7	不自生	故能長生。
7	後其身、外其身	後其身而身先、外其身而身存。
8	不爭	故無尤
9	不如其已。功遂身退。	
12	為腹不為目	
16	致虛守靜	沒身不殆
22	不爭	天下莫能與之爭
11	用無	無之以為用
15	不盈	故能蔽而新成
17	貴言	功成事遂,百姓皆謂我自然。
19	絕聖棄智、絕仁棄義、絕巧棄利。	絕聖棄智,民利百倍;絕仁棄義,民復孝慈;絕巧棄利,盜賊無有。
19	見素抱樸、少私寡欲	
22	曲、枉、窪、敝、少。	曲則全、枉則直、窪則盈、

346

		敝則新、少則得。
22	不自見、不自是、不自伐、不自矜	不自見故明，不自是故彰。不自伐故有功，不自矜故長。
22	不爭	天下莫能與之爭
29	不可為、不可執。	無為故無敗，無執故無失。
29	去甚、去奢、去泰	
30	不以取強。勿矜、勿伐、勿驕、勿強。	
32	知止	知止可以不殆。
33	知足	知足者富。
34	萬物恃之而生而不辭，功成而不有，衣養萬物而不為主。	
34	不自為大	故能成其大
36	柔弱	柔弱勝剛強
37	不欲以靜	天下將自定
38	處其厚不居其薄，處其實不居其華。	
39	不欲琭琭如玉，珞珞如石。	
44	知足、知止	知足不辱，知止不殆，可以長久。
45	清靜	清靜為天下正。
46	知足	知足之足，常足矣。
47	不出戶、不窺牖	不出戶，知天下；不窺牖，見天道。不行而知，不見而明，不為而成。
48	無事	取天下常以無事。

347

附錄

66	以言下之、以身後之	聖人欲上民，必以言下之；欲先民，必以身後之。
66	不爭	以其不爭，故天下莫能與之爭。
67	慈、儉、不敢為天下先	慈故能勇，儉故能廣，不敢為天下先，故能成器長。夫慈，以戰則勝，以守則固。
69	哀兵	抗兵相加，哀者勝矣。
72	自知不自見，自愛不自貴	
73	不爭、不言、不召、繟然	不爭而善勝，不言而善應，不召而自來，繟然而善謀。
75	無以生為	民之難治，以其上之有為。民之輕死，以其上求生之厚。
76	柔弱	堅強者死之徒，柔弱者生之徒。強大處下，柔弱處上。
77	為而不恃，功成而不處，其不欲見賢。	
78	柔弱	弱之勝強，柔之勝剛，天下莫不知，莫能行。
79	執左契而不責於人	
81	不積	聖人不積，既以為人，己愈有，既以與人，己愈多。
81	為而不爭	聖人之道，為而不爭。

(二)關於「因有而無」

章次	句段
3	尚賢則民爭、貴難得之貨則民盜、見可欲則民心亂。
9	揣而銳之,不可長保。金玉滿堂,莫之能守。富貴而驕,自遺其咎。
12	五色令人目盲,五音令人耳聾,五味令人口爽,馳騁畋獵令人心發狂,難得之貨令人行妨。是以聖人為腹不為目。
22	多則惑
24	企者不立,跨者不行。自見者不明,自是者不彰,自伐者無功,自矜者不長。
29	為者敗之,執者失之
30	物壯則老,是謂不道,不道早已。
42	強梁者不得其死。
44	甚愛必大費,多藏必厚亡
46	禍莫大於不知足,咎莫大於欲得。
48	及其有事,不足以取天下
52	開其兌,濟其事,終身不救。
55	益生曰祥,心使氣曰強。物壯則老,謂之不道,不道早已。
57	天下多忌諱,而民彌貧。朝多利器,國家滋昏。人多伎巧,奇物滋起。法令滋彰,盜賊多有。
63	夫輕諾必寡信,多易必多難。
65	以智治國,國之賊。
69	禍莫大於輕敵,輕敵幾喪吾寶。
71	不知知,病也。
75	民之難治,以其上之有為,是以難治。民之輕死,以其上求

生之厚，是以輕死。

76　兵強則不勝，木強則折。強大處下。

77　人之道，則不然，損不足以奉有餘。

79　無德司徹

(三)關於「大道具體實踐」

A1.無為

「為」即是「有為」，乃一切利欲情感驅動的行為，包括行為思想、策令規制、與風俗禮節。「無為」則是 無「有為」之意，亦是「去有反有」的意思。

章次	句段
2	是以聖人處無為之事，行不言之教。
2	萬物作焉而不辭，生而不有，為而不恃，功成而弗居。
2	夫唯弗居，是以不去。
3	為無為，則無不治。
7	天地所以能長且久者，以其不自生，故能長生。
10	愛民治國，能無為乎？
19	絕聖棄智，民利百倍；絕仁棄義，民復孝慈；絕巧棄利，盜賊無有。
29	將欲取天下而為之，吾見其不得已。
29	為者敗之，執者失之。
29	是以聖人無為故無敗，無執故無失。
37	道常無為，而無不為。
43	無有入無間，吾是以知無為之有益，不言之教。

43　無為之益，天下希及之。

48　為學日益，為道日損。損之又損，以至於無為。

48　無為而無不為。

57　故聖人云：我無為，而民自化。

63　為無為，事無事，味無味。

64　為者敗之，執者失之。是以聖人無為故無敗，無執故無失。

65　故以智治國，國之賊；不以智治國，國之福。

75　民之難治，以其上之有為，是以難治。

A2.不爭

章次	句段

3　不尚賢，使民不爭；不貴難得之貨，使民不為盜；不見可欲，使民心不亂。

8　夫唯不爭，故無尤。

9　功遂身退，天之道也。

17　太上，不知有之。

17　功成事遂，百姓皆謂：我自然。

22　夫唯不爭，故天下莫能與之爭。

34　萬物恃之而生而不辭，功成而不有，衣養萬物而不為主。

34　以其終不自為大，故能成其大。

39　故至譽無譽。

51　生而不有，為而不恃，長而不宰。

63　是以聖人終不為大，故能成其大。

66　以其不爭，故天下莫能與之爭。

68　善為士者不武，善戰者不怒，善勝敵者不與，善用人者為之

下。

73 天之道，不爭而善勝，不言而善應，不召而自來，繟然而善謀。

77 是以聖人為而不恃，功成而不處，其不欲見賢。

81 天之道，利而不害；聖人之道，為而不爭。

A3.不言

此處整理尚包含「少言」。

章次	句段
2	是以聖人處無為之事，行不言之教。
5	多言數窮，不如守中。
17	悠兮其貴言。
23	希言自然。
43	無有入無間，吾是以知無為之有益，不言之教。
73	天之道，不爭而善勝，不言而善應，不召而自來，繟然而善謀。

A4.虛心

專指「內省」的功夫。

章次	句段
3	是以聖人之治，虛其心，實其腹，弱其志，強其骨。
10	滌除玄覽，能無疵乎？
12	五色令人目盲，五音令人耳聾，五味令人口爽，馳騁畋獵令人心發狂，難得之貨令人行妨。

12	是以聖人為腹不為目，故去彼取此。
20	我獨泊兮其未兆，如嬰兒之未孩，儽儽兮若無所歸。
47	不出戶，知天下；不窺牖，見天道。其出彌遠，其知彌少。
47	是以聖人不行而知，不見而明，不為而成。
52	塞其兌，閉其門，終身不勤。開其兌，濟其事，終身不救。
56	塞其兌，閉其門，挫其銳，解其紛，和其光，同其塵，是謂玄同。

A5.無味

無味，乃棄絕外在感官感覺的情緒感受，而回歸靜默玄深的內心觀照，與「內省、虛心」意義較為相近。

章次	句段
12	五色令人目盲，五音令人耳聾，五味令人口爽，馳騁畋獵令人心發狂，難得之貨令人行妨。是以聖人為腹不為目，故去彼取此
26	靜為躁根。
35	道之出口，淡乎其無味，視之不足見，聽之不足聞。
45	靜勝躁。
47	聖人不行而知，不見而明，不為而成。
52	塞其兌，閉其門，終身不勤。開其兌，濟其事，終身不救。
63	為無為，事無事，味無味。

A6.無欲

此處整理，亦包含「無欲」的反面意義句段。

章次	句段
3	不尚賢，使民不爭；不貴難得之貨，使民不為盜；不見可欲，使民心不亂。
3	常使民無知無欲，使夫智者不敢為也。
13	何謂貴大患若身？ 吾所以有大患者，為吾有身，及吾無身，吾有何患？
19	故令有所屬：見素抱樸，少私寡欲。
26	重為輕根，靜為躁君。
26	雖有榮觀，燕處超然。
26	輕則失根，躁則失君。
37	不欲以靜，天下將自定。
46	禍莫大於不知足，咎莫大於欲得。
48	為學日益，為道日損。損之又損，以至於無為。
57	我無欲，而民自樸。
64	是以聖人，欲不欲，不貴難得之貨；學不學，復眾人之所過。
75	民之輕死，以其上求生之厚，是以輕死。
77	是以聖人為而不恃，功成而不處，其不欲見賢。

A7. 無私

章次	句段
7	是以聖人後其身而身先，外其身而身存。非以其無私邪？ 故能成其私。
34	大道氾兮，其可左右。
66	是以聖人欲上民，必以言下之；欲先民，必以身後之。
66	是以聖人處上而民不重，處前而民不害。是以天下樂推而不厭。

67 吾有三寶，持而保之。一曰慈，二曰儉，三曰不敢為天下先。
81 聖人不積，既以為人己愈有，既以與人己愈多。

A8.無差別對待

章次	句段
2	萬物作焉而不辭，生而不有，為而不恃，功成而弗居。
3	不尚賢，使民不爭；不貴難得之貨，使民不為盜；不見可欲，使民心不亂。
5	天地不仁，以萬物為芻狗；聖人不仁，以百姓為芻狗。
32	天地相合，以降甘露，民莫之令而自均。
34	萬物恃之而生而不辭，功成而不有，衣養萬物而不為主。

A9.最適性發展

章次	句段
32	侯王若能守之，萬物將自賓。
37	侯王若能守之，萬物將自化。
57	故聖人云：我無為，而民自化。
77	天之道，損有餘而補不足。
77	孰能有餘以奉天下，唯有道者。

A10.柔弱

此處整理，同時包含「柔弱」的反面意義。

章次	句段

10	專氣致柔，能如嬰兒乎？
30	善有果而已，不以取強。
30	物壯則老，是謂不道，不道早已。
36	將欲歙之，必固張之；將欲弱之，必固強之；將欲廢之，必固興；將欲取之，必固與之。
36	柔弱勝剛強。
40	反者，道之動；弱者，道之用。
42	強梁者不得其死，吾將以為教父。
43	天下之至柔，馳騁天下之至堅。
45	靜勝躁，寒勝熱。
52	見小曰明，守柔曰強。
55	物壯則老，謂之不道，不道早已。
69	用兵有言：吾不敢為主而為客，不敢進寸而退尺。
69	故抗兵相加，哀者勝矣。
76	天下莫柔弱於水，而攻堅強者莫之能勝
76	故堅強者死之徒，柔弱者生之徒。
76	是以兵強則不勝，木強則折。
76	強大處下，柔弱處上。
78	天下莫柔弱於水，而攻堅強者莫之能勝，以其無以易之。
78	弱之勝強，柔之勝剛，天下莫不知，莫能行。
78	受國之垢，是謂社稷主；受國不祥，是為天下王。

A11.清靜

章次	句段
16	致虛極，守靜篤。

26　重為輕根，靜為躁君。

26　輕則失根，躁則失君。

37　不欲以靜，天下將自定。

45　靜勝躁，寒勝熱。

45　清靜為天下正。

57　我好靜，而民自正。

61　牝常以靜勝牡，以靜為下。

A12. 謙虛

相關於「謙虛、不矜、卑讓、樸素」的句段。

章次	句段
4	企者不立，跨者不行。
8	水善利萬物而不爭，處眾人之所惡，故幾於道。
15	保此道者不欲盈。
15	夫唯不盈，故能蔽而新成。
22	不自見故明，不自是故彰，不自伐故有功，不自矜故長。
24	自見者不明，自是者不彰，自伐者無功，自矜者不長。
28	知其雄，守其雌，為天下谿。
28	知其榮，守其辱，為天下谷。
30	善有果而已，不以取強。
30	果而勿矜，果而勿伐，果而勿驕，果而不得已，果而勿強。
39	故貴以賤為本，高以下為基。是以侯王自稱孤、寡、不穀。
39	是故不欲琭琭如玉，珞珞如石。
41	故建言有之：明道若昧，進道若退，夷道若纇。
41	上德若谷，大白若辱。

41　廣德若不足，建德若偷，質德若渝。

42　萬物負陰而抱陽，沖氣以為和。

42　人之所惡，唯孤寡不穀，而王公以為稱。

44　甚愛必大費，多藏必厚亡。

45　大成若缺，其用不弊。

45　大盈若沖，其用不窮。

45　大直若屈，大巧若拙，大辯若訥。

58　是以聖人方而不割，廉而不劌，直而不肆，光而不耀。

61　故大國以下小國，則取小國；小國以下大國，則取大國。

61　大者宜為下。

72　是以聖人自知不自見，自愛不自貴。

78　受國之垢，是謂社稷主；受國不祥，是為天下王。正言若反。

A13. 節制

相關於「知止、知足、儉斂、去甚」的句段。

章次	句段
9	持而盈之，不如其已。
29	是以聖人去甚、去奢、去泰。
30	以道佐人主者，不以兵強天下。
32	始制有名，名亦既有，夫亦將知止，知止可以不殆。
33	自勝者強。
44	故知足不辱，知止不殆，可以長久。
59	治人事天，莫若嗇。夫唯嗇，是以早服。早服，謂之重積德。
67	一曰慈，二曰儉，三曰不敢為天下先。

68	善為士者不武，善戰者不怒，善勝敵者不與，善用人者為之下。
73	勇於敢則殺，勇於不敢則活。
79	是以聖人執左契，而不責於人。
79	有德司契，無德司徹。
80	甘其食，美其服，安其居，樂其俗。
81	聖人不積，既以為人，己愈有，既以與人，己愈多。

A14. 無事

「無事」的概念，與「無為」所指涉的意義幾乎相同。若硬要分判，「無事」比較強調於當政者應該讓國家人民休養生息，讓生活與治理簡單化，避免撓動攪混人民的生活。關於「無為」，請參考附錄 A1.

章次	句段
48	取天下常以無事，及其有事，不足以取天下。
57.	以正治國，以奇用兵，以無事取天下。
57	我無事，而民自富。
60	治大國若烹小鮮。
63	為無為，事無事，味無味。

(四) 關於「大道本質」

A15. 大道本質

章次	句段
1	道可道，非常道。

1	無，名天地之始；有，名萬物之母。
1	故常無，欲以觀其妙；常有，欲以觀其徼。
1	此兩者，同出而異名，同謂之玄。
4	淵兮似萬物之宗；湛兮似或存。
14	視之不見，名曰夷；聽之不聞，名曰希；搏之不得，名曰微，此三者不可致詰，故混而為一。
14	其上不皦，其下不昧，繩繩兮不可名，復歸於無物。
14	是謂無狀之狀，無物之象，是謂惚恍。
14	迎之不見其首，隨之不見其後。
16	知常容，容乃公，公乃全，全乃天，天乃道，道乃久，沒身不殆。
21	道之為物，惟恍惟惚。
21	惚兮恍兮，其中有象；恍兮惚兮，其中有物。
21	窈兮冥兮，其中有精；其精甚真，其中有信。
25	有物混成，先天地生。
25	寂兮寥兮，獨立而不改，周行而不殆，可以為天地母。
25	吾不知其名，強字之曰道，強為之名曰大。大曰逝，逝曰遠，遠曰反。
28	樸散則為器，聖人用之，則為官長。
28	故大制不割。
41	道隱無名。
41	夫唯道，善貸且成。
65	玄德深矣遠矣，與物反矣，然後乃至大順。
77	天之道，損有餘而補不足。

(五)其它分類

A16.無為而無不為

章次	句段
2	夫唯弗居,是以不去。
37	道常無為,而無不為。
48	無為而無不為。

A17.無之有用

章次	句段
5	天地之間,其猶橐籥乎? 虛而不屈,動而愈出。
11	三十輻,共一轂,當其無,有車之用。
11	埏埴以為器,當其無,有器之用。
11	鑿戶牖以為室,當其無,有室之用。
11	有之以為利,無之以為用。
64	為之於未有,治之於未亂。
64	合抱之木,生於毫末;九層之臺,起於累土;千里之行,始於足下。

A18.二元相成

章次	句段
2	天下皆知美之為美,斯惡已;皆知善之為善,斯不善已。

2	故有無相生，難易相成，長短相形，高下相傾，音聲相和，前後相隨。
22	曲則全，枉則直；窪則盈，敝則新；少則得，多則惑。
40	天下萬物生於有，有生於無。
41	大方無隅，大器晚成，大音希聲，大象無形。
57	天下多忌諱，而民彌貧。朝多利器，國家滋昏。人多伎巧，奇物滋起。法令滋彰，盜賊多有。
58	其政悶悶，其民淳淳；其政察察，其民缺缺。
58	禍兮，福之所倚；福兮，禍之所伏。
58	正復為奇，善復為妖。
81	信言不美，美言不信。善者不辯，辯者不善。知者不博，博者不知。

A19.谷海比喻

章次	句段
6	谷神不死，是謂玄牝。
28	為天下谿，常德不離，復歸於嬰兒。
28	知其榮，守其辱，為天下谷。
32	譬道之在天下，猶川谷之與江海。
41	上德若谷，大白若辱。
61	大國者下流，天下之交，天下之牝。
66	江海之所以能為百谷王者，以其善下之，故能為百谷王。

附錄

A20. 母性與嬰兒比喻

章次	句段
6	谷神不死，是謂玄牝。
6	玄牝之門，是謂天地根。
10	專氣致柔，能如嬰兒乎？
10	天門開闔，能為雌乎？
20	我獨泊兮其未兆，如嬰兒之未孩，儽儽兮若無所歸。
28	知其雄，守其雌，為天下谿。
28	為天下谿，常德不離，復歸於嬰兒。
55	含德之厚，比於赤子。
61	大國者下流，天下之交，天下之牝。
61	牝常以靜勝牡，以靜為下。

參考書目

王　弼，《道德真經注》。魏朝時期。
　　　　http://ctext.org/library.pl?if=gb&node=11591 (中國哲
　　　　學書電子化計劃)

王邦雄，1998。《老子的哲學》，東大圖書公司：台北市。

王邦雄，2011。《老子十二講》，遠流出版公司：台北市。

老子 (帛書校勘版)。
　　　　https://zh.wikisource.org/zh-hant/%E8%80%81%E5%
　　　　AD%90_(%E5%B8%9B%E6%9B%B8%E6%A0%A1
　　　　%E5%8B%98%E7%89%88) (維基文庫)。

余培林/注譯，2014。《新譯老子讀本》，三民書局出版：台北
　　　　市。

宋常星，《道德經講義》。清順治期間。東大圖書公司 2006 版。

河上公，《老子道德經　河上公章句》。東漢中晚期。
　　　　http://ctext.org/library.pl?if=gb&node=11591 (中國哲
　　　　學書電子化計劃)

陳鼓應/註譯，2013。《老子今註今譯及評介》，台灣商務出版
　　　　公司：台北市。

陳錫勇，2003。《老子校正》。里仁書局：台北市。

傅佩榮，2005。《傅佩榮解讀老子》，立緒文化公司：台北市。。

曾仕強，2014。《道德經的奧祕》，曾仕強文化事業有限公司。

參考書目

賀榮一，1985。《道德經註譯與析解》，五南圖書公司。台北市。

楊照，2014。《亂世裏的南方智慧：老子》，聯經出版公司：台北市。

劉福增，2004。《老子精讀》。五南圖書公司：台北市。

韓非，《解老》。戰國末期。http://ctext.org/hanfeizi/zh (中國哲學書電子化計劃)